B. AUCHÉ

TITRES

ET

TRAVAUX SCIENTIFIQUES

BORDEAUX

IMPRIMERIES G. GOUNOUILHOU

9-11, RUE GUIRAUDE, 9-11

1909

TITRES

et

TRAVAUX SCIENTIFIQUES

TITRES

ET

TRAVAUX SCIENTIFIQUES

DU

Dr B. AUCHÉ

PROFESSEUR AGRÉGÉ A LA FACULTÉ DE MÉDECINE

MÉDECIN TITULAIRE DES HOPITAUX DE BORDEAUX

BORDEAUX

IMPRIMERIE G. GOUNOUILHOU

9-11, RUE GUIRAUDE, 9-11

1909

TITRES SCIENTIFIQUES

I

TITRES UNIVERSITAIRES

DOCTEUR EN MÉDECINE DE L'UNIVERSITÉ DE BORDEAUX, 1887.

CHEF DE CLINIQUE MÉDICALE A LA FACULTÉ DE MÉDECINE DE BORDEAUX, 1888-1889.

PROFESSEUR AGRÉGÉ A LA FACULTÉ DE MÉDECINE DE BORDEAUX, 1892.

CHEF DES TRAVAUX PRATIQUES D'ANATOMIE PATHOLOGIQUE, 1892 A 1909.

II

TITRES DANS LES HOPITAUX

EXTERNE DES HÔPITAUX DE BORDEAUX, 1881.

INTERNE PROVISOIRE DES HÔPITAUX DE BORDEAUX, 1882.

INTERNE TITULAIRE DES HÔPITAUX DE BORDEAUX, 1883.

MÉDECIN ADJOINT DES HÔPITAUX DE BORDEAUX, 1889.

MÉDECIN TITULAIRE DES INCURABLES ET DU PAVILLON DES CONTAGIEUX A PELLEGRIN, 1898.

MÉDECIN TITULAIRE DE L'HÔPITAL DES ENFANTS, 1902.

III

RÉCOMPENSES ET TITRES HONORIFIQUES

Lauréat des hôpitaux. — Prix Delord, 1886.

Lauréat de la Société d'Anatomie et de Physiologie normales et pathologiques de Bordeaux. — Prix de la Société, 1886.

Lauréat de la Faculté de Médecine de Bordeaux. — Prix des Thèses. Médaille, 1887.

Lauréat de la Faculté de Médecine de Bordeaux. — Prix Godard de 2,000 francs, 1889.

Prix Audiffred. — Académie de Médecine (1899). Encouragement de 500 francs.

Prix Chevalier. — Académie de Médecine (1900). Mention.
Lauréat de l'Académie de médecine. — Prix Barbier, 1909.

———

Membre de la Société d'Anatomie et de Physiologie normales et pathologiques de Bordeaux. — Secrétaire des séances, 1887. Secrétaire général, 1895-1896.

Membre de la Société de Gynécologie, d'Obstétrique et de Pédiatrie de Bordeaux. — Vice-Président, 1903. Président, 1906.

Membre de la Société de Médecine et de Chirurgie de Bordeaux.

Membre de la Réunion biologique de Bordeaux.— Vice-Président, 1907.

Membre du Comité de rédaction du *Journal de Médecine de Bordeaux*.

Collaborateur au *Nouveau Traité de médecine et de thérapeutique* publié sous la direction de MM. A. Gilbert et L. Thoinot.

Officier de l'Instruction publique, 1905.

IV

ENSEIGNEMENT ET SERVICES HOSPITALIERS

Conférences cliniques à l'hôpital Saint-André de Bordeaux, 1888-1889.

Conférences pour la préparation au concours de médecin adjoint des hôpitaux, 1889 à 1899.

Conférences pour la préparation au concours d'agrégation, 1892 à 1899.

Conférences d'anatomie pathologique, 1891 à 1909.

Conférences de physiologie, 1893-1894.

Remplacement de M. le professeur Coyne dans la direction du laboratoire et dans le cours d'anatomie pathologique, du 10 décembre 1900 au 31 mars 1901.

REMPLACEMENTS :

Clinique médicale: 30 juillet au 1er novembre 1892.

    —   25 mars au 14 avril et du 1er août au 1er septembre 1893.

    —   17 mars au 25 avril et du 1er août au 3 novembre 1894.

    —   20 mars au 22 avril et du 16 août au 3 novembre 1895.

    —   1er août au 3 novembre 1897.

    —   2 août au 15 octobre 1898.

    —   15 juillet au 15 octobre 1899.

    —   12 juillet au 1er novembre 1900.

    —   25 juillet au 15 novembre 1901.

TRAVAUX SCIENTIFIQUES

I

OUVRAGE DIDACTIQUE

Nouveau Traité de médecine et de thérapeutique (article Variole).

II

PATHOLOGIE GÉNÉRALE. — MÉDECINE EXPÉRIMENTALE ET BACTÉRIOLOGIE. — ANATOMIE PATHOLOGIQUE

Hérédité et Infections.

Les infections des parents antérieures à la conception, mais surtout les infections maternelles évoluant pendant la grossesse, ont, sur la descendance, une influence des plus nettes, mais de nature un peu variable. Les enfants, en effet, peuvent hériter : tantôt des germes infectieux de la mère ou même du père; tantôt d'un état particulier de prédisposition qui les rend plus aptes à contracter l'affection des parents; tantôt, au contraire, d'un état d'immunité plus ou moins complète et plus ou moins durable à l'égard de l'infection des parents.

Les travaux suivants se rapportent à cette très importante question de pathologie générale.

Influence de la variole des parents sur l'état de réceptivité des enfants à l'égard de la vaccine. (En collaboration avec M. Delmas.)

Archives cliniques de Bordeaux, 1894.

Dans ce travail, nous étudions successivement :

1º Les cas dans lesquels le père seul a été atteint de variole;

2º Ceux dans lesquels la mère seule a été frappée avant la conception;

3º Ceux où le père et la mère ont eu tous les deux la variole;

4º Ceux dans lesquels la mère est prise de variole pendant la grossesse.

1º *Variole chez le père.* Nous avons recueilli dix observations de ce genre. Dans toutes la vaccine des enfants a évolué normalement. L'état réfractaire du père, qu'il soit dû à un état particulier des éléments cellulaires ou des liquides de l'économie, ne se transmet pas à l'enfant.

2º *Variole chez la mère avant la conception.* Dans huit observations personnelles, les vaccinations faites chez les nouveau-nés, de quinze jours à deux mois après la naissance, ont toujours donné des résultats positifs. Dans une de nos observations et dans plusieurs observations publiées par d'autres auteurs, les enfants ont été réfractaires à la vaccine. Nous devons en conclure que *la transmission à l'enfant de l'immunité maternelle acquise avant la grossesse est possible, mais rarement observée.* Il est beaucoup plus fréquent de voir les enfants sensibles à la vaccine alors que la mère lui est réfractaire du fait d'une atteinte antérieure de variole. Il est impossible de fixer dans quel rapport de fréquence s'observent ces deux ordres de faits et d'indiquer la part d'influence que peuvent avoir le temps qui sépare l'accouchement de l'époque de la variole et l'intensité de l'infection variolique.

3º *Variole chez le père et la mère avant la grossesse.* Nous n'avons observé que trois cas de ce genre. Dans tous l'enfant fut vacciné avec succès. Il est donc probable que l'immunité du père n'exerce aucune influence sur l'état du nouveau-né et que la situation de la mère règle à elle seule l'état de réceptivité ou de non-réceptivité de l'enfant à l'égard de la vaccine.

4º *Variole chez la femme enceinte.* Si la variole éclate pendant le cours de la grossesse, plusieurs alternatives sont possibles.

a) L'enfant est en état d'incubation, l'agent morbide s'étant transmis par la voie inter-placentaire. Le nouveau-né ne paraît pas malade; il ne porte aucune trace d'éruption; mais quelques jours plus tard apparaissent les boutons caractéristiques de la variole. L'éruption peut se montrer un ou deux jours après l'accouchement ou se faire attendre dix ou quinze jours. Lorsque l'éruption est tardive, l'enfant est sensible à la vaccine dans les premiers jours qui suivent l'accouchement.

La durée de l'incubation est à peu près la même que dans les cas de variole acquise après la naissance. Mais cette incubation peut se faire presque entièrement dans la cavité utérine, et alors l'éruption se développe peu de temps après la naissance, ou commencer à peine, et dans ce cas l'éruption est tardive.

b) L'enfant vient au monde en état d'évolution variolique ou marqué par l'infection, c'est-à-dire couvert de croûtes ou de cicatrices. Dans le premier cas, la naissance a toujours lieu à une période avancée de la variole maternelle, le plus souvent pendant la dessiccation, la décrustation ou la convalescence. Dans le second cas, l'enfant naît plus ou moins longtemps après la guérison de la variole de la mère. Dans les deux alternatives, le nouveau-né, ayant eu la variole, se montre réfractaire à la vaccine.

c) Mais souvent l'enfant n'a pas eu et n'a pas la variole à sa naissance ou peu après sa naissance. S'il naît pendant les premiers stades de la maladie, il peut être vacciné avec succès. S'il vient au monde vers la fin de la variole, pendant la convalescence ou plus tard, il est généralement doué d'immunité à l'égard de la vaccine. Nous avons rapporté cinq observations d'enfants nés plus ou moins longtemps après la guérison de la variole de la mère. Dans les cinq cas le nouveau-né s'est montré réfractaire au virus vaccinal.

L'immunité ainsi acquise n'est pas durable. Elle peut disparaître au bout de quelques mois; elle ne paraît guère persister au delà de la seconde ou de la troisième année de la vie.

Les faits qui précèdent peuvent vraisemblablement s'appliquer à l'immunité envers la variole aussi bien qu'à l'immunité envers la vaccine. Ce que nous savons des deux affections nous permet d'établir ce rapprochement.

Passage des microbes à travers le placenta des femmes enceintes atteintes de variole. Société d'anatomie et de physiologie normales et pathologiques, séance du 28 novembre 1892. Société de biologie, séance du 3 décembre 1892.

On sait, depuis longtemps, que la variole est susceptible de se transmettre de la mère au fœtus. La voie placentaire paraît être le chemin suivi par les germes de la mère pour infecter le fœtus. Mais le microbe de la variole n'est pas le seul qui puisse suivre cette voie. Les deux faits suivants le prouvent d'une façon péremptoire :

I. Une femme, atteinte de variole confluente, avorte, le troisième jour de la période de suppuration, d'un fœtus âgé de trois mois et demi environ. Le *fœtus* est recueilli et lavé avec une solution de sublimé à 1 p. 1,000. Avec toutes les précautions aseptiques voulues, on ensemence plusieurs tubes de gélose et de gélatine : les uns avec le parenchyme hépatique, les autres avec le sang du cœur gauche du fœtus. *Sur tous les tubes on voit se développer des colonies pures de streptocoques.*

La mère meurt vingt-six heures après son avortement. On fait l'autopsie quatre heures après. On ensemence le foie et le sang du cœur sur plusieurs tubes de gélose et de gélatine. Dans tous on *retrouve le streptocoque à l'état de pureté.*

II. Une femme, atteinte de variole confluente et enceinte de deux mois, avorte le quatrième jour de la période de suppuration. Le *fœtus* sort enveloppé de ses membranes restées parfaitement intactes. On ensemence sur gélose et sur gélatine le foie et le sang du cœur. Dans tous les tubes il pousse *du staphylocoque doré à l'état de pureté.*

La mère meurt trente-deux heures après l'avortement. Le sang du cœur, le foie et les reins sont ensemencés. On retrouve le staphylocoque doré dans tous les tubes.

Dans le premier cas, il y a donc eu transmission du streptocoque de la mère à l'enfant ; et dans le second, transmission du staphylocoque doré. Des faits de transmission interplacentaire de ces agents microbiens n'avaient pas encore été signalés chez la femme. Expérimentalement, ils étaient étudiés par MM. Chambrelent et Sabrazès, qui faisaient connaître les résultats de leurs expériences dans la même séance de la Société d'anatomie et de physiologie.

Les cas de transmission microbienne de la mère au fœtus dans le cours de la variole ont un autre intérêt. Cette infection fœtale est sans doute susceptible de déterminer la mort du fœtus et d'amener ainsi l'avortement. C'est une nouvelle cause à ajouter aux autres, car certainement la pathogénie de cet accident est loin d'être toujours la même.

De plus, ces résultats nous montrent que dans les cas où la mère meurt après son avortement avec des phénomènes septicémiques, il ne faut pas toujours en chercher la cause dans une infection à début utérin, puisque l'infection a pu exister avant l'avortement et l'avoir même déterminé.

De la transmission à travers le placenta du bacille de la tuberculose. (En collaboration avec M. CHAMBRELENT.) *Archives de médecine expérimentale et d'anatomie pathologique*, 1899.

Les cas très précis de transmission du bacille tuberculeux de la mère au fœtus sont encore rares, bien que l'attention soit depuis longtemps attirée sur ce point. Le bacille de Koch possède des caractères histo-chimiques et biologiques parfaitement déterminés; aussi doit-on, en matière de tuberculose, exiger plus que des probabilités. Deux méthodes permettent de reconnaître la tuberculose : *l'examen histo-bactérioscopique, l'inoculation.* Le mieux est de contrôler les deux méthodes l'une par l'autre. Nous rejetons impitoyablement toutes les observations dans lesquelles un au moins de ces contrôles n'a pas été sérieusement fait.

Quelles sont les conditions que doivent remplir les observations ayant pour but de démontrer le passage des bacilles tuberculeux de la mère au fœtus? Une première condition, condition *sine qua non*, c'est l'existence de la tuberculose chez la mère. Une seconde condition tout aussi indispensable est la preuve, établie d'après les principes sus-indiqués, de la présence du bacille de Koch chez le fœtus ou l'enfant. Si l'enfant vit plusieurs jours, puisque dans ces cas il est toujours possible d'invoquer la contagion extra-utérine, on devra étudier les différentes étapes suivies par l'infection et, en particulier, rechercher des lésions tuberculeuses au niveau du placenta ou des bacilles dans le sang du cordon ombilical.

Partant de ces principes, nous n'avons admis comme probantes qu'un nombre très restreint d'observations. Ces cas sont même loin d'être complètement superposables, car dans les uns les lésions sont évidentes, facilement constatables aussi bien à l'œil nu qu'à l'aide du microscope, tandis que dans les autres elles manquent complètement. Aussi y a-t-il lieu de ranger les observations en *deux groupes*, suivant qu'elles présentent ou ne présentent pas de lésions histologiques spécifiques.

Les observations sans lésions histologiques tuberculeuses sont au nombre de *douze*. Nous n'avons conservé comme véritablement authentiques que *sept* observations avec *lésions histologiques tuberculeuses*. Notre observation appartient à ce groupe.

Voici, résumée en quelques lignes, cette observation, dont MM. M. Péhu et J. Chalier disent qu'elle est « sans conteste la meilleure qui ait été publiée et qu'elle mérite d'être citée pour sa rigueur scientifique et la multiplicité des recherches auxquelles se sont livrés les auteurs ». (De la tuberculose humaine congénitale, *Archives de médecine des enfants*, 1908, p. 1.)

Il s'agit d'une femme de quarante ans, atteinte de tuberculose pulmonaire au troisième degré et enceinte de sept mois environ. Elle accouche spontanément d'un enfant vivant et meurt trois jours après l'accouchement. A l'autopsie, outre les lésions ordinaires de la tuberculose cavitaire des poumons, on trouve de nombreuses ulcérations intestinales et des tubercules miliaires, très nombreux dans le foie, moins abondants dans la rate et les reins. L'utérus, les trompes et les ovaires ne présentent pas de lésions tuberculeuses. Les bacilles de Koch abondent dans toutes ces lésions.

Le *placenta*, inoculé au cobaye, détermine une tuberculose généralisée. Examiné microscopiquement, il présente un grand nombre de tubercules, caséeux pour la plupart, et contenant de nombreux bacilles de Koch.

L'inoculation intra-péritonéale de *deux centimètres cubes du sang du cordon* détermine la mort du cobaye avec lésions de tuberculose généralisée et présence de bacilles dans les tubercules.

L'*enfant*, placé dans une couveuse, vit vingt-six jours, mais il ne cesse de diminuer de poids depuis sa naissance jusqu'à sa mort. A l'autopsie, on trouve: dans le *foie* et la *rate*, des tubercules presque tous caséeux, excessivement confluents; dans les *poumons*, des granulations grises, semi-transparentes en petit nombre; dans les *reins*, quelques rares tubercules situés dans la substance corticale; dans le *ventricule droit*, une nodosité tuberculeuse endocardique; dans les *ganglions* bronchiques, hépatiques, aortiques, des tubercules caséeux. Dans toutes ces lésions existent des bacilles de Koch en nombre si considérable qu'on ne peut les comparer qu'à ce qui a lieu dans les tuberculoses aviaires les plus virulentes. Le tube digestif est absolument sain.

Inoculés à des lapins, des fragments de foie, de rate, de poumon ont provoqué de la tuberculose généralisée.

Malgré la survie de 26 jours de l'enfant, nous avons conclu qu'il s'agissait d'un cas de tuberculose congénitale. Plusieurs raisons démontrent l'exactitude de cette opinion. C'est, en premier lieu, l'existence, dans le placenta, de nombreux tubercules, riches en bacilles de Koch, qui, envahissant les villosités choriales, entament les vaisseaux sanguins de ces villosités et se trouvent ainsi constamment balayés par la circulation fœtale. C'est, en second lieu, la présence de bacilles tuberculeux dans le sang du cordon ombilical. C'est, en troisième lieu, la distribution même des tubercules chez l'enfant, qui, extrêmement nombreux dans le foie et la rate, sont relativement rares dans le poumon et absents dans le tube digestif

La comparaison de notre observation avec celles publiées antérieurement a été faite avec soin et nous a permis d'établir les principaux caractères de la tuberculose congénitale. On peut les résumer de la façon suivante :

1º Le nombre des observations réellement probantes de transmission du bacille tuberculeux de la mère au fœtus est très limité puisque nous n'avons pu en réunir que vingt, la nôtre comprise. Même en faisant entrer en ligne tous les autres cas, on peut affirmer que la transmission parasitaire de la tuberculose par voie placentaire est rarement observée.

2º Cette transmission est d'autant plus à craindre que les lésions tuberculeuses de la mère évoluent plus rapidement et sont plus généralisées.

3º Elle n'a jamais été observée avant la fin du cinquième mois de la grossesse. A partir de cette époque, tous les âges sont représentés, mais il résulte des faits que nous avons rassemblés que, dans la moitié des cas, la grossesse est arrivée à terme.

4º Dans les cas où il a été examiné, le placenta a toujours été trouvé tuberculeux, aussi bien à l'aide des inoculations qu'à l'examen microscopique. Il semble en résulter qu'il est la première étape de l'infection et que les bacilles colonisent à son niveau avant d'envahir la circulation fœtale.

5° Les tissus fœtaux peuvent être infectés par le bacille de Koch et ne présenter macroscopiquement ni microscopiquement aucune lésion spécifique.

6° Les lésions tuberculeuses, lorsqu'elles existent, sont le plus souvent généralisées à tous ou presque tous les organes; rarement elles sont nettement localisées. Nous croyons avoir été les premiers à signaler l'endocardite fœtale congénitale tuberculeuse. Cette dissémination des lésions s'explique facilement par l'état de la circulation fœtale au moment de l'infection. C'est toujours pendant la circulation placentaire que la transmission héréditaire des germes tuberculeux s'est effectuée. Or, à cette période de la vie fœtale, le sang placentaire, ramené par la veine ombilicale, se divise en deux courants au moment de la réunion de celle-ci avec la veine omphalo-mésentérique : l'un traverse le foie, l'autre va directement au cœur par l'intermédiaire du canal veineux d'Aranzi et de la veine cave inférieure. Des bacilles tuberculeux, puisés au niveau du placenta, pourront suivre ces deux voies à la fois ou seulement l'une d'elles, et, de la sorte, se généraliser ou rester plus ou moins localisés.

7° Sauf dans les cas de Schmorl et Kockel, où les altérations tuberculeuses étaient localisées aux capsules surrénales, il existait toujours, au niveau des lésions, un nombre très grand, quelquefois même extrêmement considérable, de bacilles de Koch. Cette abondance de bacilles explique bien l'absence des cellules géantes dans la plupart des lésions et la rapidité avec laquelle se fait le processus de caséification.

8° Les tissus fœtaux ne sont donc pas un mauvais terrain pour le développement de la tuberculose, et l'hypothèse des tuberculoses latentes de Baumgarten, basée sur l'opinion contraire, se trouve par là même renversée.

TUBERCULOSE FŒTALE HÉRÉDITAIRE

1. Tuberculose pulmonaire.
a. Parois alvéolaires.
b. Exsudat alvéolaire très riche en bacilles de Koch

2. Tuberculose du foie.
a. Espace porte.
b. Veine centrale du lobule.
c. Tubercules très riches en bacilles tuberculeux.

3. Tuberculose splénique.
a. Parenchyme splénique.
b. Tubercules à bacilles de Koch très nombreux.

4. Endocardite tuberculeuse fœtale.
a. Myocarde.
b. Zone contenant des bacilles en très grand nombre.
c. Zone caséeuse renfermant moins de bacilles.

Des Tumeurs.

Étude sur l'épithélioma des os (anatomie pathologique). Thèse
de doctorat, Bordeaux, 1887.

Ce travail est divisé en trois parties. Dans la première, nous
faisons l'historique de la question; nous rassemblons les observations
publiées sous la rubrique d'épithélioma primitif du tissu osseux et,
après les avoir discutées, nous arrivons à en nier la possibilité.

Dans la seconde partie, nous étudions quelques néoformations
épithéliales développées au sein des os, mais à l'occasion d'éléments
étrangers à la structure osseuse.

Dans la troisième partie, nous nous occupons de l'épithélioma
secondaire des os, de ses modes de développement, de ses variétés
et de son accroissement au sein même du tissu osseux.

I. *L'épithélioma primitif des os* est nié par quelques auteurs, mis
en doute par la majorité, admis par un petit nombre. Virchow,
Volkmann et Pujo en ont rapporté chacun une observation.

Dans l'observation de Virchow, il s'agit d'une tumeur épithéliale
qui aurait pris naissance dans le tibia et qui, en se développant,
aurait gagné ultérieurement les parties molles ambiantes. Mais
lorsque Virchow a observé la lésion, elle était déjà très étendue; le
début était par conséquent impossible à déterminer, et ce n'est pas
sans surprise qu'on voit rapporter au tissu osseux l'origine du néoplasme.

L'observation de Weber, rapportée par Volkmann, n'est, comme
la précédente, que la propagation d'un épithélioma de la peau à
un os superficiel sous-jacent.

L'observation de Pujo, publiée sous le titre « ostéite et nécrose de la deuxième phalange du gros orteil; résection; épithélioma primitif trouvé dans l'os enlevé », n'est pas plus probante que les précédentes : les caractères cliniques autant que les caractères histologiques nous empêchent d'accepter l'opinion de l'auteur.

La conclusion de cette étude critique, c'est que l'épithélioma osseux primitif n'existe pas, et que toujours il est consécutif et dû à une prolifération de voisinage.

II. La seconde partie est consacrée à l'étude : 1º *des productions épithéliales nées dans les maxillaires; 2º de l'épithélioma des trajets fistuleux et des cloaques de nécrose*. Les productions épithéliales développées dans les maxillaires naissent presque toutes aux dépens des débris épithéliaux paradentaires décrits par Malassez. Elles sont de plusieurs ordres : les kystes radiculo-dentaires; les kystes uniloculaires simples; les kystes dentifères; les kystes odontoplastiques; les kystes multiloculaires, et enfin les épithéliomas proprement dits des maxillaires.

L'épithélioma des trajets fistuleux et des cloaques de nécrose, dont Cornil a publié une observation en 1866, constitue une lésion assez rare pour que les auteurs classiques ne la signalent pas et pour que ceux qui ont écrit récemment sur la question ne parlent que des cas de Nicoladoni et d'Esmarck. Cependant, d'après Poncet, elle aurait été observée assez souvent et depuis déjà longtemps par les auteurs lyonnais.

Les auteurs sont généralement d'accord pour chercher ailleurs que dans le tissu osseux, ou le tissu bourgeonnant qui le recouvre, le point de départ du cancroïde. Mais les divergences commencent lorsqu'il s'agit de déterminer comment et où naît le processus.

De l'examen des observations publiées par Cornil et Nicoladoni, et de l'étude des faits signalés par Poncet, il nous semble résulter qu'on peut diviser en deux groupes les cas observés jusqu'à ce jour.

Un premier groupe comprendra les cas dans lesquels la peau est intéressée par l'épithélioma dans une zone plus ou moins étendue tout autour d'un orifice fistuleux. Nous pensons qu'ici l'origine du néoplasme aux dépens de l'épiderme qui borde l'orifice de la fistule doit être admise.

Dans le second groupe nous placerons toutes les observations où, comme dans celles de Nicoladoni, le néoplasme n'a pas envahi les tissus voisins de la fistule et où le bord de l'orifice fistuleux établit la délimitation entre les tissus sains et les tissus malades et semble avoir constitué, pour la production morbide, une barrière à son envahissement. Ici, nous pensons que l'origine de la tumeur a lieu soit sur un lambeau de peau invaginé, soit, le plus souvent, par greffe épidermique.

III. Si l'épithélioma primitif des os n'existe pas, par contre l'épithélioma secondaire est loin d'être rare. Le tissu osseux peut être atteint de diverses façons. Le mode le plus simple, et de beaucoup le plus fréquent, consiste dans l'accroissement du néoplasme et l'envahissement progressif des tissus. Dans d'autres cas, l'extension se fait à distance. Les vaisseaux lymphatiques peuvent être les agents de transmission, c'est-à-dire qu'ils peuvent transporter les éléments épithéliaux dans un ganglion voisin d'une pièce osseuse, de telle sorte que celle-ci soit secondairement atteinte par le néoplasme développé dans le ganglion. La généralisation par la voie sanguine est possible, mais elle est rare. Enfin les gaines des nerfs peuvent aussi servir à la propagation à distance d'un épithélioma.

L'épithélioma cylindrique peut envahir le tissu osseux au même titre que l'épithélioma pavimenteux. Les exemples en sont cependant très rares.

Lorsque la tumeur épithéliale a envahi le tissu osseux, son mode d'accroissement est toujours le même pour toutes les variétés d'épithélioma. Les éléments cellulaires qui constituent le néoplasme entrent en prolifération, les bourgeons épithéliaux poussent des prolongements qui se dirigent en tous sens, s'anastomosent et envahissent peu à peu le tissu ambiant. Mais le tissu épithéliomateux n'entre jamais directement en contact avec le tissu osseux ; il en est toujours séparé par une couche plus ou moins épaisse de tissu conjonctif embryonnaire.

De l'ulcus rodens ; clinique et anatomie pathologique. (En collaboration avec M. Dubreuilh.) *Annales de dermal. et de syphil.,* 1901.

Cliniquement, l'ulcus rodens peut se présenter sous forme d'ulcère ou sous forme de nodule non ulcéré qui en constitue le début.

Pour l'étude anatomo-pathologique, qui repose sur l'examen d'une cinquantaine de cas, nous suivrons la marche normale de la tumeur. Nous ferons d'abord la description histologique du néoplasme non ulcéré. Nous étudierons ensuite les modes d'ulcération de la tumeur, puis, sans revenir sur la description générale des lésions, nous passerons successivement en revue les caractères de la surface ulcérée de l'ulcus rodens, des bords de l'ulcération, du processus ulcéreux et des modes de destruction des tissus que le néoplasme rencontre dans sa marche progressivement envahissante.

I. STADE NODULAIRE. — *Siège.* — L'ulcus rodens, au début, siège dans la zone papillaire et dans le derme proprement dit. Même lorsqu'il acquiert un certain volume, il ne pénètre que peu ou pas dans l'hypoderme. Son développement se fait surtout vers l'extérieur; aussi la saillie qu'il détermine est-elle d'autant plus accentuée qu'il est plus volumineux.

Limites. — Ses limites sont en général assez nettes, bien que ne possédant pas de membrane d'enveloppe proprement dite. Par son développement, le néoplasme repousse, surtout du côté de la profondeur, le tissu conjonctif du derme ou de la zone la plus superficielle de l'hypoderme. Ainsi refoulé, ce tissu se tasse et forme une sorte de sangle fibreuse, qui est en général très nette du côté de la

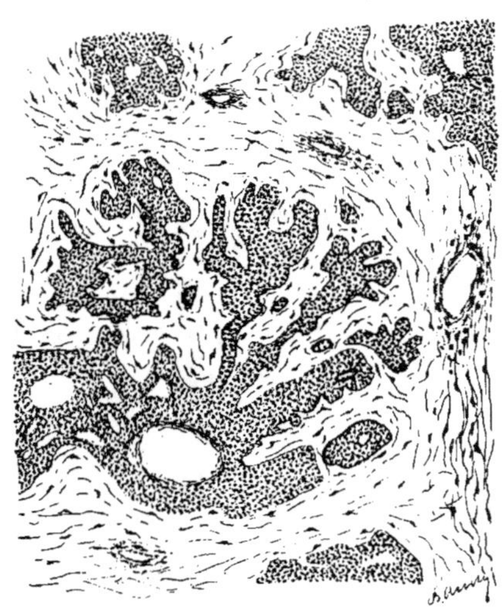

Fig. 1. — Type acineux de l'ulcus rodens.

profondeur, beaucoup moins nette ou même absente sur les régions latérales.

Architecture générale. — L'architecture générale de ces tumeurs est très variable. Mais, comme tous les épithéliomas, l'ulcus rodens est formé de deux ordres de tissus, *tissu épithélial* et *tissu conjonctif*, très inégalement et très irrégulièrement enchevêtrés.

Le *tissu épithélial* est disposé sous des aspects très variables que, pour la commodité de la description, nous avons ramenés à trois principaux, tout en faisant remarquer que ces types ne sont jamais purs et qu'ils s'associent toujours dans des proportions différentes. Ce sont : le *type acineux*, le *type alvéolaire*, le *type trabéculaire*.

Dans le *type acineux*, la nappe épithéliale est très découpée et est quelquefois formée d'une masse centrale d'où partent deux, trois ou un plus grand nombre de gros bourgeons ramifiés ou non ramifiés qui donnent à l'ensemble un aspect assez nettement acineux (*fig.* 1). D'autres fois, la disposition est plus irrégulière et rappelle

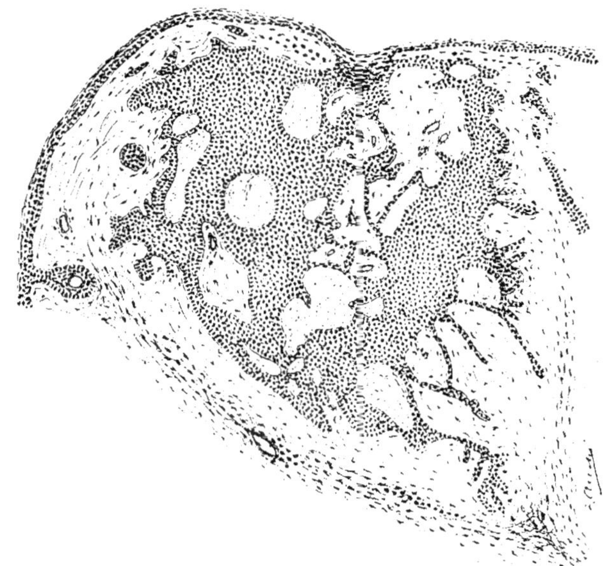

Fig. 2. — Type acineux de l'ulcus rodens à l'état nodulaire.

celle d'une carte de géographie (*fig.* 2). Ce type ne se rencontre que dans les épithéliomas peu avancés ou à la périphérie de ceux qui ont pris un plus grand développement.

Dans le *type alvéolaire*, le tissu épithélial se montre sous forme

de nappes épithéliales rondes, ovalaires ou irrégulières, réunies
entre elles par des tractus épithéliaux plus ou moins fins (*fig.* 3).

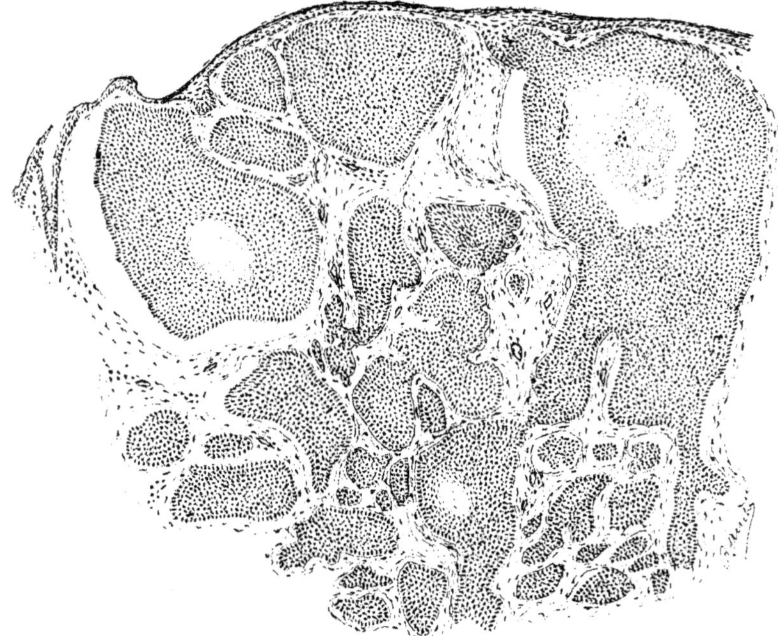

Fig. 3. — Type alvéolaire de l'ulcus rodens.

Parfois le néoplasme, du fait de son mode de développement, prend
tout de suite le type alvéolaire (*fig.* 4). D'autres fois, le début se
fait d'après le type acineux; le type alvéolaire apparaît plus
tard.

Dans les nappes cellulaires de ces deux types histologiques, on
trouve parfois des îlots et des travées de tissu conjonctif ou muqueux, différentes variétés de kystes et des altérations cellulaires
d'ordres divers.

Dans le *type trabéculaire*, les cellules sont disposées sous forme
de travées minces ou épaisses, longues ou courtes, rectilignes ou
très contournées, qui s'anastomosent entre elles et circonscrivent
souvent des kystes de nature variable. Quelques tumeurs peuvent
présenter à peu près exclusivement le type trabéculaire (*fig.* 5).

Le plus souvent, ces divers types se rencontrent associés, mais généralement avec prédominance de l'un ou de l'autre. Le type le plus fréquent est le type trabéculo-alvéolaire.

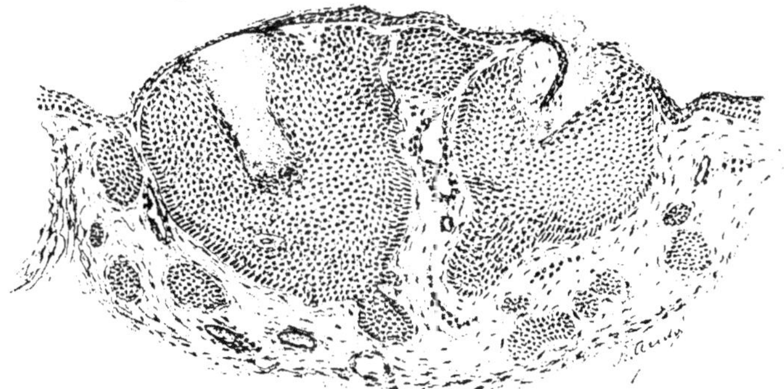

Fig. 4. — Ulcus rodens nodulaire du type alvéolaire.

Caractères des cellules. — Les cellules qui forment ces tumeurs diffèrent beaucoup de celles des autres épithéliomas, notamment

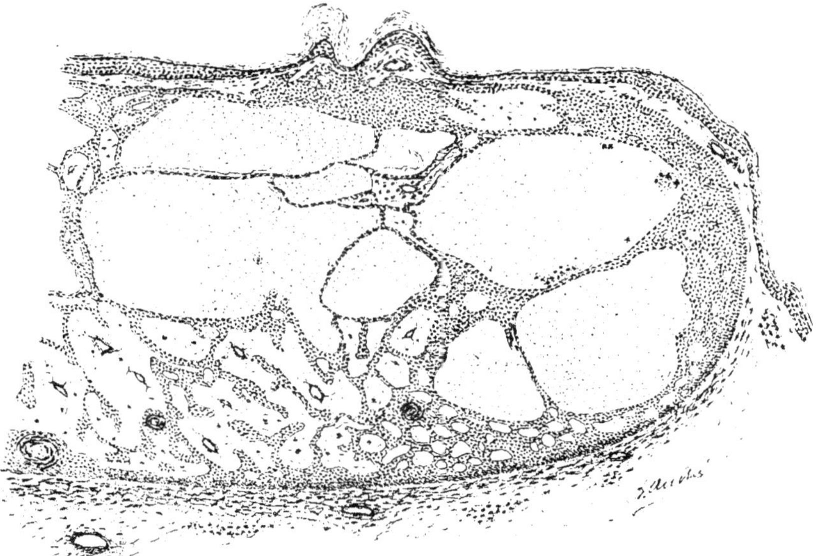

Fig. 5. — Type trabéculaire et kystique de l'ulcus rodens.

de l'épithélioma à évolution épidermique. Les cellules de la périphérie des amas épithéliaux sont ordinairement cylindriques, cylindro-cubiques ou cubiques. Plus en dedans, elles ont des formes variables et sont peu volumineuses (12-18^{mm}). Leurs limites sont souvent indistinctes ou très peu nettes. Souvent aussi elles sont séparées les unes des autres par des lignes claires, le plus fréquemment très étroites et dépourvues de striation. Tous les auteurs ont insisté sur l'absence de filaments d'union entre les cellules; cependant quelquefois il est possible d'y voir très nettement des stries très fines réunissant les cellules voisines; mais jamais nous n'avons pu les suivre dans l'intérieur de la cellule.

La présence du glycogène n'a pu être constatée dans les cellules néoplasiques.

Processus de multiplication. — Les figures de karyokinèse ne sont pas très rares, et cette abondance relative contraste même au premier abord avec la bénignité et la lenteur d'accroissement de ces néoplasmes. Quelques cellules polynucléées peuvent être rencontrées, disséminées au milieu des autres cellules de la tumeur. Parfois elles sont entourées par quelques cellules aplaties à noyau plat, donnant l'apparence d'un globe perlé en miniature.

Processus de dégénérescence. — Le processus de multiplication est contrebalancé par les nombreux processus de dégénérescence cellulaire que l'on rencontre dans ces tumeurs. Un des plus communs est celui que nous avons décrit sous le nom d'atrophie stellaire suivie de la mort et de la disparition de la cellule. C'est un processus essentiellement mono-cellulaire, frappant les cellules isolément (*fig.* 6 et 7), mais pouvant atteindre plusieurs cellules situées côté

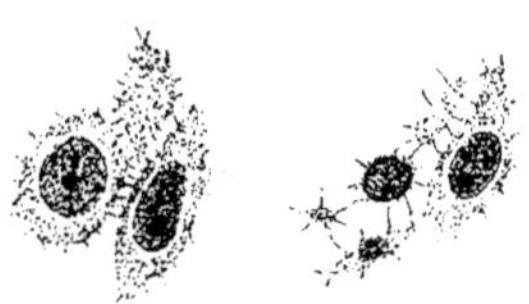

Fig. 6. — Filaments unissant les cellules néoplasiques.
Fig. 7. — Différents stades de l'atrophie stellaire.

à côté. Ce processus explique l'état criblé ou fenêtré qu'on observe dans quelques alvéoles.

D'autres fois on rencontre une sorte de nécrose en masse inté-

ressant une portion plus ou moins étendue du centre d'un alvéole
et pouvant déterminer la formation d'une variété de cavités kystiques (*fig.* 8).

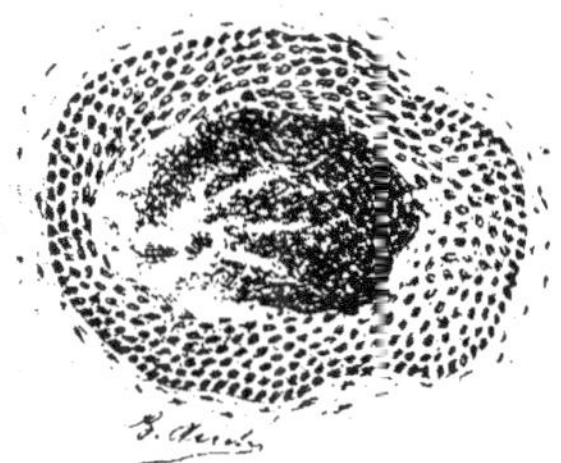

FIG. 8. — Cavité kystique produite au centre d'un alvéole épithéliomateux
par le processus de nécrose en masse.

Ailleurs, on peut rencontrer des lésions de nécrose de coagulation
et une dégénérescence hyaline qui frappe les cellules néoplasiques,
mais qui n'est ni très fréquente ni très étendue.

La dégénérescence cornée n'existe pas dans la plupart des cas.
Cependant, dans quelques rares tumeurs, on peut rencontrer quelques globes épidermiques, mais ils ne sont jamais aussi nets ni aussi
volumineux que dans l'épithélioma à évolution épidermique (*fig.* 9).

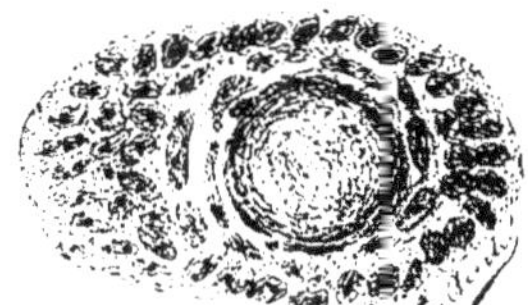

FIG. 9. — Globe perlé.

Kystes. — Les kystes, que l'on rencontre fréquemment dans
l'ulcus rodens, sont d'ordre et d'aspect divers. Beaucoup sont dus
aux processus de dégénérescences cellulaires sus-indiquées. Ils
peuvent être très petits et rapprochés, créant l'état criblé ou fenêtré
des nappes épithéliales, ou plus rares et plus volumineux. A côté
d'eux, il faut placer les kystes épidermiques, dont, au point de vue
de la structure, on doit décrire deux variétés : les kystes à kérato-
hyaline, les kystes sans kérato-hyaline (*fig.* 11).

Les kystes à kérato-hyaline se présentent eux-mêmes sous deux
aspects différents : les uns ont leurs parois constituées par les éléments de l'épiderme normal; les autres sont formés de dedans en

dehors par des lamelles cornées, des cellules à kérato-hyaline disposées sur une, deux, trois couches, et les cellules de la tumeur
formant un manchon épithélial plus ou moins épais. Tous ces kystes
s'ouvrent à la surface de l'épiderme et correspondent toujours à la

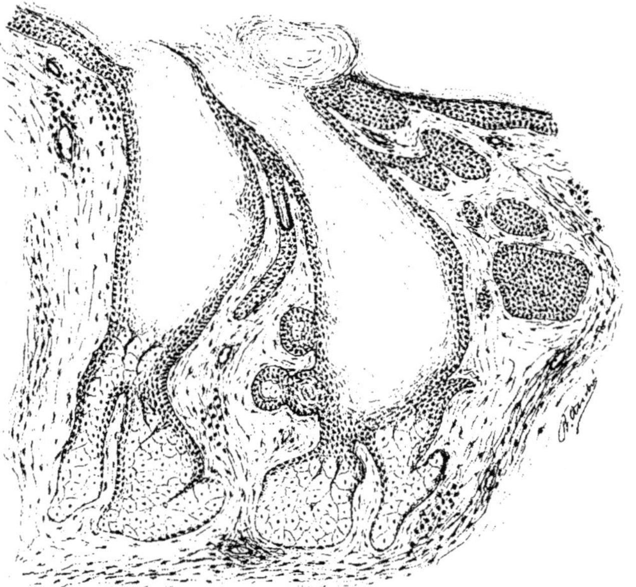

Fig. 10. — Pseudo-kystes résultant de la dilatation des infundibula folliculaires;
un bourgeon néoplasique s'insère à la partie supérieure de la paroi de l'infundibulum glandulaire dilaté; un autre s'insère à l'angle de réflexion de
l'épiderme vers l'infundibulum glandulaire.

section du collet des follicules pileux dilatés et allongés (*fig.* 10);
mais les premiers représentent les régions les plus superficielles des
collets folliculaires, tandis que les autres correspondent à des régions
plus profondes où les cellules épidermiques ont fait place aux
cellules néoplasiques.

Les kystes sans kérato-hyaline prennent naissance au niveau
des glandes sébacées, comme le démontrent certains kystes dont
une partie de la paroi est formée de tissu néoplasique et une autre
par les cellules des glandes sébacées, dont les plus internes s'apla-
tissent, perdent leur graisse et se transforment en écailles épidermiques (*fig.* 11).

Stroma conjonctif. — Le stroma conjonctif de la tumeur présente
une disposition, une abondance et une structure très variables. Il

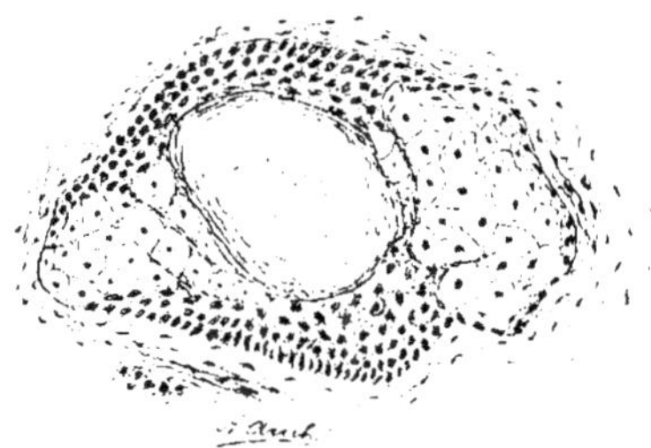

Fig. 11. — Kyste épidermique sans kérato-hyaline.

est disposé sans ordre entre les amas et les travées des cellules épithéliales. Il se moule sur les îlots épithéliaux et en suit exactement
les contours. Son abondance est loin d'être la même dans tous les
cas. Tantôt les nappes, alvéoles et travées épithéliaux sont presque
en contact, à peine séparés par quelques filaments ou par quelques
minces tractus de tissu conjonctif. Tantôt il est très abondant; les
trabécules et les petits îlots épithéliaux sont en quelque sorte perdus
au milieu d'un tissu qui en pareil cas est généralement fibreux.
Entre ces dispositions extrêmes on peut observer tous les états
intermédiaires.

Le stroma peut être formé par toutes les variétés de tissu conjonctif et par du tissu muqueux. La membrane limitante profonde
est toujours formée par du tissu fibreux dense et par du tissu
élastique. Le stroma proprement dit de la tumeur est formé d'un
tissu conjonctif moins dense, plus ou moins infiltré d'éléments cellulaires. Parfois les cellules plasmatiques y sont excessivement
abondantes.

Dans un assez grand nombre de cas, le stroma est formé en totalité ou en partie seulement par du tissu muqueux.

Connexions des îlots épithéliaux avec l'épiderme, les follicules pileux,
les glandes sébacées et les glandes sudoripares. — Ces connexions
doivent être étudiées sur les nodules du début, et sur des coupes
en série. De la sorte on arrive à se convaincre que les tumeurs sont
constituées par plusieurs lobules disposés soit sous forme d'une
seule nappe à peu près régulière, soit sous forme d'une nappe très
découpée, bifurquée, ramifiée à l'excès, mais toujours réunie à l'épi-

derme ou à ses dépendances par un pédicule qu'on peut trouver en multipliant suffisamment les coupes.

Ce pédicule ne s'insère pas toujours exactement au même point

Fig. 12. — Début de l'ulcus rodens aux dépens de la gaine d'un follicule pileux.

et ne présente pas constamment la même structure et le même aspect. Parfois, il n'y a pas de pédicule; le néoplasme se développe, sous forme d'un manchon, tout autour de la partie la plus superficielle

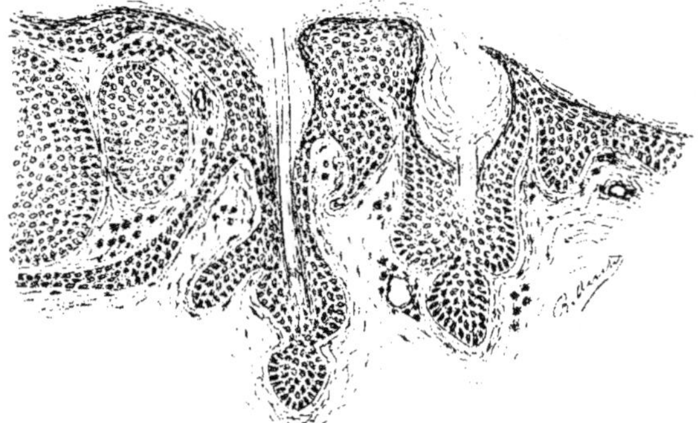

Fig. 13. — Début de l'ulcus rodens dans l'appareil pilo-sébacé.

du follicule pileux (*fig.* 12 et 4). D'autres fois, il y a un, deux ou trois pédicules assez grêles qui viennent s'insérer sur le follicule pileux à peu près au niveau de l'ouverture des glandes sébacées ou plus superficiellement (*fig.* 13, 14 et 15), ou même dans l'angle

que fait l'épiderme en se réfléchissant pour former le collet folliculaire. Dans d'autres cas, l'insertion des travées ou alvéoles épithélio-

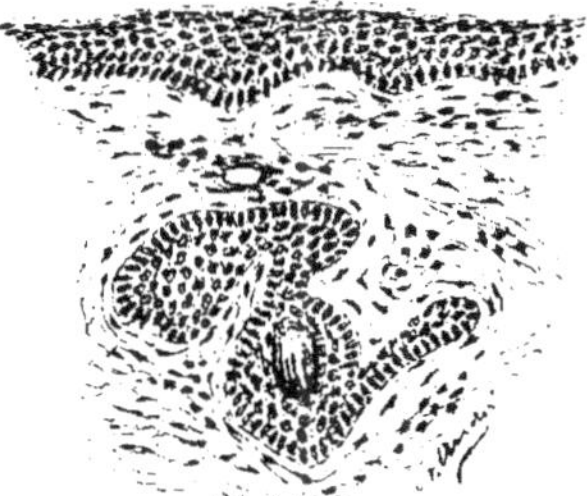

Fig. 14. — Début de deux bourgeons épithéliomateux aux dépens
de la gaine d'un poil.

mateux se fait sur la paroi des kystes épidermiques. Tantôt le kyste
sur lequel a lieu l'insertion est un kyste à kérato-hyaline, ce qui
démontre le siège superficiel de l'insertion (*fig.* 10); tantôt il s'agit
d'un kyste dépourvu de kérato-hyaline ou d'origine sébacée. Enfin,

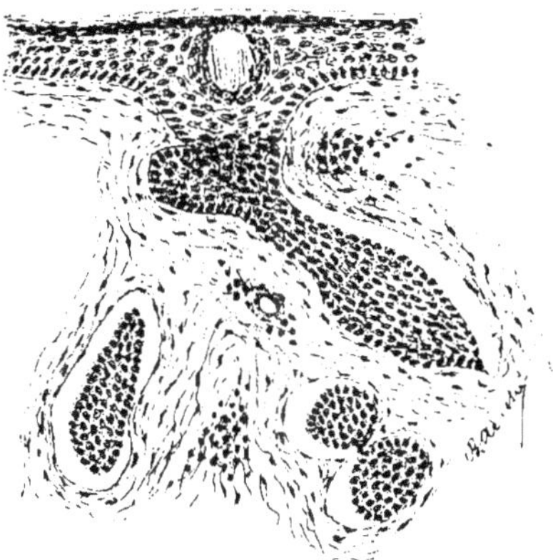

Fig. 15. — Origine d'un lobule épithéliomateux dans un follicule pileux.

dans quelques rares endroits, les nappes, alvéoles ou travées néoplasiques sont reliés à l'épiderme proprement dit.

En somme, les îlots épithéliomateux tirent leur origine du système
pilo-sébacé et plus spécialement du follicule pileux au niveau de
l'ouverture des glandes sébacées dans le collet folliculaire, au niveau

du collet du follicule et, mais plus rarement, de l'épiderme au niveau de son angle de réflexion pour former le follicule et dans le voisinage immédiat de cet angle. Les glandes sébacées peuvent aussi participer à la formation du néoplasme. Enfin, la tumeur ne naît pas dans un seul point, d'une cellule unique, mais d'une série d'appareils pilo-sébacés qui donnent naissance à autant de lobules néoplasiques, distincts au début, anastomosés et fusionnés plus tard.

Les glandes sudoripares ne prennent aucune part à la formation de la tumeur.

II. Ulcus rodens ulcéré. — L'accroissement de la tumeur se fait toujours vers la surface. A un moment donné, l'épiderme se trouve comprimé; il s'amincit progressivement et, finalement, s'ulcère. Dans des cas plus rares, l'ulcération est due à l'ouverture vers l'extérieur des kystes intra-alvéolaires.

L'ulcus rodens ulcéré est caractérisé anatomiquement par l'existence d'une ulcération dont le fond est formé par une nappe épithéliomateuse, continue, épaisse de 2 à 6 ou 8 millimètres, rarement davantage, étendue d'un bord à l'autre de la plaie. Cette nappe s'élargit au fur et à mesure que s'agrandit l'ulcération, mais son épaisseur reste toujours sensiblement la même.

Il y a donc à étudier successivement la structure de la nappe épithéliomateuse de la surface de l'ulcération et de ses bords; les caractères histologiques du tissu sous-jacent et des vaisseaux sanguins; enfin, le mode de destruction des divers tissus que rencontre le néoplasme, tels que les muscles, les os, les glandes, les méninges, les nerfs, etc.

Au point de vue de sa structure histologique, la nappe épithéliomateuse ulcérée ressemble complètement à l'épithélioma non ulcéré. Le stroma ne présente non plus aucune particularité : il est le plus souvent conjonctif, soit fibreux, soit infiltré; plus rarement il est muqueux.

La surface de l'ulcération est constituée par le tissu même du néoplasme auquel se sont ajoutées parfois des lésions inflammatoires plus ou moins accentuées. Les nappes épithéliales arrivent jusqu'à la surface et contribuent à former le fond de l'ulcération. Les vaisseaux sanguins, généralement assez peu nombreux, peuvent souvent être suivis jusqu'au voisinage immédiat de la surface ulcérée, et quelquefois ils ne sont recouverts que par un fin liséré de tissu conjonctif. Dans ce cas, ils sont parfois thrombosés.

Sur les bords de l'ulcération, l'épiderme est presque toujours recourbé vers le fond de la plaie, de façon à tapisser une partie plus ou moins grande du versant interne de l'ourlet néoplasique. Au-dessous de cet épiderme, le néoplasme reprend entièrement les caractères de l'épithélioma non ulcéré.

Au-dessous de la nappe épithéliomateuse existe, avons-nous dit, une zone plus ou moins épaisse de tissu conjonctif fibreux qui progresse et s'étend en même temps que la tumeur. Il s'agit là d'une sorte de barrière de protection que l'organisme oppose aux progrès du néoplasme. Cette zone fibreuse de réaction constitue comme l'avant-garde de la tumeur. C'est elle qui la première attaque les tissus que la tumeur rencontre sur son chemin et qui souvent même suffit à les détruire. C'est ce qui a lieu pour les muscles, les filets

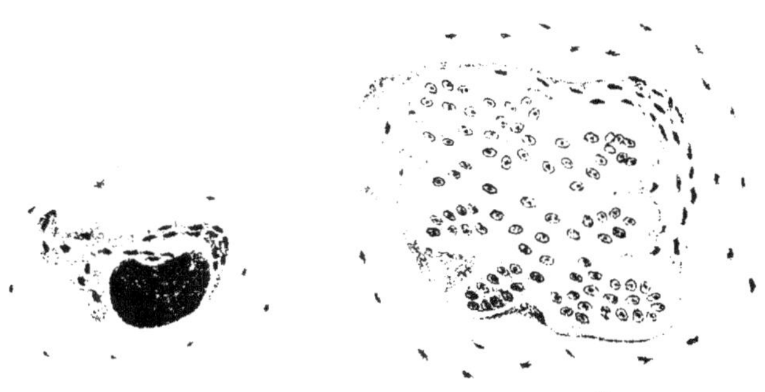

Fig. 16 et 17. — Ilots épithéliomateux intra-osseux.

nerveux, les glandes. La destruction du tissu osseux n'a pas lieu d'une façon régulière et continue. L'os est attaqué par la périphérie en même temps que dans son centre; mais toujours entre l'os et les amas épithéliaux est interposée une lame conjonctive plus ou moins épaisse.

L'envahissement ganglionnaire est exceptionnel.

La généralisation viscérale ne paraît pas avoir été observée.

Variétés histologiques. — L'exagération de tel ou tel processus et l'adjonction de nouvelles lésions donnent quelquefois au néoplasme un aspect anatomique très différent et assez particulier pour néces-

˙siter la description de quelques variétés anatomiques. Nous avons décrit la variété kystique, la variété mélanique et la variété atrophique. Cliniquement elles se traduisent par des caractères assez tranchés pour qu'on puisse facilement les diagnostiquer.

Épithéliomes bénins multiples du cuir chevelu. (En collaboration avec M. DUBREUILH.) *Annales de dermat. et de syphil.*, 1902.

On trouve, dans la littérature médicale, une douzaine d'observations d'une variété très singulière de tumeurs multiples de la peau qui affectent particulièrement le cuir chevelu. Il y a, entre toutes ces observations, publiées sous des noms divers, une parfaite identité clinique et une parfaite ressemblance histologique. Il n'en est pas de même des interprétations. Bérard et Barlow considèrent qu'il s'agit d'épithéliomes d'origine sébacée; Mulert, Seitz et Spiegler en font des endothéliomes; plusieurs auteurs les qualifient de cylindromes sans donner de ce terme une définition suffisamment claire.

Nous donnons d'abord notre observation, puis un résumé des diverses observations publiées, enfin une description d'ensemble˙ histologique et clinique.

ANATOMIE PATHOLOGIQUE. — Les tumeurs n'ont pas de membrane d'enveloppe. Leur structure est essentiellement alvéolaire (*fig.* 1). Le volume des alvéoles est très variable, ainsi que leur forme. Ils sont presque toujours limités par une bandelette épaisse de 4 à 15 ou 20 millièmes de millimètre et formée par de la substance hyaline, homogène. Cependant, dans les plus petites tumeurs, par conséquent, dans les stades du début du néoplasme, beaucoup d'alvéoles n'ont pas d'anneau hyalin; leur paroi est formée de tissu conjonctif; quelquefois le même alvéole possède une paroi hyaline sur un point, fibreuse sur un autre. La transition d'un état à l'autre se fait progressivement et peut être facilement suivie. La bandelette hyaline est donc le résultat de la dégénérescence hyaline du tissu conjonctif péri-alvéolaire (*fig.* 2)

Les cellules formant le contenu des alvéoles ne présentent pas toujours le même aspect. Celles qui constituent la couche la plus externe sont généralement mal limitées, petites (10,15 millièmes de millimètre), irrégulièrement cubiques ou cylindro-cubiques. Plus

en dedans, elles sont un peu mieux limitées et irrégulières ou
polygonales par pression réciproque. On ne constate ni filaments

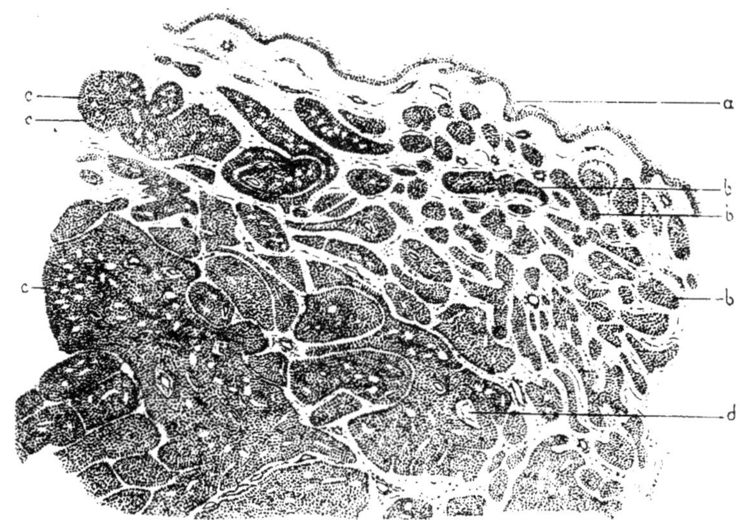

Fig. 1. — Leitz. — Oc. 3. Obj. 2.

Coupe d'une portion de la plus grosse tumeur, montrant la disposition générale
du néoplasme. — *a*. Épiderme ayant perdu la disposition papillaire dans
la moitié gauche de la préparation. — *b, b, b*. Amas alvéolaires sans blocs
hyalins. — *c, c, c*. Amas alvéolaires contenant des blocs hyalins en nombre
variable. — *d*. Vaisseau sanguin intra-alvéolaire séparé des cellules néoplasiques par une zone de tissu conjonctif et une bandelette hyaline.

d'union, ni réseau protoplasmique. Mulert signale l'existence de
globes perlés dus à la disposition concentrique des cellules autour
d'un centre homogène, granuleux, qui n'est autre chose qu'un
petit foyer de nécrose. Il n'y a pas trace de kératinisation.

Tous les alvéoles ne sont pas aussi nettement limités que nous
venons de le dire. Ainsi, dans nos plus petites tumeurs, on trouve
des amas cellulaires petits, de forme irrégulière, à bords très tourmentés, émettant des pointes plus ou moins aiguës et plus ou moins
longues et dépourvues de bandelette hyaline périphérique (*fig.* 3).
Au niveau des pointes, la dernière cellule est allongée, anguleuse;
son prolongement protoplasmique peut parfois être suivi jusqu'à
une cellule voisine ou un petit ilot cellulaire. Autour du gros amas
cellulaire gravitent, en effet, plusieurs petits ilots très irréguliers

de forme, constitués par 4, 6, 8 éléments et isolés ou réunis avec lui.

D'autres fois, un alvéole, bien limité sur une grande partie de sa circonférence, se continue, dans un autre point, par des traînées

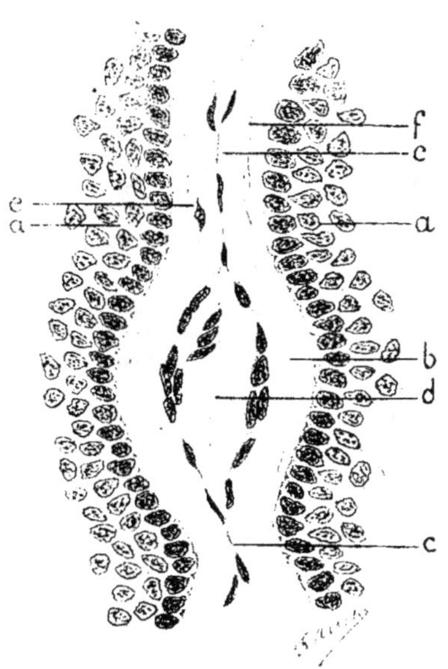

Fig. 2. — Zeiss. — Oc. 12. Obj. imm. homog.

a, a. Partie périphérique de deux alvéoles épithéliomateux. — *b.* Bandelette hyaline péri-alvéolaire présentant des stries en un point (*f*) et renfermant dans son épaisseur une cellule fusiforme très allongée (*e*). — *c, c.* Liséré formé par le protoplasma des cellules très plates situées bout à bout et séparant deux bandelettes hyalines contiguës. — *d.* Lacune lymphatique dilatée, tapissée et en partie remplie par des cellules endothéliales hyperplasiées et hypertrophiées.

cellulaires qui s'infiltrent dans un tissu conjonctif qui a perdu en grande partie son aspect fibrillaire ou fasciculé normal et s'est transformé en un tissu presque homogène, présentant déjà les caractères de la dégénérescence hyaline. Petit à petit, ces traînées cellulaires se rapetissent et se raréfient en même temps que le tissu conjonctif reprend son aspect presque normal ou même normal (*fig.* 4).

Enfin, dans le plus grand nombre d'alvéoles existent des éléments nouveaux qui donnent au contenu alvéolaire un aspect très parti-

culier signalé dans toutes les descriptions. Ces éléments sont constitués par une substance homogène, hyaline, qui, comme aspect et
comme réactions histochimiques, correspond tout à fait à la

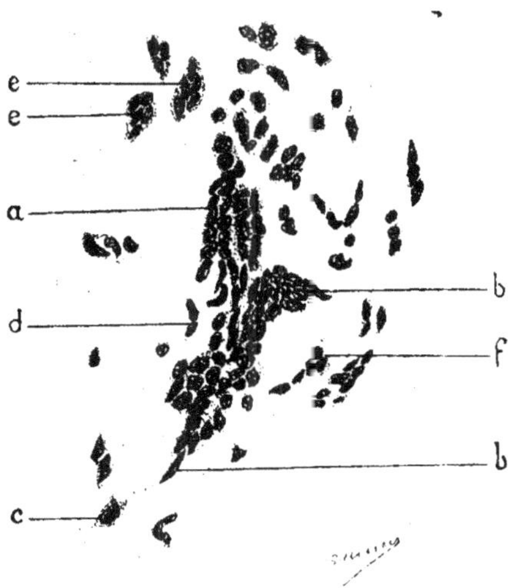

FIG. 3. — LEITZ. = Oc. 3. Obj. imm. homog.

a. Amas cellulaire néoplasique, à contours irréguliers, dépourvu de bandelette
périphérique hyaline ou fibro-hyaline. — *b, b*. Pointes d'accroissement allant
s'anastomoser avec des cellules isolées (*c*) ou de petits îlots cellulaires (*d*). —
e, e. Ilots cellulaires néoplasiques complètement séparés de l'amas principal.
— *f*. Ilot cellulaire réuni à l'amas principal par un mince prolongement
protoplasmique.

substance homogène et hyaline des anneaux péri-alvéolaires. Ces
productions hyalines se présentent sous des aspects très divers :
blocs arrondis ou ovalaires; petites bandes rectilignes ou contournées,
courtes ou longues, ramifiées ou non (*fig.* 5); parfois bandes plus
longues partant d'un anneau hyalin périalvéolaire, d'un îlot
conjonctif intra-alvéolaire ou d'un vaisseau sanguin à paroi hyaline,
parcourant une partie de l'alvéole, se ramifiant quelquefois et se
terminant par une extrémité libre et arrondie ou aboutissant à des
blocs hyalins ronds ou ovalaires.

Les productions hyalines sont entourées de cellules d'aspect
variable. Parfois petites, cubiques et régulièrement disposées en
palissade, elles sont, d'autres fois, fusiformes et allongées parallè-

lement à la surface du bloc hyalin. L'abondance de ces formations
hyalines dans l'intérieur des alvéoles est des plus variables. Elles

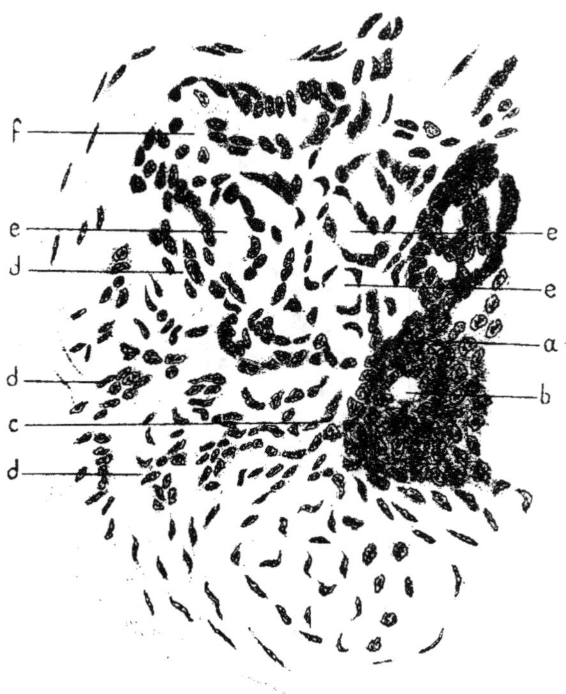

FIG. 4. — LEITZ. = Oc. 3. Imm. homog.

a. Masse alvéolaire dépourvue de bandelette limitante hyaline ou fibro-hyaline
et émettant dans une partie de sa circonférence des travées cellulaires qui
vont s'infiltrer dans le tissu conjonctif circonvoisin en voie de dégénérescence
hyaline. — *b.* Bloc hyalin intra-alvéolaire. — *c.* Travées cellulaires néoplasiques issues d'un alvéole épithéliomateux et allant s'infiltrer dans le tissu
conjonctif voisin. — *d, d, d.* Petits ilots de cellules néoplasiques situés au
sein d'un stroma conjonctif en dégénérescence hyaline. — *e, e, e.* Blocs
conjonctifs en dégénérescence hyaline plus ou moins nettement circonscrits
par des cellules néoplasiques. — *f.* Espace lymphatique envahi par les cellules
néoplasiques.

siègent dans toutes les régions des alvéoles, vers le centre aussi bien
qu'à la périphérie.

Enfin, sur certains points, la bandelette hyaline de bordure se
plisse et envoie un éperon plein et plus ou moins long vers l'inté-

rieur de l'alvéole. D'autres fois cet éperon a la forme d'un U et est formé de deux bandelettes hyalines séparées par un petit nombre

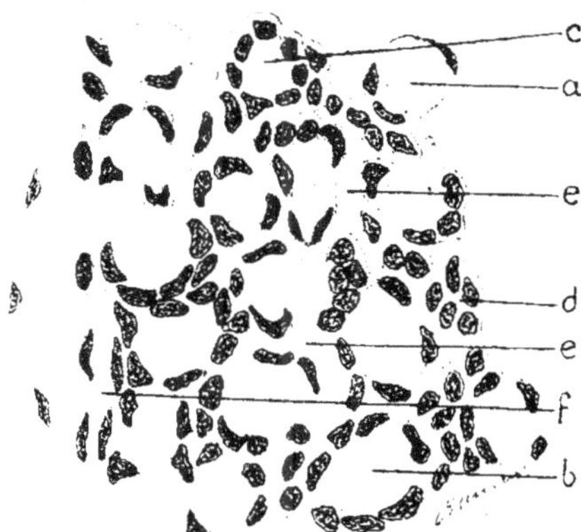

FIG. 5. — ZEISS. = Oc. 12. Imm. homog.

a. Bloc hyalin circonscrit par des cellules très aplaties, d'aspect conjonctif. — *b, c.* Blocs hyalins circonscrits par des cellules irrégulièrement cubiques ou légèrement aplaties. — *d.* Amas de cellules néoplasiques situé dans l'intervalle des blocs hyalins. — *e, e.* Espaces fissuraires situés entre les cellules circonscrivant les blocs hyalins. — *f.* Fente lymphatique tapissée, à gauche, par des cellules hypertrophiées.

de cellules conjonctives ou par du tissu conjonctif et des petits vaisseaux sanguins.

Ces détails sur la bandelette hyaline péri-alvéolaire et sur les formations hyalines intra-alvéolaires sont justifiés par l'aspect et l'intérêt tout particuliers que ces productions donnent à nos tumeurs. Celles-ci, en effet, ont été observées dans tous les cas où l'examen histologique a été fait avec soin.

Les vaisseaux sanguins pénètrent dans les alvéoles dès que ceux-ci atteignent un certain volume. Leurs parois sont toujours hyalines. Ils sont, le plus souvent, entourés d'une petite quantité de tissu conjonctif. Quelquefois les cellules néoplasiques reposent directement sur la paroi vasculaire hyaline. Dans les plus petits vaisseaux, cette paroi hyaline est très mince ; aussi les hémorragies sont-elles faciles et assez souvent observées.

Les espaces lymphatiques, quelquefois sains, sont souvent très dilatés, surtout dans les régions les plus superficielles du néoplasme. Quelques-uns contiennent des éléments néoplasiques plus ou moins nombreux (*fig.* 6). Il s'agit tantôt d'un petit amas de trois ou quatre cellules; tantôt de blocs plus volumineux, à contours déchiquetés,

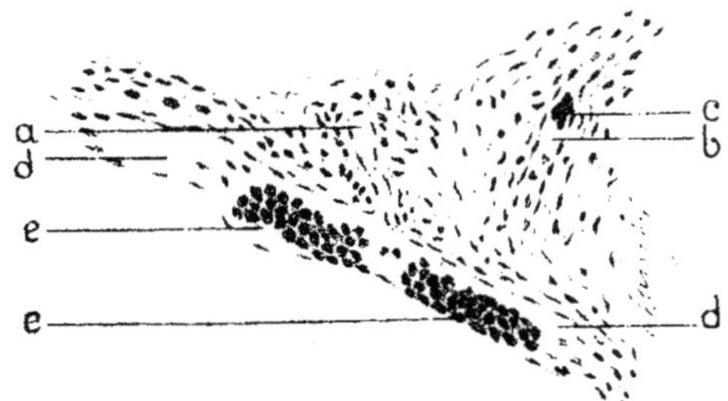

FIG. 6. — LEITZ. = Oc. 3. Obj. 4.

a. Fente lymphatique communiquant avec un plus grand espace lymphatique (*d, d*) et ne contenant que quelques granulations. — *b.* Espace lymphatique, contenant des granulations, deux leucocytes polynucléés et un petit groupe (*c*) d'éléments néoplasiques. — *d, d.* Grand espace lymphatique contenant deux gros amas de cellules néoplasiques (*e, e*) réunis par une travée formée des mêmes éléments.

obstruant plus ou moins complètement le vaisseau lymphatique (*fig.* 7).

Le stroma inter-alvéolaire est formé par du tissu conjonctif adulte infiltré par un assez grand nombre de cellules fixes. Les mastzellen

FIG. 7. — LEITZ. = Oc. 3. Obj. 7.

Espace lymphatique dilaté tapissé par un endothélium normal dans une partie de sa circonférence (*a*), hypertrophié et hyperplasié dans une autre partie (*b*). — *c.* Amas de cellules néoplasiques contenues dans l'espace lymphatique. — *d, d.* Leucocytes polynucléés.

ne sont pas rares; il y a quelques cellules plasmatiques. Ce stroma est peu abondant. Il est toujours ou presque toujours séparé du contenu alvéolaire par la bandelette hyaline formant la paroi de l'alvéole. Le tissu élastique y est rare.

Les vaisseaux sanguins du stroma sont rares et de petites dimensions. Leurs parois sont normales et ne présentent pas l'altération hyaline.

Nous avons étudié avec un soin tout particulier, sur des coupes en série, *les rapports du néoplasme avec l'épiderme et ses dépendances: follicules pileux, glandes sébacées et sudoripares.* De la sorte nous sommes arrivé à trouver des connexions des amas cellulaires néoplasiques avec l'épiderme. Une coupe essentiellement favorable sous ce rapport est celle qui a été dessinée dans la figure 8. Les

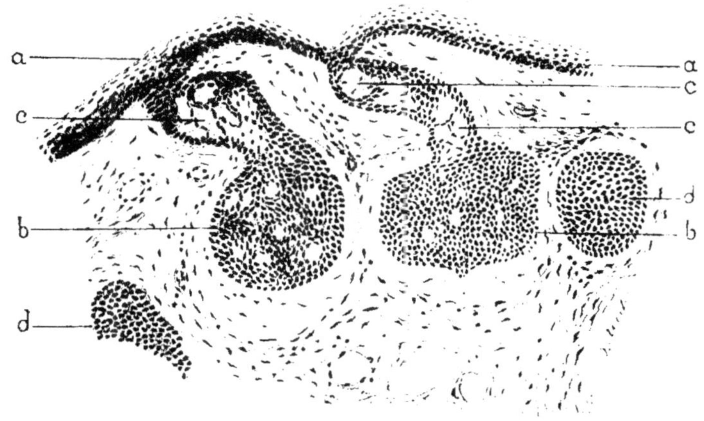

FIG. 8. — LEITZ. Oc. 3. Obj. 4.

a, a. Épiderme. — *b, b.* Alvéoles épithéliomateux naissant de l'épiderme. — *c, c, c.* Blocs hyalins situés dans les alvéoles presque immédiatement après leur origine dans l'épiderme. — *d, d.* Alvéoles néoplasiques voisins des précédents.

tumeurs naissent donc de l'épiderme. Quelques-unes de nos préparations démontrent que le follicule pileux peut être aussi un des lieux d'origine des néoplasmes. Rien n'autorise à dire s'il en est de même des glandes sébacées. En tout cas, les glandes sudoripares n'y prennent aucune part.

Une fois nés, les bourgeons épithéliomateux s'allongent et forment des boudins nettement limités, mais très irréguliers, qui se dirigent dans des sens très divers, surtout vers la profondeur du derme, se ramifient et s'anastomosent avec des boudins voisins et identiques. Le tissu conjonctif refoulé se tasse à la périphérie et finalement subit la dégénérescence hyaline : la bandelette hyaline péri-alvéolaire se trouve ainsi constituée. D'autres fois, de la périphérie des bourgeons épithéliomateux partent de minces travées d'éléments néoplasiques qui fusent dans les espaces conjonctifs interfasciculaires, se ramifient, s'anastomosent entre elles et arrivent ainsi à former une espèce de réseau néoplasique dans les mailles duquel se trouvent de petits blocs de tissu conjonctif subissant ou ayant déjà subi la dégénérescence hyaline. Ces cellules s'accroissent, se multiplient, entourent plus complètement les petits îlots conjonctifs dégénérés, et ainsi se trouvent formés les blocs hyalins.

Les blocs et les tractus hyalins sont par conséquent le produit de la dégénérescence hyaline du tissu conjonctif du stroma infiltré et dissocié par les éléments néoplasiques.

Ainsi donc, contrairement à l'opinion de Spiegler et de Mulert, et pour les raisons énumérées, nous croyons qu'il s'agit non d'un endothéliome, mais d'un épithéliome.

Sarcome encéphaloïde de la région lombaire; généralisation pulmonaire. Société d'anatomie et de physiologie normales et pathologiques de Bordeaux, 1885.

La tumeur s'est généralisée par la voie sanguine, ce qui vient démontrer les opinions émises à cette époque sur le mode de généralisation du sarcome.

Snr un cas de sarcome de la face. Société d'anatomie et de physiologie normales et pathologiques de Bordeaux, 1886.

Cancer du sein avec généralisation pulmonaire. Société d'anatomie et de physiologie normales et pathologiques de Bordeaux, 1886.

Une malade, opérée pour cancer du sein, meurt le lendemain de l'opération. On trouve, à l'autopsie, de très nombreuses nodosités secondaires dans le poumon. La généralisation s'est faite par la voie sanguine. A l'examen microscopique des coupes, on voit, par places, les éléments carcinomateux infiltrer les parois alvéolaires, les séparer, se grouper et se multiplier en assez grand nombre jusqu'au moment où les parois vésiculaires, trop distendues, se rompent et laissent la masse néoplasique tomber dans la cavité alvéolaire du poumon.

Cancer encéphaloïde du front; perforation du frontal; propagation au lobe frontal droit. Société d'anatomie et de physiologie normales et pathologiques de Bordeaux, 1886.

Description histologique d'un cas de cancer du sein chez l'homme. (Mémoire de M. SENGENSSE.) *Annales de la policlinique de Bordeaux*, mai 1896.

Endothéliome intra-vasculaire. (En collaboration avec M. VITRAC.) *La Presse médicale*, n° 7, 23 janvier 1901.

Les endothéliomes se développent aux dépens de l'endothélium des lacunes du suc, de l'endothélium des vaisseaux lymphatiques, de l'endothélium des capillaires et des vaisseaux sanguins. Ces derniers constituent le groupe des endothéliomes intra-vasculaires, groupe le moins nombreux et le moins bien connu. Aussi le cas suivant présente-t-il le plus grand intérêt.

Le malade, âgé de cinquante-trois ans, a, lorsqu'il se présente à l'examen, une tumeur située à trois travers de doigt à droite de la ligne médiane, à la hauteur de la cinquième vertèbre dorsale. Elle fait un relief de 2 à 3 centimètres; elle est allongée parallèlement à la colonne vertébrale et mesure 16 centimètres de long sur 5 centimètres de large. La peau est normale et mobile à sa surface; la tumeur adhère profondément aux muscles et à l'aponévrose. La consistance est régulièrement ferme. La sensibilité est normale. Il n'y a ni souffle, ni battements. Pas d'adénopathie.

L'extirpation de la tumeur est suivie d'une hémorragie prolongée.

Le néoplasme a le volume d'une grosse poire; sa consistance est mollasse; il est libre sous la peau, adhérent à l'aponévrose. A la coupe, il a un aspect charnu et laisse écouler du sang noirâtre en grande quantité. Il est entouré d'une zone fibreuse plus ou moins épaisse qui lui forme une sorte de membrane d'enveloppe. De la face interne de celle-ci partent quelques larges travées fibreuses, qui s'enfoncent relativement peu dans le néoplasme, se ramifient et s'anastomosent de façon à circonscrire un petit nombre d'îlots de volume et de forme variables. Ces îlots sont toujours périphériques.

Toute la tumeur, sauf quelques-uns des îlots de la périphérie, est essentiellement constituée par un système de cavités tubulées plus ou moins larges, communiquant entre elles. Leurs parois sont formées par une couche externe excessivement mince, de nature conjonctive, sur laquelle reposent des cellules volumineuses, cubiques

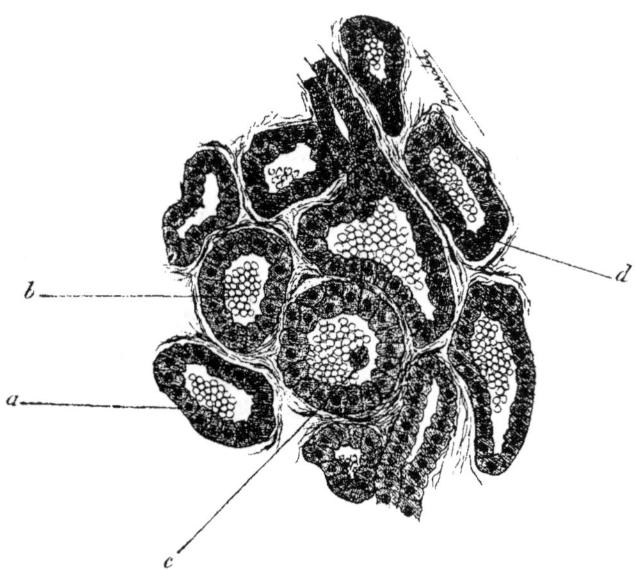

Fig. 1. — Leitz. — Ocul. 3. Obj. 7.

a. Paroi d'un tube tapissée de cellules cubiques disposées sur une seule couche. — *b.* Sang contenu dans les tubes. — c. Grosse cellule détachée de la paroi et transportée par le courant sanguin. — *d.* Paroi conjonctive intertubulaire.

ou cylindro-coniques, presque toujours disposées sur une seule couche continue, très rarement sur deux ou trois couches. Ces cavités contiennent du sang pur. Dans l'intervalle des cavités sanguines, il y a de très fines cloisons conjonctives dans lesquelles circulent de petits vaisseaux sanguins à endothélium normal.

Dans quelques îlots périphériques, les cavités sanguines présentent tous les stades entre le vaisseau capillaire sanguin revêtu d'un endothélium normal jusqu'aux cavités tapissées de cellules cubiques.

Il s'agit donc d'une tumeur développée aux dépens de l'endothélium des capillaires sanguins, autrement dit d'un *endothéliome intra-vasculaire.*

En France, nous n'avons rien trouvé d'analogue dans la littérature médicale. Par contre, les recueils allemands contiennent quelques

cas identiques; ce sont ceux de Maurer, Nauwerk, Steudener,
Limacher et Bowmann.

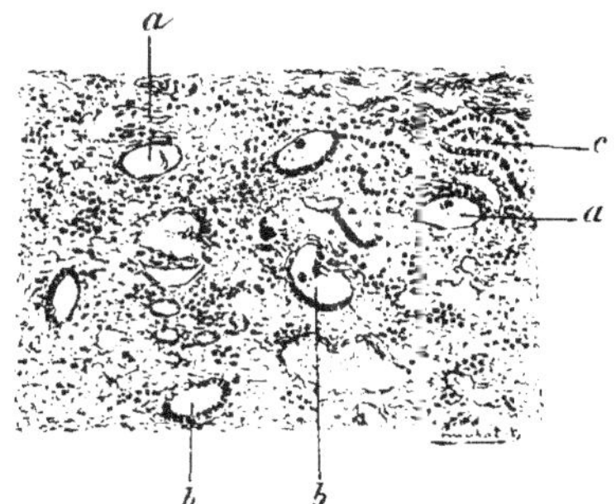

FIG. 2. — Grossissement : 30 d.

a. Capillaires sanguins dilatés à endothélium normal. — *b*. Capillaires sanguins à
endothélium gonflé -- *c*. Capillaire sanguin dont l'endothélium est devenu
presque cubique.

Tumeur à myéloplaxes non sarcomateuse (myélome) de la jambe.
(En collaboration avec M. J. VITRAC.) Association française pour
l'avancement des sciences. Tunis, avril 1896, 2ᵐᵉ partie, p. 542.

Cette observation est particulièrement intéressante aux points de
vue clinique et histologique, car la tumeur enlevée correspond à un
type rare de tumeur à myéloplaxes. La malade, cuisinière, âgée de
dix-huit ans, d'aspect robuste, se présente à notre examen pour
une tumeur du volume d'une orange siégeant sur l'extrémité inférieure de la jambe, un peu au-dessus et en arrière de la malléole
externe. La peau est mobile à sa surface et traversée par un réseau
veineux assez abondant. La consistance est élastique; la forme
arrondie. A l'état de repos, la tumeur est assez mobile de haut en
bas et à peine d'avant en arrière; elle est immobilisée dans les
diverses attitudes de contraction des muscles. Elle pousse des prolongements dans divers sens. L'extirpation de la tumeur est
décidée.

La tumeur enlevée présente, tous les fragments une fois réunis,
le volume total d'une très grosse orange. La masse principale étant
incisée, sa coupe a un aspect marbré dont le fond, rouge et lisse,
est coupé par des bandes jaunâtres de même consistance, ou des
îlots également jaunes, mais plus mous.

A l'examen histologique on distingue :

1º Du tissu conjonctif fibreux disposé, à la *périphérie* de la tumeur, sous forme d'une membrane limitante plus ou moins épaisse, et, *dans l'épaisseur*, sous forme de faisceaux épais de tissu fibreux, d'îlots conjonctifs à tissu plus lâche ou de tractus plus ou moins épais, isolés, ou plus souvent irrégulièrement anastomosés ;

2º Des vaisseaux sanguins, situés soit dans les parties fibreuses ou conjonctives, soit dans les masses cellulaires occupant les intervalles laissés entre les tractus conjonctifs de la tumeur, mais toujours limités par une paroi propre, conjonctive ;

3º Des cellules adipeuses très abondantes, quelquefois irrégulièrement infiltrées entre les autres éléments cellulaires, plus souvent disposées sous forme d'îlots irréguliers et plus ou moins étendus ;

4º Des cellules néoplasiques, occupant les espaces laissés libres entre les faisceaux et les fins tractus conjonctifs et se présentant sous des aspects divers. Le plus souvent ce sont des cellules arrondies ou polygonales par pression réciproque, mesurant de 12 à 15 millimètres de diamètre environ. Au milieu de celles-ci, et disposées sans aucune régularité, se trouvent d'autres cellules volumineuses, multinucléées ou myéloplaxes. Très abondantes dans certains points, elles sont rares dans d'autres ;

5º Des îlots et des languettes de tissu osseux en voie de disparition.

Ces caractères histologiques, très résumés, nous permettent d'écarter toute idée de sarcome proprement dit et même de fibro-sarcome. Les particularités cliniques et histologiques de la tumeur nous permettent, par contre, de la rapprocher des tumeurs à myéloplaxes, que Heurtaux a décrites sous le nom de *myélomes*.

Le sphacèle aseptique des fibro-myomes utérins. (En collaboration avec M. Brandeis.) *Journal de médecine de Bordeaux*, mars 1909.

Sous le nom de *fibro-myomes utérins sphacélés* on englobe, dans le langage chirurgical courant, des tumeurs dont les altérations reconnaissent des causes très différentes. Dans les unes, en effet, les lésions sont dues à un processus de fermentation microbienne ; dans les autres elles sont la résultante de troubles dystrophiques purs. A l'heure actuelle la confusion existe encore, aussi n'était-il pas sans intérêt d'étudier la question.

Nous avons examiné quatre fibro-myomes sphacélés. Nous en avons fait l'étude histologique et bactériologique, et voici les résultats que nous avons obtenus :

Ce qui frappe le plus à l'examen histologique, c'est la disparition de l'aspect fasciculé du tissu musculaire. Dans les points les moins altérés, les fibres musculaires ne manifestent plus pour les colorants protoplasmiques leur affinité normale; par contre, les noyaux sont plus avides de colorants : leur imprégnation est compacte, homogène. Dans d'autres points, les noyaux se rapetissent de plus en plus, arrivent à disparaître ou du moins à ne plus prendre les colorants nucléaires, de sorte que certaines régions assez étendues ne décèlent que quelques noyaux très clairsemés.

Certains territoires sont infiltrés d'une matière albuminoïde révélée par un piqueté de très fines et très nombreuses granulations à peine teintées par les colorants. Il n'y a pas d'infiltration cellulaire.

Les tentatives de cultures en milieux aérobies et anaérobies ont toujours donné des résultats négatifs. La recherche directe des microbes sur les coupes a été infructueuse.

Donc, malgré l'absence de tout germe microbien, des phénomènes d'altération nécrotique peuvent se manifester sur des noyaux fibro-myomateux interstitiels. Elles ressortissent sans aucun doute à des troubles circulatoires. Elles doivent être bien séparées de celles qui se développent sous l'influence de l'immigration microbienne.

Kyste dermoïde latéral du cou; présence de tissu lymphoïde dans la paroi. (En collaboration avec M. Chavannaz.) *Archives cliniques de Bordeaux*, 1898. (Travail communiqué à la Société de chirurgie de Paris, 1897. Rapport de M. Broca.)

La présence du tissu lymphoïde dans la paroi des kystes dermoïdes latéraux du cou est extrêmement rare, si du moins on s'en rapporte aux observations qui ont été publiées.

Dans notre observation, il s'agit d'un jeune homme de dix-neuf ans, qui portait sur le côté gauche du cou une tumeur dont le début remontait à trois mois.

Aspect macroscopique. — La tumeur est constituée par un kyste du volume d'un œuf de poule. Sa face interne, irrégulière, est parcourue par des plis bien marqués et parsemée de petites éminences arrondies rappelant plus ou moins bien la forme d'une papille. Leur volume varie de celui d'une petite lentille à celui d'une pointe d'épingle.

Examen microscopique. — La paroi kystique est essentiellement composée de deux parties : une partie superficielle épithéliale; une partie profonde conjonctive.

1º Le *revêtement épithélial*, d'épaisseur variable, est constitué par plusieurs couches de cellules épithéliales pavimenteuses, aplaties dans les zones les plus superficielles, plus renflées, losangiques et séparées par un espace clair, strié par les filaments d'union, dans d'autres régions, en particulier dans les points les plus épais du revêtement épithélial. Dans quelques régions, celui-ci se trouve directement en contact avec des nodules lymphoïdes situés dans la tunique conjonctive. A leur niveau, les cellules épithéliales sont dissociées par un grand nombre de cellules migratrices, si bien que la limite entre la couche épithéliale et la couche conjonctive est très difficile à saisir.

2º *Dans la paroi conjonctive* on distingue facilement l'existence de trois zones bien différentes : a) une *zone sous-épithéliale*, épaisse de 1 à 3 millimètres, à surface interne légèrement papillaire. Elle est formée par du tissu conjonctif adulte au sein duquel se trouvent disséminés quelques nodules lymphatiques parfois très superficiels; b) une *zone lymphoïde*, très inégale, mesurant de 1 à 3 millimètres d'épaisseur et présentant une disposition rappelant celle de l'intestin au niveau des plaques de Peyer, à savoir une nappe de tissu lymphoïde, avec follicules et zones plus claires interfolliculaires. Bien limitée en dehors par une tunique fibreuse, elle se continue en dedans par une transition insensible avec le tissu conjonctif sous-épithélial; c) une zone externe formée de tissu conjonctif adulte.

La présence du tissu lymphoïde dans la paroi d'un kyste dermoïde du cou a été diversement interprétée; mais il ne s'agit pas certainement, comme le prétend Max Schede, au moins dans notre cas, d'un ganglion extirpé en même temps que le kyste.

Au point de vue pratique, la constatation de ce tissu lymphoïde semble devoir permettre d'envisager sous un jour particulier la question des kystes ganglionnaires. Si l'on excepte les kystes hydatiques, dont nous ne connaissons qu'un exemple, il est probable que les cas décrits sous l'étiquette de kystes ganglionnaires sont ou des ganglions tuberculeux plus ou moins modifiés après ramollissement ou encore des kystes dermoïdes avec tissu lymphoïde abondant et dans lesquels la zone épithéliale caractéristique a passé inaperçue.

Étude anatomo-pathologique d'une fistule congénitale du cou.

(En collaboration avec M. Chavannaz.) *Journal de médecine de Bordeaux.* 1901.

Le trajet fistuleux est extirpé dans sa totalité et soumis à l'examen microscopique.

La paroi est composée de deux couches : une couche profonde conjonctive ou chorion muqueux; une couche superficielle épithéliale. Il n'y a pas trace de papilles. Le chorion muqueux est constitué par des fibres conjonctives peu volumineuses, parallèles à la surface, entre lesquelles se trouvent un petit nombre de cellules fixes, des lymphocytes et quelques mastzellen. Les vaisseaux sanguins sont nombreux. Il n'y a pas de fibres musculaires lisses. Par contre, on y trouve un grand nombre de follicules lymphatiques, très superficiels, en contact avec le revêtement épithélial.

Le revêtement épithélial, jusqu'au voisinage immédiat de l'orifice cutané, est constitué par un épithélium cylindrique à cils vibratiles, disposé sur plusieurs couches et semblable à celui de la trachée.

La portion épidermique de la fistule ne présente rien de particulier. Elle n'existe presque pas et se confond aussitôt avec la peau du voisinage. Cette disposition est exceptionnelle. Le plus souvent, en effet, l'épithélium de revêtement des fistules congénitales est mi-partie à cils vibratiles et mi-partie pavimenteux stratifié.

La présence de follicules lymphoïdes dans la paroi est à remarquer. En 1897 nous avons signalé l'existence de semblables follicules dans la paroi d'un kyste dermoïde du cou. Nos constatations actuelles établissent une fois de plus la parenté étroite qui existe au point de vue histologique entre les fistules et les kystes congénitaux de la région cervicale, parenté qui ressort du reste de l'étude pathogénique des deux affections.

Action sur l'organisme des néoplasmes et des produits d'origine néoplasique.
Des lésions qu'ils peuvent déterminer.

La plupart des néoplasmes, surtout des néoplasmes d'origine épithéliale, les épithéliomas et les carcinomes, ne déterminent pas seulement des phénomènes d'ordre local, tels que la destruction des tissus par envahissement progressif, des ulcérations plus ou moins rapides et plus ou moins étendues, des troubles de compression vasculaire ou nerveuse, etc.; ils produisent aussi des manifestations d'ordre général, se traduisant, outre les phénomènes de généralisation, par des modifications dans le liquide sanguin, par des altérations du système nerveux central et périphérique, par une coloration spéciale des téguments, enfin par cet ensemble de symptômes graves qui caractérisent la cachexie cancéreuse et qui sont la résultante de plusieurs causes dont la principale est certainement l'auto-intoxication.

Nous avons étudié quelques-unes des causes de ces états généraux et quelques-unes de leurs manifestations plus ou moins directes.

Action des injections intra-péritonéales du contenu des kystes ovariques. Étude expérimentale. (En collaboration avec M. Cha-vannaz.) *Archives de médecine expérimentale et d'anatomie pathologique*, 1898.

La rupture intra-péritonéale des kystes de l'ovaire est un accident sur la valeur duquel les chirurgiens sont loin d'être d'accord. En laissant de côté la question d'ensemencement, de greffe, pouvant succéder à la pénétration, dans le péritoine, du liquide ou des productions néoplasiques, jusqu'alors enfermées dans la poche kystique, on voit les opinions les plus diverses émises par les auteurs.

Des conditions cliniques diverses peuvent agir sur les conséquences des ruptures des kystes de l'ovaire. La nature du liquide épanché, le mode de traitement, l'absence ou l'existence de brides et d'adhérences péritonéales pouvant limiter l'épanchement du liquide, la présence ou l'absence d'ascite, l'état général de la malade, l'état des viscères et en particulier des reins et du foie, sont autant de circonstances qui doivent entrer en ligne de compte et qui, variables d'un malade à l'autre, rendent difficile, sinon impossible, la comparaison des divers cas. Aussi nous sommes-nous adressé à l'expérimentation pour essayer d'obtenir la solution du problème.

Pour avoir des résultats de quelque valeur, nous nous sommes placé dans des conditions autant que possible analogues à celles dans lesquelles se fait l'irruption, dans la cavité abdominale, du contenu liquide des kystes de l'ovaire rompus. C'est ainsi, par exemple, que la température du liquide a été portée au degré de température du corps du lapin, c'est-à-dire à 38-39°. Mais tandis que chez la femme la rupture du kyste n'amène que peu ou pas de modification de la tension intra-abdominale, chez l'animal, dont la cavité péritonéale reçoit rapidement une quantité de liquide parfois considérable, il doit forcément se produire une augmentation rapide de cette tension. De plus, il ne faudra pas oublier, dans l'interprétation des résultats, que le produit d'injection est un liquide organique étranger au lapin, et qui, par ce seul fait, peut avoir une action nuisible sur son organisme. Mais ce sont là des causes d'erreur qu'il est impossible d'éviter et qui, d'ailleurs, n'ont peut-être pas, dans le cas actuel, une très grande valeur.

Enfin, pour pouvoir comparer et évaluer d'une façon un peu plus exacte la valeur de ce que nous avons appelé la *toxicité* du liquide des kystes de l'ovaire, nous avons pris, comme terme de comparaison, l'injection intra-péritonéale de sérum artificiel. Nous avons aussi essayé l'action des injections d'eau distillée pure. Nos expériences peuvent donc être classées sous trois chefs :

1° Injections intra-péritonéales du contenu des kystes de l'ovaire;

2° Injections intra-péritonéales de sérum artificiel stérilisé;

3° Injections intra-péritonéales d'eau distillée stérilisée.

L'animal d'expérience a été le lapin.

Le liquide kystique a toujours été recueilli et injecté aseptiquement, sans être chauffé et sans avoir subi un traitement quelconque qui aurait pu modifier ses propriétés primitives. Aussitôt après l'injection à l'animal, une petite quantité du liquide kystique était prélevée et ensemencée sur gélose peptonisée et sur sérum gélatinisé.

Les observations cliniques des malades qui fournissaient le liquide d'injection, les caractères macroscopiques de ce liquide, les caractères macroscopiques et microscopiques des tumeurs étaient recueillis avec soin et rapprochés des résultats obtenus chez les animaux. A l'autopsie de ceux-ci, les lésions étaient notées, les reliquats du liquide injecté étaient recueillis et examinés au point de vue histologique aussi bien qu'au point de vue bactériologique. Enfin, il faut ajouter que les animaux ont été suivis de très près, que leur température a été relevée avec soin, que les variations de poids ont été scrupuleusement notées. Et pour rendre plus évidents les résultats de ces divers examens, nous avons fait des tracés graphiques pour beaucoup de nos animaux.

Comparant ensuite les observations cliniques publiées par les auteurs aux résultats de notre expérimentation, nous y avons trouvé beaucoup de caractères communs. Aussi avons-nous pu donner l'explication de la plupart des faits restés encore obscurs et nous rendre compte des phénomènes, parfois très différents ou même en apparence contradictoires, observés chez les malades et relatifs soit à la rapidité plus ou moins grande de la mort, soit au mode de guérison, soit aux modifications urinaires, soit au développement possible de péritonites aiguës ou suraiguës.

Nous aurions aussi voulu comparer les résultats de la clinique et ceux de l'expérimentation en ce qui concerne les variations de température et de poids, mais cela nous a été impossible, les documents cliniques étant, sur ces points, par trop incomplets.

Quoi qu'il en soit, les résultats de nos recherches expérimentales peuvent être résumés de la façon suivante :

1º En l'absence de suppuration, le contenu des kystes proligères de l'ovaire et des kystes du parovaire est absolument aseptique, alors même qu'il y a adhérence de ces kystes avec l'intestin ou encore torsion du pédicule;

2º La toxicité des liquides des kystes proligères de l'ovaire est

variable, et cette variabilité ne dépend pas de la nature papillaire
ou glandulaire du kyste. Nous ne saurions dire si, à cet égard, la
torsion du pédicule a une influence quelconque. Sauf dans un cas,
tous les lapins qui ont reçu plus d'un sixième de leur poids de liquide
sont morts en moins de vingt-quatre heures.

3° La toxicité des liquides des kystes du parovaire est beaucoup
moindre et comparable à celle du sérum artificiel stérilisé, qui est
à peu près nulle;

4° Par ordre de toxicité décroissante, on peut classer de la façon
suivante les liquides injectés : a) liquides des kystes proligères de
l'ovaire; b) eau distillée stérilisée; c) sérum artificiel stérilisé et
contenu des kystes du parovaire;

5° Dans tous les cas suivis ou non de mort, l'action de l'injection
des liquides des kystes proligères se traduit par une déchéance
prononcée de l'organisme et une diminution de poids parfois considérable;

6° Avec les liquides des kystes du parovaire, ces modifications
sont presque insignifiantes;

7° La température ne subit pas de modifications identiques dans
tous les cas; un fait, cependant constant pour tous les kystes, c'est
qu'il n'y a jamais d'élévation de la courbe thermique. Pour les
kystes proligères, dans les cas graves où la mort arrive dans les
premiers jours, il y a un refroidissement progressif et quelquefois
considérable de l'animal. Dans les cas de survie, la température se
relève, mais ne dépasse jamais la normale. Pour les kystes du
parovaire, quand l'injection est abondante, on observe une chute
brusque dans les 24 à 36 heures que dure l'élimination;

8° A moins que la mort ne survienne trop rapidement, le liquide
est toujours résorbé complètement. Pour les kystes proligères,
l'élimination est toujours lente et dure plusieurs jours. Pour les
kystes du parovaire, elle est complète au bout de 24 à 48 heures.
L'élimination paraît se faire par la voie rénale; elle peut être aidée
par la voie intestinale;

9° Le résidu solide des kystes proligères se dépose dans la cavité
abdominale, se concrète sous forme de petits amas situés plus particulièrement sur le grand épiploon ou à la surface du foie ou de la
rate et disparaît beaucoup plus tardivement;

10° Les lésions macroscopiques consistent en de l'infiltration du tissu cellulaire de la paroi abdominale, quelquefois du tissu cellulaire des régions éloignées (aisselle, médiastin), du tissu cellulaire sous-péritonéal, du mésentère et parfois même des parois intestinales qui, alors, sont un peu épaissies, comme œdématiées, tremblotantes. Dans quelques cas, nous avons trouvé du liquide dans les cavités pleurales et péricardique, et assez souvent une vascularisation exagérée du mésentère, de l'intestin grêle et plus rarement du gros intestin et de l'estomac;

11° Jamais la séreuse péritonéale n'a été infectée par le liquide injecté.

Ainsi donc, si nous étions en droit de conclure de l'expérimentation à la clinique, nous dirions que, questions d'infection, d'adhérences, d'ascite, d'état général et d'autres facteurs déjà signalés, mises de côté, la rupture intra-péritonéale d'un kyste du parovaire est un accident sans grande gravité, que celle d'un kyste ovarique peut produire des troubles peu marqués ou, qu'au contraire, elle peut, à brève échéance, amener la mort de la malade.

Lésions du foie déterminées chez le lapin par les injections intra-péritonéales du contenu des kystes de l'ovaire. (En collaboration avec M. CHAVANNAZ.) Société de biologie de Paris, 1899.

Lésions des reins déterminées chez le lapin par les injections intra-péritonéales du contenu des kystes de l'ovaire. (En collaboration avec M. CHAVANNAZ.) Société de biologie de Paris, 1899.

Lésions déterminées chez le lapin par les injections intra-péritonéales du contenu des kystes de l'ovaire. (En collaboration avec M. CHAVANNAZ.) *Archives de médecine expérimentale et d'anatomie pathologique,* 1900.

On sait que les éléments néoplasiques des tumeurs de l'ovaire peuvent se disséminer dans la cavité péritonéale et devenir le point de départ de greffes cancéreuses. On sait aussi cliniquement que la rupture des kystes de l'ovaire est capable de déterminer l'éclosion de phénomènes péritonéaux, de péritonites. Mais il est également permis de supposer qu'elle puisse entraîner des lésions viscérales et, en particulier, des lésions du foie et des reins. La clinique est à peu près muette à ce point de vue. Seule, l'observation de Matthews Duncan fait brièvement mention de ces lésions. « Le foie était pâle et friable; il était atteint de dégénérescence graisseuse. Les reins étaient petits; les capsules étaient un peu adhérentes. La substance corticale était d'épaisseur normale, mais elle était décolorée et mal délimitée; les pyramides étaient d'une couleur rosée. » C'est là l'unique document que nous ayons pu relever sur cette question et il est bien incomplet puisqu'il ne comporte aucun examen microscopique. Pour combler ce vide, nous avons eu recours à l'expérimentation et nous avons, à ce point de vue, étudié les pièces provenant des lapins dans le péritoine desquels nous avons injecté des liquides de kystes de l'ovaire et du parovaire. Ce travail est donc comme la suite naturelle et le complément du précédent.

De ce qui se passe chez le lapin, nous ne voulons pas conclure à ce qui doit arriver chez la femme. Nos expériences nous permettent cependant de supposer que les lésions viscérales peuvent aussi exister chez elle et elles nous en font peut-être soupçonner la nature et l'importance. Elles montrent tout au moins la nécessité de constatations anatomiques complètes et précises qui n'ont point trouvé place dans les observations publiées jusqu'ici.

Le liquide injecté se résorbe toujours et complètement lorsque les animaux survivent; mais la résorption, en général assez rapide, présente des différences très grandes, au point de vue de sa durée, d'un animal à l'autre. Ces différences tiennent vraisemblablement à la nature du liquide injecté, à sa composition et à son action plus ou moins intense sur la séreuse péritonéale. La résorption se fait en deux temps. La partie liquide se résorbe tout d'abord, laissant se déposer la partie solide, qui ne disparaît que plus tard.

Les lésions du foie déterminées par les injections intra-péritonéales du contenu des kystes de l'ovaire sont de deux ordres : *lésions parenchymateuses, lésions de sclérose*. Les lésions parenchymateuses, de beaucoup les plus fréquentes, consistent en des lésions de *nécrose cellulaire*. Cette nécrose semble se produire suivant deux processus différents : un processus de dégénérescence granulo-albuminoïde, comme dans l'expérience I; un processus de dégénérescence hyaline, comme dans l'expérience II. Isolés dans ces deux cas, les deux processus sont différemment associés dans les autres expériences. Enfin, le foie du lapin de l'expérience III est le siège d'un léger degré de *sclérose* qui, débutant par l'espace porto-biliaire, envahit plus tard le lobule et les fissures interlobulaires.

Les reins n'échappent pas non plus à l'action toxique des liquides des kystes de l'ovaire injectés dans la cavité abdominale des lapins, et, comme dans le foie, les lésions qu'ils présentent sont de deux ordres : *lésions parenchymateuses* et *lésions de sclérose*. Les premières sont les plus fréquentes et existent presque toujours seules. Les secondes n'ont été observées que dans un cas (expérience III) et elles coexistaient avec des altérations épithéliales. Chez le même lapin existait, nous l'avons déjà dit, de la sclérose du foie.

Les lésions que nous venons de décrire présentent les plus grandes ressemblances avec les lésions infectieuses ou toxi-infectieuses; mais l'absence d'agents microbiens dans la cavité péritonéale de nos animaux nous autorise à ne pas leur attribuer une origine infectieuse. Aussi croyons-nous pouvoir les rapporter simplement à l'action toxique des liquides injectés.

Souvent il n'y a pas de lésions de la séreuse péritonéale; mais, cependant, il n'est pas exceptionnel d'en rencontrer. Nous avons noté de la vascularisation anormale du péritoine, du mésentère, des anses intestinales, une fois même un piqueté hémorragique de la séreuse, particulièrement accentué à la surface de l'estomac. Le tissu cellulaire sous-séreux peut être infiltré de sérosité jaunâtre ou grisâtre. Cette infiltration peut s'étendre au tissu cellulaire péritonéal, au tissu cellulaire sous-cutané des régions abdominale, thoracique, axillaire, et au tissu cellulaire du médiastin et du cou.

Plusieurs fois nous avons trouvé un épanchement séreux dans le péricarde et dans les plèvres.

Dégénérescence graisseuse du myocarde dans le cancer. (En collaboration avec M. Vaillant.) Société d'anatomie et de physiologie normales et pathologiques de Bordeaux, séance du 15 octobre 1900.

La fréquence de la dégénérescence graisseuse du myocarde et son importance clinique ont été très diversement interprétées par les auteurs. Letulle considère la dégénérescence graisseuse de la fibre cardiaque comme extrêmement rare, aussi bien dans les maladies infectieuses que dans les cachexies. Il en est de même de Josserand et Bonnet. D'autres auteurs la regardent comme n'étant pas très exceptionnelle (Lancereaux, Schwemm).

En présence de ces nombreuses controverses, il était très intéressant de reprendre l'étude du sujet en s'entourant des précautions nécessaires pour éviter toute espèce de doute sur la nature graisseuse des granulations trouvées dans la fibre cardiaque. Nos pièces ont toujours été fixées par l'alcool, le liquide de Müller, le sublimé acétique, l'acide osmique.

Entre autres examens, en voici un qui démontre bien l'existence de la dégénérescence graisseuse du myocarde.

Un homme de soixante-deux ans meurt d'un cancer du pylore, dont le début remontait à sept mois environ.

Le myocarde est mou, de coloration feuille morte, pâle. Dans aucun point il ne présente l'état tigré décrit par certains auteurs dans les cas de dégénérescence graisseuse. Pas de lésions valvulaires.

La dégénérescence graisseuse existe dans plusieurs régions du myocarde. Sur les pièces fixées par le Müller et l'alcool, elle est caractérisée par une série de points vacuolaires, de volume variable, disséminés dans la fibre cardiaque. Après l'action successive du liquide de Müller et de l'acide osmique, les lésions apparaissent sous forme de grains noirs ou bruns très foncés, de forme arrondie. Leur volume est très variable : quelques-uns sont punctiformes; d'autres, moins nombreux, constituent des blocs noirs arrondis, d'un volume égal ou supérieur à celui d'un globule blanc.

Leur nombre est des plus variables; quelques cellules musculaires en contiennent à peine quelques-uns, d'autres en sont infiltrées dans presque toute leur étendue.

Cette dégénérescence graisseuse est disposée sous forme d'îlots plus ou moins étendus, car on ne la rencontre pas sur tous les points des coupes.

Étude qualitative et quantitative des globules blancs du sang chez les cancéreux. (En collaboration avec M. Vaillant.) *Journal de médecine de Bordeaux*, n° 6, 1901.

Toutes les tumeurs épithéliales n'ont pas la même influence sur les globules blancs du sang, puisqu'un cas d'ulcus rodens, quoique très étendu et très grave, n'a amené de modifications ni dans la teneur du sang en globules blancs, ni dans les caractères de ceux-ci.

Dans tous les autres cas, nous avons trouvé de l'hyperleucocytose polynucléaire plus ou moins intense.

Des névrites périphériques chez les cancéreux. *Revue de médecine,* 1890.

Nous avons été le premier à démontrer d'une façon indiscutable l'existence des névrites périphériques chez les cancéreux. Leur fréquence doit cependant être très grande, car sur les dix cas de carcinome que nous avons rassemblés, nous en avons trouvé neuf qui présentaient les lésions les plus nettes.

Quelle en est la pathogénie? L'âge et le sexe des malades n'ont aucune influence sur leur développement. Le siège de la tumeur ne paraît pas avoir plus d'importance. L'œdème pourrait être invoqué comme étant la cause de quelques-unes de ces lésions. Mais dans le plus grand nombre des cas, il n'y avait pas traces d'hydropisie, ou bien les altérations nerveuses ont été trouvées en dehors de la région œdémateuse. Nous ne saurions donc admettre un rapport constant entre ces deux facteurs.

La seule influence qui paraisse devoir être mise en cause, c'est l'existence même d'une tumeur carcinomateuse. Et encore cette influence n'est-elle probablement qu'indirecte et n'agit-elle que par la cachexie que détermine cette affection dans les derniers temps de son évolution. Comment, en effet, expliquer autrement l'apparition de ces altérations nerveuses? Plusieurs hypothèses, il est vrai, se présentent à l'esprit.

Et d'abord, la compression ne peut-elle pas être invoquée pour expliquer beaucoup de névrites apparaissant dans le cours du cancer? Non, car la compression est bien insuffisante pour expliquer la multiplicité et la diversité de siège des lésions.

Le carcinome, a-t-on dit récemment, est une maladie infectieuse. Il peut donc agir sur les nerfs périphériques de deux façons différentes : par ses germes spécifiques ou par les produits solubles qu'ils sécrètent. Avant de discuter pareille hypothèse, il est bon d'attendre que son exactitude soit démontrée. D'ores et déjà cependant nous croyons pouvoir la rejeter et admettre, comme seule cause des névrites multiples, les troubles si prononcés qui surviennent, vers la fin de la maladie, dans les fonctions nutritives et dans les divers liquides de l'économie. En d'autres termes, nous pensons que la cachexie seule est responsable de ces altérations nerveuses.

Anatomie pathologique comparée des tumeurs.

Épithélioma pavimenteux lobulé de la verge chez le cheval.
Société d'anatomie et de physiologie normales et pathologiques de Bordeaux, séance du 29 octobre 1900.

Les caractères microscopiques de cette tumeur correspondent
exactement à la variété d'épithélioma décrite en pathologie humaine
sous le nom d'épithélioma pavimenteux lobulé à globes colloïdes.
Il y a, en outre, cette particularité intéressante que le néoplasme
est enflammé et que plusieurs lobules épithéliomateux renferment
de véritables petits abcès microscopiques.

Carcinome de la paroi vaginale chez une chienne. Société d'anatomie et de physiologie normales et pathologiques de Bordeaux.
séance du 29 octobre 1900.

Sarcome du testicule du taureau. Société d'anatomie et de physiologie normales et pathologiques de Bordeaux, séance du 29 octobre 1900.

Fibro-myxome de la mamelle chez une chatte. Société d'anatomie
et de physiologie normales et pathologiques de Bordeaux, séance du
29 octobre 1900.

Un cas d'épithélioma sébacé chez le chien. *Archives de médecine
expérimentale et d'anatomie pathologique,* 1901.

Les tumeurs épithéliales d'origine sébacée ou, d'une façon plus
générale, développées aux dépens du système pilo-sébacé, nous
paraissent constituer, chez l'homme, un groupe très important de

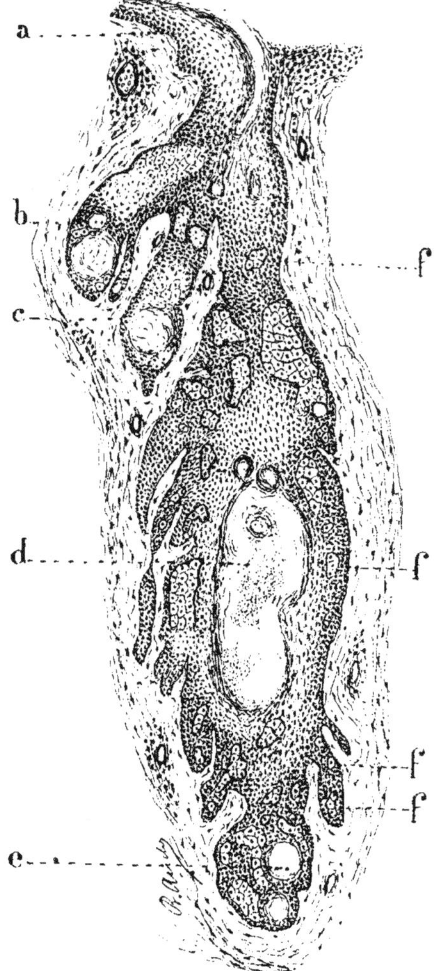

FIG. 1. — LEITZ. = Oc. 3. Obj. 2.

a. Languette épidermique. — *b.* Bourgeon néoplasique superficiel contenant un petit kyste dans son extrémité profonde et quelques cellules sébacées typiques. — *c.* Deuxième bourgeon épithéliomateux identique au précédent. — *d.* Grande cavité kystique visible à l'œil nu et située dans le lobule néoplasique profond. — *e.* Petite cavité kystique. — *f, f, f, f.* Cellules sébacées isolées ou réunies en petits groupes.

néoplasmes. Mais leur histogenèse, encore discutée, n'est pas d'une étude très facile, et rarement on rencontre, sur les préparations microscopiques des tumeurs un peu avancées dans leur développement, une preuve indiscutable de leur origine glandulaire. Dans le cas actuel, au contraire, cette preuve surgit pour ainsi dire à chaque pas, et partout, même dans les régions les plus anciennes du néoplasme, on trouve la démonstration nette et indiscutable de l'origine sébacée de l'épithélioma.

On peut, en effet, suivre, sur les préparations, tous les stades de

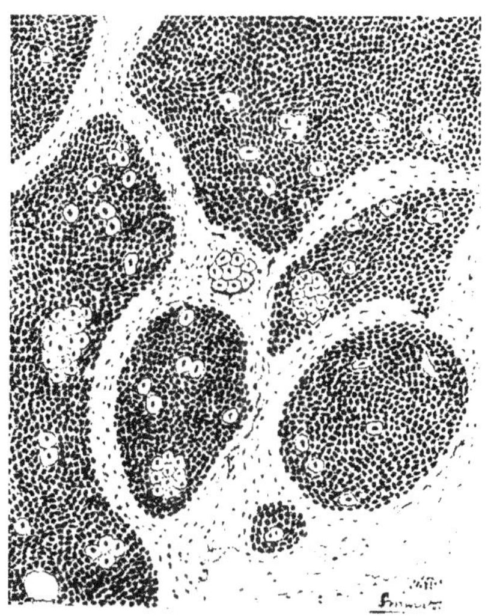

son développement. Au stade de début, la glande sébacée est augmentée de volume, mais elle conserve sa disposition et sa physionomie ordinaires. On y voit, situées à la périphérie des lobules glandulaires, plusieurs couches de petites cellules cubiques ou légèrement allongées, pourvues d'un noyau relativement volumineux, fortement coloré, situé dans une masse protoplasmique peu abondante, claire, finement et faiblement granuleuse. Ces éléments cellulaires, qui présentent déjà tous les caractères des cellules situées dans les parties les plus avancées du néoplasme, circonscrivent des kystes de dimensions variables ou des amas encore assez volumineux de cellules sébacées typiques. Ailleurs, les cellules néoplasiques, plus abondantes, souvent en voie de division karyokinétique, entourent des amas déjà beaucoup plus petits de cellules sébacées normales. Enfin, dans les stades les plus avancés, on ne trouve plus, au sein de larges nappes épithéliomateuses, que quelques cellules sébacées isolées ou réunies en petits groupes de deux, trois ou quatre. Mais, même dans ces points, elles sont absolument caractéristiques et ne peuvent laisser place à aucun doute.

Une autre particularité importante de cette tumeur, c'est sa disposition lobulée. Chaque glande sébacée dégénérée représente un lobule néoplasique. Au début, ces lobules affectent la forme générale des glandes. Plus tard, par le fait même du développement de la lésion, les lobules se transforment, deviennent plus volumineux et plus irréguliers de forme, par suite de la pression qu'ils exercent les uns sur les autres. Mais entre eux se trouvent encore de larges travées fibreuses qui en indiquent nettement les limites. De ces larges travées conjonctives partent des tractus beaucoup plus fins qui vont s'anastomoser dans chaque lobule épithéliomateux et former des alvéoles de forme et de volume variables.

Cette disposition tranche, pour ce cas particulier, un point très intéressant de l'histogenèse générale des tumeurs. Elle démontre que le néoplasme n'est pas parti d'un élément épithélial ou d'un petit groupe d'éléments épithéliaux pour se développer ensuite d'une façon continue, par simple multiplication de ses propres éléments; mais bien que son accroissement se fait d'une façon discontinue, chaque glande étant prise à son tour, sans être envahie par la glande voisine déjà dégénérée.

Que deviennent les cellules adipeuses des glandes sébacées au milieu de ce processus de néoformation épithéliomateuse? Sont-elles détruites ou se transforment-elles en cellules néoplasiques? Il n'est pas douteux, pour la plupart d'entre elles, qu'elles sont détruites et qu'elles contribuent pour une large part à former les kystes, ainsi que les substances graisseuses et les lamelles épidermiques qu'ils contiennent. Mais dans quelques endroits on voit tous les intermédiaires entre les cellules graisseuses sébacées et les cellules néoplasiques.

Quoi qu'il en soit, les cellules sébacées sont susceptibles de résister longtemps à la néoformation épithéliomateuse, puisque nous avons trouvé, dans beaucoup d'endroits, des cellules adipeuses sébacées, isolées ou réunies en petits groupes, situées au milieu de larges nappes néoplasiques. Cette disposition est cependant exceptionnelle dans les tumeurs, au moins chez l'homme, car, sur cinquante ou soixante néoplasmes de ce genre, nous ne l'avons jamais rencontrée aussi accentuée.

Nous ne saurions dire si les épithéliomas d'origine sébacée s'observent souvent chez le chien. Chez l'homme, ces néoplasmes sont fréquents.

Cette observation est encore intéressante au point de vue de l'anatomie pathologique comparée. Rapprochée des cas de sarcome, de myxome, de carcinome, d'épithélioma pavimenteux à évolution épidermique et d'autres tumeurs décrites par les auteurs chez diverses espèces animales, elle démontre que les différentes variétés de néoplasmes observés dans l'organisme humain peuvent se rencontrer, avec les mêmes caractères histologiques, dans les organismes des animaux.

Dégénération et Régénération d'organes.

De la régénération du foie. *Journal de médecine de Bordeaux*, n° 9, 1901.

Ce travail repose sur deux observations : l'une d'angiocholite et de péri-angiocholite suppurées, l'autre de foie cardiaque mou. Ce dernier cas démontre une fois de plus l'existence de l'hyperplasie compensatrice dans le foie cardiaque. Le premier prouve qu'il faut ajouter l'angiocholite et la péri-angiocholite suppurées au nombre déjà grand des affections hépatiques susceptibles de provoquer le phénomène de la régénération des cellules du foie.

Dans les deux observations, nous avons trouvé les lésions du type radié de l'hyperplasie compensatrice de M. Chauffard.

Note histologique sur le foie amyloïde. *Journal de médecine de Bordeaux*, 15 septembre 1901.

La dégénérescence amyloïde frappe-t-elle les cellules hépatiques?

Deux opinions se trouvent en présence à cet égard : d'après l'une, les cellules du foie sont le siège ordinaire de la substance amyloïde (Ranvier, Frerichs, Cornil); d'après l'autre, elles ne sont altérées que mécaniquement; elles s'atrophient sous l'influence de la pression exercée par les blocs de matière amyloïde (Wagner, Birch-Hirschfeld, Ziegler, Wickmann). Ces divergences ne peuvent être attribuées qu'au défaut de netteté des préparations que donnent la plupart des réactifs histo-chimiques de l'amyloïde.

L'étude de deux cas de dégénérescence amyloïde du foie nous a amené à adopter la seconde opinion. Dans les régions les moins malades, c'est-à-dire dans les régions péri-porto-biliaires et péri-sus-hépatiques, les cellules hépatiques ont conservé leur disposition trabéculaire et leurs caractères morphologiques presque normaux. Les capillaires sanguins sont à peu près sains, mais entre la paroi du capillaire et les travées hépatiques existent parfois de petits amas de substance amyloïde, disposée sous forme de petites bandes ou de petits blocs plus ou moins irréguliers.

Dans les régions moyennes du lobule hépatique, qui sont les plus altérées, les trabécules hépatiques sont irrégulières, tortueuses, de diamètre très inégal. Les cellules qui les forment sont très irrégulières de volume et de forme : les unes sont aplaties régulièrement; les autres sont creusées en encoche; d'autres ont pris la forme de raquette, de massue, d'haltère, etc. Cet aspect est dû à la présence dans l'intervalle des trabécules hépatiques des blocs ou amas de substance amyloïde. Celle-ci remplit quelquefois tout l'espace intertrabéculaire; d'autres fois, au milieu d'elle, on trouve la cavité allongée ou arrondie d'un capillaire sanguin intra-lobulaire.

La matière amyloïde ne se présente pas sous l'aspect d'une masse absolument homogène qui serait comme coulée entre les trabécules hépatiques. Les gros amas donnent l'aspect de nuages bosselés, tourmentés, formés de masses rapprochées et plus ou moins fusionnées, plus sombres dans certains points, plus claires dans d'autres, à contours toujours ondulés et polycycliques. Ailleurs, ce sont des amas plus petits, de simples petits blocs arrondis ou ovalaires, à contours bien nets, enchâssés entre les cellules. Gros ou petits, les amas de matière amyloïde ne contiennent jamais trace de noyaux.

Les cellules hépatiques ne présentent jamais aucune trace de dégénérescence amyloïde.

Donc, la substance amyloïde ne se localise pas dans les cellules du foie. Située à côté d'elles, elle les comprime, les déforme, les atrophie; mais ces lésions sont toujours secondaires et d'ordre purement mécanique.

Des lésions déterminées par les injections intra-hépatiques d'acide phénique et de leur mode de réparation. (En collaboration avec M. Le Couteur.) Société de biologie, 9 novembre 1901.

L'injection intra-hépatique d'acide phénique pur détermine des lésions très intenses de nécrose cellulaire. Au centre du foyer nécrotique, il y a une véritable désagrégation des cellules du foie se traduisant par l'existence d'un réseau formé par les parois des capillaires sanguins intertrabéculaires et la portion périphérique cuticulaire des cellules hépatiques. Dans les mailles plus ou moins grandes de ce réseau on voit à peine quelques granulations protoplasmiques et un ou plusieurs noyaux mal colorés, provenant des cellules détruites.

Dans les régions périphériques moins directement en contact avec l'acide phénique, les cellules sont nécrosées, mais non désagrégées. Elles conservent leur disposition trabéculaire. Leurs limites sont encore le plus souvent visibles. Les granulations protoplasmiques prennent une disposition réticulée qui donne à la cellule un aspect plus ou moins vacuolaire. Le noyau ne se colore plus comme à l'état normal. Par la suite, les cellules conservent très longtemps leur forme et leur disposition; mais le noyau se colore de moins en moins et ne prend plus les colorants nucléaires.

Les espaces intertrabéculaires sont souvent rétrécis et presque effacés. A la périphérie des lésions, toutefois, on observe, dès le début, l'ectasie des capillaires et l'accumulation dans leur intérieur d'un très grand nombre de leucocytes qui, frappés aussi par l'agent toxique, meurent presque aussitôt, de sorte qu'on ne trouve bientôt plus qu'une énorme quantité de fragments nucléaires.

Les lésions ainsi produites sont en quelque sorte momifiées; elles demeurent dans cet état jusqu'à ce que les lésions réactionnelles les fassent disparaître par résorption progressive.

Le *processus réactionnel de réparation* commence à la périphérie de la zone nécrosée. Il débute de très bonne heure et consiste tout d'abord dans l'hypertrophie et l'hyperplasie des cellules endothéliales des capillaires intertrabéculaires et des cellules fixes du tissu conjonctif. Ces cellules se multiplient, s'anastomosent entre elles, entourent les cellules hépatiques nécrosées les plus périphériques et envoient de fines travées cellulaires entre les trabécules hépatiques mortes, le long des espaces intertrabéculaires. Entre ces cellules fusiformes et lamelliformes anastomosées se voient des cellules arrondies ou polygonales, volumineuses, pourvues d'un, deux ou plusieurs noyaux. Les cellules hépatiques nécrosées, ainsi entourées, diminuent de volume et finalement disparaissent. Il en résulte une augmentation progressive de la largeur de l'anneau de réaction conjonctive. En même temps, les travées conjonctives, parties de cette zone conjonctive, s'élargissent et s'enfoncent plus avant dans le bloc nécrotique. Lorsqu'elles arrivent dans les lacunes formées par la désagrégation des cellules, elles se développent plus facilement, remplissent les lacunes, font disparaître les minces cloisons qui les séparent et finissent par constituer de gros bourgeons conjonctifs dans l'épaisseur des foyers de nécrose.

Au bout de quelques jours, l'ensemble de la lésion se présente sous l'aspect suivant : à la périphérie se trouve un anneau conjonctif fibrillaire. Au contact du bloc de nécrose se voient de volumineuses cellules conjonctives anastomosées et, entre elles, de grosses cellules rondes ou polygonales pourvues d'un deux ou trois noyaux, et quelques cellules géantes. De très nombreuses cellules chargées de pigment à réaction ferrique sont disséminées dans toute la zone conjonctive. Enfin, de cet anneau conjonctif partent des travées de même nature qui s'infiltrent entre les trabécules hépatiques nécrosées et qui, parvenues dans les portions lacunaires du bloc nécrotique, s'étalent en gros bourgeons parcourus de néo-canalicules sanguins. Au contact des parties nécrosées, étalées à la surface des cellules mortes ou infiltrées entre elles, existent quelques grandes nappes protoplasmiques dépourvues de limites cellulaires et contenant de très nombreux noyaux. Ce sont les analogues des cellules géantes trouvées dans le voisinage. Lorsque, en effet, les éléments nécrosés ont complètement disparu, ces nappes protoplasmiques à prolongements irréguliers reviennent sur elles-mêmes et prennent la forme plus régulière de cellules géantes.

En somme, la réparation des lésions nécrotiques provoquées par les injections d'acide phénique consiste dans la formation d'un tissu fibreux qui infiltre de plus en plus le bloc de nécrose et en amène la disparition progressive.

Réparations des pertes de substance du foie. Réunion biologique de Bordeaux, 1er décembre 1908.

A propos de la communication de MM. Bergonié et Tribondeau sur les « Effets de la fulguration sur les tissus normaux étudiés dans le foie de lapin », je rappelle les expériences précédentes, je montre que dans les deux cas les réactions initiales, congestion et afflux leucocytaire très considérable, sont identiques, et j'indique que, selon toute vraisemblance, le processus de réparation des lésions de nécrose est également le même.

Toxicité urinaire.

—

De la toxicité urinaire dans la variole. (En collaboration avec
M. Jonchères.) *Revue de médecine,* 1895.

Les troubles de la toxicité urinaire déterminés par la variole
n'avaient pas encore, croyons-nous, été étudiés. Nous nous sommes
livré à cette étude et nous avons suivi étape par étape les modifications que cette affection peut amener dans le liquide urinaire.

Pour la recherche de la toxicité urinaire nous nous sommes placé
dans les conditions indiquées par M. Bouchard. Les urines des
vingt-quatre heures, mesurées avec soin, étaient filtrées et injectées
à raison d'un centimètre cube toutes les dix secondes. L'injection
était faite dans la veine marginale de lapins adultes dont le poids
et la température avaient été évalués au préalable. Quelques
malades n'ont pas pu être pesés. Mais le poids restant à peu près
le même, nous avons pu, dans ces derniers cas, sinon comparer la
toxicité de leurs urines à la toxicité urinaire normale, au moins
comparer le pouvoir toxique de l'urine aux différentes périodes
de l'affection.

Les résultats de ces recherches peuvent être résumés de la façon
suivante :

1° Dans la variole discrète, la *quantité absolue des urines* est
très variable d'un malade à l'autre. Elle a oscillé, au stade de suppuration, de 600 à 1,400 centimètres cubes et au stade de défervescence,
de 800 à 2,000 et 2,600 centimètres cubes. La *courbe urinaire* est
beaucoup plus comparable : relativement élevée à la période
d'éruption, elle s'abaisse à la période de suppuration et s'élève

au moment de la défervescence. Chez quelques malades, il y a une véritable crise urinaire.

2º La *toxicité urinaire dans la variole* se tient aux environs de la normale au stade d'éruption; elle diminue, et quelquefois d'une façon considérable, pendant la fièvre de suppuration, augmente très notablement au moment de la défervescence et revient ensuite à la normale au bout d'un, deux ou trois jours. Assez souvent il y a, à ce moment, une véritable décharge urotoxique correspondant assez exactement à la crise urinaire.

3º Dans le cas où des complications fébriles surviennent dans le cours de la convalescence, la toxicité urinaire diminue de nouveau. Elle augmente au moment de la chute thermique.

4º Le délire de la période aiguë de la variole est vraisemblablement un délire toxique, et dans un cas nous l'avons vu suivre exactement les mêmes oscillations que la toxicité urinaire.

5º Dans la variole hémorragique d'emblée la courbe et la toxicité urinaires baissent jusqu'au moment de la mort.

Toxicité urinaire dans l'adénie tuberculeuse et dans la lymphadénie leucémique splénique et ganglionnaire. (En collaboration avec M. CARRIÈRE.) Société de biologie, séance du 27 juin 1896.

Les hasards de la clinique nous ayant fourni l'occasion d'observer en même temps un cas de lymphadénie leucémique et un cas d'adénopathie tuberculeuse, nous en avons profité pour comparer leur toxicité urinaire. Chez les deux malades, l'étude de la toxicité urinaire a été faite à plusieurs reprises, en suivant exactement les préceptes de M. Bouchard et de ses élèves. Nous sommes arrivé aux résultats suivants :

1º Le coefficient urotoxique est diminué dans les deux affections, puisqu'il a varié de 0,120 à 0,136 dans l'adénopathie tuberculeuse et de 0,201 à 0,217 dans la lymphadénie leucémique, alors qu'à l'état normal il est, en moyenne, égal à 0,464 (Bouchard).

2º Cette diminution est plus accentuée dans l'adénopathie tuberculeuse que dans la lymphadénie leucémique.

Ces deux propositions, d'ailleurs, n'ont pas la prétention de résoudre définitivement la question, puisqu'elles ne reposent que sur l'examen de deux malades et qu'en pareille matière on ne peut conclure d'une façon absolue qu'après un très grand nombre de recherches et d'expériences.

Infections expérimentales des séreuses.
Leur résistance comparée.

—

Recherches expérimentales sur les infections péritonéales. (En collaboration avec M. Chavannaz.) Société de gynécologie, obstétrique et pédiatrie de Bordeaux, 1897. *Gazette hebdomadaire de Bordeaux*, 1897.

L'étude des infections de la séreuse péritonéale, de leurs causes prédisposantes et occasionnelles et des moyens de les éviter, intéresse à la fois le médecin et le chirurgien. La méthode expérimentale a déjà donné des résultats importants à ces différents points de vue. Mais tout n'est pas dit à cet égard, et nous avons voulu savoir l'influence que pouvaient avoir sur la production expérimentale des péritonites le mode d'introduction des agents infectieux et l'association aux agents d'infection d'eau stérilisée, de solutions antiseptiques, du sérum artificiel stérilisé.

Nous avons choisi le lapin pour animal d'expériences; le streptocoque pyogène et le colibacille comme agents d'infection.

Dans une première série d'expériences, nous avons introduit *par simple piqûre*, dans la cavité péritonéale des animaux, tantôt des cultures seules, tantôt des cultures et des liquides variés : sérum artificiel, sang, eau stérilisée, solutions antiseptiques.

Dans une seconde série d'expériences, nous avons pratiqué une laparotomie au cours de laquelle nous avons fait pénétrer dans le péritoine soit une simple culture microbienne, soit cette même culture et une certaine quantité des liquides précédents.

Les résultats de nos expériences peuvent être résumés de la façon suivante :

Les injections de cultures pures dans la cavité péritonéale de nos animaux n'ont jamais déterminé la mort par péritonite. Ceci tient, d'une part, à la faible virulence des microbes employés; d'autre part, à la résistance de la séreuse péritonéale. Il a suffi, en effet, de modifier, même faiblement, cette dernière pour voir se développer des péritonites mortelles. On sait, en outre, que l'injection de germes très virulents suffit, à elle seule, à déterminer de la péritonite.

Toute lésion du péritoine augmente la gravité des infections de cette séreuse. Les mêmes cultures, restées inoffensives quand elles ont été injectées par simple piqûre, ont déterminé une péritonite rapidement mortelle quand elles ont été introduites au cours d'une laparotomie.

Les liquides stérilisés, mais non antiseptiques, tels que l'eau et le sérum artificiel, introduits dans la cavité péritonéale soit par piqûre, soit par laparotomie, ont paru favoriser l'infection. L'action est très nette, en particulier, pour le sérum artificiel injecté par piqûres et à doses massives (1/12 à 1/15 du poids de l'animal). Par contre, ce même sérum, à doses moins élevées (1/80 à 1/32), semble avoir une action favorable.

Les liquides antiseptiques non seulement n'ont pas empêché l'infection péritonéale, mais encore ont paru hâter la mort.

En résumé, nos expériences démontrent l'action le plus souvent néfaste des liquides introduits dans l'abdomen, et, en particulier, *la faillite* véritable des antiseptiques. Au point de vue pratique, elles confirment une fois de plus la supériorité de l'asepsie sur l'antisepsie en chirurgie abdominale.

Résistance comparée des séreuses à quelques agents infectieux. (En collaboration avec M. Chavannaz.) Société de biologie, séance du 10 décembre 1898.

Poursuivant nos recherches sur les infections des séreuses, nous avons été amené à comparer entre eux les pouvoirs de celles-ci de se défendre contre certains agents microbiens. Nous avons, à ce point de vue, expérimenté sur le péritoine, la plèvre et les méninges craniennes.

Pour nos expériences, nous avons utilisé le lapin et deux variétés microbiennes : le staphylocoque doré et le coli-bacille. Les staphylocoques employés avaient des origines diverses. Le coli-bacille provenait d'une péritonite appendiculaire.

Le péritoine était infecté par une simple injection de bouillon de culture. La plèvre était atteinte à l'aide d'une aiguille mousse poussée à travers le muscle intercostal, après incision au bistouri de la peau et des couches musculaires immédiatement sous-jacentes. Quant aux méninges, c'est à l'aide d'une trépanation limitée qu'elles étaient infectées au moyen d'une aiguille, coudée à angle droit et mousse, montée sur une seringue contenant le bouillon de culture. L'aiguille était dirigée parallèlement à la face interne de la dure-mère, de manière à ne pas léser la substance cérébrale.

Les quantités de bouillon injectées ont été, pour les méninges, de 2 à 4 gouttes ; pour la plèvre, de 4 gouttes à 1/2 centimètre cube ; pour le péritoine, de 1 à 2 centimètres cubes. Autant que possible, les animaux étaient de poids à peu près semblables, et, lorsqu'il y avait des différences entre eux, toujours nous prenions les plus gros pour l'infection des méninges. Les opérations étaient faites avec les précautions d'asepsie actuellement employées.

Nous sommes arrivés aux résultats suivants :

1º Les animaux qui ont reçu le *coli-bacille* dans les *méninges* sont tous morts en moins de vingt-quatre heures. Dans tous les cas, à l'autopsie, nous avons retrouvé les coli-bacilles dans les méninges craniennes et rachidiennes. Toujours, sauf dans un cas, le sang nous a donné des cultures pures de coli-bacille ;

2º Les animaux inoculés avec le *même coli-bacille* dans la *plèvre* et dans le *péritoine* ont résisté, et cela en dépit des quantités beaucoup plus considérables injectées dans ces séreuses ;

3º L'*injection sous-dure-mérienne* de *staphylocoque doré* a, dans une série d'expériences, déterminé la mort en quarante-huit heures, alors que l'*injection intra-péritonéale* a permis la survie. Dans une autre série d'expériences, aucun animal n'a succombé ;

4º Les animaux témoins, trépanés et injectés sous la dure-mère avec la même quantité de bouillon stérilisé, ont résisté sans présenter le moindre symptôme ;

5º La résistance des méninges est donc beaucoup plus faible que celle de la plèvre et du péritoine ; néanmoins, pour obtenir un résultat positif, il est nécessaire que la virulence des agents infectieux soit assez grande, comme le démontre la série où tous les animaux ont survécu.

Au point de vue pratique, ce défaut de résistance des méninges craniennes envers l'infection explique, en partie, la gravité des interventions au cours desquelles la dure-mère est incisée, et cela surtout si l'on veut bien réfléchir que les plaies chirurgicales sont rarement aseptiques.

Tuberculose.

***

**Recherches sur la tuberculose expérimentale des vertébrés à
sang froid. Tuberculose humaine.** (En collaboration avec M. Hobbs.)
Société d'anatomie et de physiologie normales et pathologiques de Bordeaux, séance du 20 septembre 1897.

**Recherches sur la tuberculose expérimentale des vertébrés à
sang froid. Tuberculose aviaire.** (En collaboration avec M. Hobbs.)
Société d'anatomie et de physiologie normales et pathologiques de Bordeaux, séance du 4 octobre 1897.

**Note sur le pouvoir chimiotaxique du bacille de la tuberculose
aviaire chez la grenouille.** (En collaboration avec M. Hobbs.) Société
d'anatomie et de physiologie normales et pathologiques de Bordeaux,
séance du 18 octobre 1897.

**Réactions phagocytaires provoquées chez la grenouille par
l'inoculation intra-péritonéale de bacilles tuberculeux.** (En
collaboration avec M. Hobbs.) Société d'anatomie et de physiologie normales et pathologiques de Bordeaux, séance du 4 octobre 1897.

**Action de la tuberculose morte injectée dans la cavité péri-
tonéale des grenouilles.** (En collaboration avec M. Hobbs.) Société de
biologie, 30 octobre 1897.

**Sur quelques effets de la tuberculose humaine en inoculation
intra-péritonéale chez la grenouille.** (En collaboration avec
M. Hobbs.) Académie de médecine, janvier 1898.

**État de la virulence de la tuberculose humaine après son
passage sur la grenouille.** (En collaboration avec M. Hobbs.) Société
de biologie, 8 janvier 1898.

Effets des inoculations intra-péritonéales de tuberculose humaine chez la grenouille. (En collaboration avec M. Hobbs.) Congrès de Montpellier, avril 1898.

Évolution de la tuberculose aviaire chez la grenouille. (En collaboration avec M. Hobbs.) Société de biologie, 21 octobre 1899.

De la non-transformation en tuberculose pisciaire de la tuberculose humaine inoculée à la grenouille. (En collaboration avec M. Hobbs.) Société de biologie, 21 octobre 1899.

De la non-multiplication du bacille tuberculeux humain ou aviaire chez la grenouille à la température ordinaire. (En collaboration avec M. Hobbs.) Société de biologie, 28 octobre 1899.

De la tuberculose chez la grenouille. (En collaboration avec M. Hobbs.) *Archives de médecine expérimentale et d'anatomie pathologique,* 1900.

Tuberculose des vertébrés à sang froid. Congrès des Sociétés savantes, 1903.

Depuis les premières recherches de Sibley (1889) et Despeignes (1891) sur l'inoculation de la tuberculose humaine aux animaux à sang froid, plusieurs auteurs se sont occupés de cette question.

Sibley, en 1889, trouve dans le foie, les reins et les organes génitaux d'un serpent mort dans une ménagerie des granulations contenant des bacilles colorables par la méthode d'Ehrlich et de Ziehl. Il n'est fait ni cultures ni inoculations aux animaux.

En 1892, le même auteur inocule du virus tuberculeux à des couleuvres vivant à 35°. Au bout de 50 à 70 jours les animaux meurent. Ils ne présentent pas de lésions macroscopiques, mais l'examen histo-bactérioscopique démontre la présence de bacilles dans les organes.

Despeignes (1891) inocule des grenouilles et les maintient, les unes à la température du laboratoire, les autres à l'étuve à 25°. Elles meurent au bout de 2 à 8 jours. Les viscères ne présentent aucune lésion tuberculeuse, mais, inoculés aux cobayes, ils les rendent tuberculeux.

Pour de Michele (1894), les animaux à sang froid sont absolument réfractaires à la tuberculose, quelle que soit sa variété.

Un peu plus tard, en 1897, Bataillon, Dubar et Terre publient les résultats de leurs premières expériences. Ils établissent tout d'abord l'existence d'une forme saprophytique de la tuberculose chez les poissons (carpes) ayant reçu de la tuberculose humaine par inoculation ou injection. Ce nouveau type de tuberculose, par les caractères des cultures et les résultats expérimentaux, s'écarte autant de la tuberculose humaine que de la tuberculose aviaire. Les animaux à sang chaud sont ensuite réfractaires à l'inoculation des cultures ainsi modifiées par le passage sur les poissons.

Au bout de 16 jours, la tuberculose humaine, inoculée à la carpe, est transformée en tuberculose pisciaire.

Ces résultats sont en contradiction avec ceux obtenus par les auteurs précédemment cités. Étant donnée l'importance du sujet non seulement au point de vue doctrinal et scientifique, mais aussi au point de vue pratique, nous avons repris la question et essayé de déterminer les rapports réciproques de la tuberculose pisciaire avec les tuberculoses humaine et aviaire.

De la *tuberculose humaine* très virulente est injectée, après dilution dans du bouillon, dans la cavité péritonéale de plusieurs grenouilles. 20 jours après l'inoculation, les grenouilles sont vivantes et ont gardé leur apparence primitive. Une d'elles est sacrifiée. A ce moment, l'autopsie permet de constater l'existence des bacilles tuberculeux dans la sérosité intra-péritonéale. A la surface du foie et du poumon et dans l'épaisseur du mésentère existent, en outre' des granulations tuberculeuses visibles à l'œil nu et d'un volume variant de celui d'un grain de sable à celui d'une petite tête d'épingle. Les bacilles n'agissent donc pas seulement au lieu d'inoculation ; ils sont transportés à distance (poumons) et ils pénètrent dans le parenchyme de certains viscères, tels que le foie ou la rate, où le microscope permet de les retrouver.

Nous avons répété avec la *tuberculose aviaire* les expériences faites précédemment avec la *tuberculose humaine*. Les résultats obtenus ont été identiques dans les deux cas.

Après ces deux premières communications, qui constituent surtout une prise de date, nous avons étudié avec plus de détails les réactions immédiates et les réactions plus ou moins lointaines déterminées chez la grenouille par les injections de tuberculose humaine et de tuberculose aviaire.

Nos recherches ont été faites exclusivement chez la grenouille. Pour l'introduction des bacilles tuberculeux dans l'organisme de cet animal, nous nous sommes adressé à plusieurs voies : *voie sto-macale, voie sous-cutanée, voie péritonéale.* L'inoculation dans le sac lymphatique dorsal et l'injection dans la cavité de l'estomac ne nous ont donné que des résultats négatifs ; aussi ne nous arrêterons-nous pas sur ces deux parties de notre sujet. L'inoculation intra-périto-néale, par contre, nous a permis d'obtenir des résultats très précis et très intéressants qui, seuls, seront étudiés.

Nos expériences ont été faites successivement avec la tuberculose humaine et la tuberculose aviaire.

L'injection intra-péritonéale des bacilles tuberculeux provoque toute une série de réactions dont les unes sont *très prochaines, presque immédiates,* dont les autres sont plus ou moins lointaines. Les premières intéressent les leucocytes : action chimiotaxique des bacilles de Koch sur les leucocytes ; modifications dans le nombre des leucocytes contenus dans la sérosité péritonéale ; action phago-cytaire des leucocytes à l'égard des bacilles tuberculeux. Les secon-des sont relatives à l'évolution des lésions tuberculeuses et à l'état de conservation plus ou moins complète des propriétés morphologiques et biologiques des bacilles. Nous devons les étudier successivement.

1° *Pouvoir chimiotaxique des bacilles tuberculeux sur les leucocytes des grenouilles.*

Si on injecte dans la cavité péritonéale de grenouilles une émulsion de bacilles tuberculeux et si au bout de quelques heures on examine au microscope la sérosité péritonéale, aspirée à l'aide d'une pipette, on constate que les amas bacillaires sont entourés de leucocytes et que beaucoup de ces derniers renferment des bacilles de Koch. Cette simple constatation indique déjà qu'il y a comme une sorte d'attraction des bacilles à l'égard des leucocytes. C'est cette action que nous avons étudiée d'une façon plus précise.

A cet effet, nous avons introduit dans la cavité péritonéale de grenouilles de même taille des tubes capillaires bouchés à une de leurs extrémités et remplis, les uns *de sérum artificiel pur stérilisé.* les autres *du même sérum contenant en suspension des bacilles de tuberculose aviaire.*

Les animaux sont sacrifiés un quart d'heure, une demi-heure et une heure après le début de l'expérience. Le contenu des tubes, retiré de la cavité abdominale, est étalé sur des lamelles et examiné après coloration. Nous avons de la sorte obtenu les résultats suivants :

1. Au bout d'un quart d'heure et d'une demi-heure, les tubes de sérum et les tubes de sérum-tuberculose sont identiques et ne contiennent que de très rares leucocytes;

2. Au bout d'une heure, les leucocytes ont augmenté de nombre dans tous les tubes, mais ils sont plus abondants dans les tubes de sérum-tuberculose que dans les tubes de sérum pur.

La conclusion qui résulte de ces expériences, c'est que les bacilles tuberculeux aviaires possèdent une action chimiotaxique positive à l'égard des leucocytes de la grenouille.

2º Réactions phagocytaires déterminées par l'inoculation intrapéritonéale des bacilles tuberculeux.

a) Tuberculose humaine. — Les expériences sont faites avec des cultures pures de tuberculose humaine ensemencées sur gélose glycérinée et laissées un mois à l'étuve à 37-38º. La culture est diluée dans 10 centimètres cubes de bouillon de bœuf, écrasée aussi finement que possible et injectée à la dose de *quatre gouttes* dans la cavité péritonéale de dix grenouilles, dont nous examinons, d'heure en heure, la sérosité péritonéale après coloration par le procédé de Ziehl.

b) Tuberculose aviaire. — Le mode opératoire est le même que précédemment. Mais ici la sérosité péritonéale est aspirée plus tôt : au bout d'un quart d'heure chez la première grenouille, au bout d'une demi-heure chez la seconde.

Au bout d'*un quart d'heure,* le nombre des bacilles contenus dans la sérosité est colossal. Ils sont le plus souvent isolés, parfois réunis en petits flocons. Au milieu d'eux existent des leucocytes en petit nombre. Ils présentent deux dispositions : tantôt ils sont disséminés, nageant au milieu des bacilles isolés; tantôt on les voit rassemblés en nombre variable, infiltrés au milieu des amas de bacilles tuberculeux. Cette dernière disposition est presque constante, si bien qu'on ne trouve pas d'amas bacillaires sans qu'il y ait infiltration de leucocytes. Ces amas sont donc de véritables centres d'attraction pour les leucocytes. En général les leucocytes, qu'ils soient isolés ou réunis en amas autour des flocons bacillaires, ne renferment que peu de bacilles. Il y a donc là deux phénomènes bien distincts, mais intimement liés l'un à l'autre, de chimiotaxie positive et de phagocytose commençante.

Les résultats obtenus dans ces deux séries d'expériences sont absolument identiques. On peut les résumer de la façon suivante :

1. L'injection intra-péritonéale de bacilles tuberculeux chez la grenouille détermine une phagocytose très active.

2. Dès la quinzième minute qui suit l'injection intra-abdominale, les leucocytes, obéissant à l'action chimiotaxique des bacilles, se portent plus particulièrement vers les amas bacillaires. Ils existent à ce moment en assez petit nombre dans la sérosité péritonéale.

3. La phagocytose commence un quart d'heure après l'injection; elle est donc très précoce. Un peu plus tard elle devient très active, puisque déjà, au bout d'une heure, un très grand nombre de leucocytes sont chargés, parfois même bourrés de bacilles.

4. Ces phagocytes absorbent un nombre de bacilles excessivement variable, depuis un ou deux jusqu'à une quantité telle que la cellule disparaît pour prendre des caractères rappelant tout à fait ceux des cellules lépreuses.

5. Les amas bacillaires volumineux sont attaqués par un très grand nombre de leucocytes qui les dissocient, en absorbent les éléments, ou bien, lorsque le bloc est trop résistant, l'entourent d'un véritable rempart cellulaire.

6. Au bout de la dixième heure, il y a très peu de bacilles libres dans la sérosité, qu'ils aient été englobés par les leucocytes ou qu'ils se soient précipités sur la séreuse péritonéale.

7. Les bacilles conservent leurs caractères morphologiques et leurs réactions colorantes pendant un temps très long, même lorsqu'ils ont été absorbés par les leucocytes.

Traduites dans le langage scientifique actuel, ces expériences démontrent que la grenouille possède un *pouvoir opsonique* assez élevé à l'égard des bacilles tuberculeux.

3° *Caractères anatomiques macroscopiques et microscopiques des lésions déterminées chez la grenouille par les injections intrapéritonéales de tuberculose.*

L'injection intra-péritonéale de tuberculose amène. chez la grenouille, la production de granulations de volume et de nombre variables. Ces lésions présentent quelques différences, suivant qu'on a injecté de la tuberculose aviaire ou de la tuberculose humaine.

a) Tuberculose humaine. — L'étude des lésions a été faite après injection péritonéale sur une série de grenouilles sacrifiées plus ou moins longtemps après le début de l'expérience. Les derniers animaux ont été sacrifiés 158 et 405 jours après l'inoculation. Voici, très résumés, les résultats que nous avons obtenus :

1. La tuberculose humaine détermine la formation de granulations qui, déjà visibles au bout de 24 à 48 heures, atteignent, au bout de 3 ou 4 jours, le volume qu'elles conservent ensuite toujours. Ce sont des grains hémisphériques appliqués à la surface des différents organes abdominaux. Leur volume, jamais très grand, varie de celui d'un grain de sable fin à celui d'une tête d'épingle ordinaire. Leur couleur est blanchâtre, quelquefois très légèrement jaunâtre; jamais elles n'ont l'aspect jaune spécial aux tubercules caséeux. Elles sont presque toujours isolées, mais par leur réunion elles peuvent former des sortes de petits placards épais de 1 à 2 ou 3 millimètres, à surface chagrinée. Leur nombre est des plus variables. Elles manquent exceptionnellement; parfois on n'en trouve que 3 ou 4; le plus souvent, 15, 20 ou 30. Elles ne sont pas plus nombreuses au bout de 3 à 6 mois d'expérience qu'immédiatement après l'injection. Elles ne se multiplient donc pas.

2. Le siège des granulations est très variable. Il en existe à peu près constamment sur le mésentère et à la surface du foie. Elles siègent moins souvent à la surface de la rate et des reins, rarement à la surface des poumons. Macroscopiquement, on n'a jamais constaté de granulations sur les coupes des viscères. Microscopiquement, on a trouvé quelques tubercules dans l'épaisseur du foie, des poumons et des reins.

3. Les granulations se forment autour des gros amas bacillaires. Les bacilles isolés et les petits groupes de bacilles ne déterminent pas la production des granulations.

4. Formées, au début, exclusivement de leucocytes et de quelques lymphocytes entre lesquels se trouvent des débris de noyaux plus ou moins abondants, elles présentent plus tard une structure plus ou moins compliquée. Autour des amas bacillaires, les éléments cellulaires prennent les caractères des cellules épithélioïdes, tandis que plus en dehors se forme progressivement, mais très lentement,

une zone de tissu conjonctif fibrillaire. Les cellules géantes ne sont pas rares. Dans l'évolution des lésions, il y a deux processus différents : un processus destructif de chromatolyse; un processus réparateur de sclérose conjonctive.

5. Les bacilles, excessivement nombreux dans les premiers jours de l'évolution des tubercules, diminuent plus tard de plus en plus, et, chez les grenouilles tuées au bout de 106 jours et au delà, on n'en trouve plus qu'un petit nombre. Il y a donc disparition progressive des bacilles tuberculeux dans les granulations. Les gros amas persistent, mais les bacilles qui les constituent ne se colorent pas tous, et ils prennent moins facilement la fuchsine qu'immédiatement après l'inoculation.

6. Outre les granulations tuberculeuses on trouve, pendant plusieurs semaines, dans les différents viscères, des bacilles isolés ou réunis en petits groupes, toujours ou presque toujours intra-leucocytiques, et sans réaction inflammatoire de voisinage.

7. Il n'y a pas de généralisation tuberculeuse, au sens propre du mot, c'est-à-dire de multiplication des bacilles avec colonisations successives. Les bacilles sont disséminés dans les différents organes de la grenouille, mais, à moins d'être réunis en gros amas compacts, ils disparaissent petit à petit, au lieu de végéter et de se multiplier. Même au niveau des granulations, les bacilles disparaissent progressivement, pris et transportés à distance par les leucocytes.

b) Tuberculose aviaire. — Les résultats de cette série d'expériences sont à peu près exactement identiques aux précédents. On n'a relevé que quelques différences de très minime importance, à savoir que les granulations manquent plus souvent qu'avec la tuberculose humaine et que leur volume est en général moins considérable.

4° *Etal de la virulence des bacilles tuberculeux après un séjour plus ou moins prolongé dans la cavité péritonéale de la grenouille.*

Cette virulence a été étudiée vis-à-vis des grenouilles et vis-à-vis des cobayes. Dans ce but, nous avons fait des réinoculations d'une part à la grenouille, d'autre part au cobaye.

a) Réinoculation à la grenouille. — Les résultats obtenus ont toujours été négatifs.

b) Réinoculation au cobaye. — Tous les animaux sont devenus tuberculeux.

5º *Essai de culture de tuberculose après un séjour plus ou moins prolongé dans l'organisme de la grenouille.*

Ces cultures avaient surtout pour but de voir si les bacilles inoculés s'étaient modifiés et s'ils avaient pris les caractères des bacilles de la tuberculose pisciaire. Quelques auteurs, notamment MM. Dubard, Bataillon et Terre, disaient, en effet, avoir pu obtenir cette métamorphose après quelque temps de séjour dans l'organisme des animaux à sang froid. Nous n'avons jamais obtenu que des résultats négatifs, aussi bien avec la tuberculose humaine qu'avec la tuberculose aviaire.

6º *Action de la tuberculose morte injectée dans la cavité péritonéale des grenouilles.*

Les bacilles tuberculeux ne se multipliant pas dans l'organisme de la grenouille à la température ordinaire et ne se transformant pas en tuberculose pisciaire, il était intéressant d'étudier l'action sur la grenouille de la tuberculose morte.

Nous avons expérimenté simultanément avec la tuberculose humaine et la tuberculose aviaire. Une demi-culture d'un mois sur gélose glycérinée est diluée dans 5 centimètres cubes de bouillon, écrasée aussi finement que possible, chauffée à 120º à l'autoclave, et injectée à la dose de deux gouttes dans le péritoine de plusieurs grenouilles. D'autres animaux de même espèce sont, le même jour, inoculés avec les mêmes cultures de tuberculose vivante.

Cette étude comparative, poursuivie jusqu'au trente-troisième jour, nous a montré que la tuberculose morte donne lieu aux mêmes réactions leucocytaires et aux mêmes lésions que la tuberculose vivante.

CONCLUSIONS GÉNÉRALES

Des très nombreuses expériences qui précèdent, on peut tirer les conclusions générales suivantes :

1º La tuberculose humaine et la tuberculose aviaire déterminent des réactions à peu près identiques dans l'organisme de la grenouille.

2º Les bacilles tuberculeux possèdent une action chimiotaxique positive à l'égard des leucocytes de la grenouille.

3º En injection intra-péritonéale, ils déterminent une phagocytose très active et très précoce.

4° Ils amènent la formation de granulations sur le mésentère et à la surface du foie, plus rarement à la surface des autres viscères et sur le péritoine pariétal.

5° Les granulations n'existent qu'exceptionnellement dans l'épaisseur des parenchymes viscéraux, et encore sont-elles excessivement petites.

6° Elles ne se forment qu'autour des gros amas bacillaires, jamais autour des bacilles isolés ou réunis en petits groupes.

7° Leur nombre et leur volume ne varient pas avec leur durée.

8° Le nombre des bacilles qu'elles renferment diminue au fur et à mesure qu'elles vieillissent, mais on en trouve dans tous les tubercules.

9° Outre les granulations, on rencontre, pendant plusieurs semaines, des bacilles disséminés irrégulièrement dans les parenchymes viscéraux sans réaction cellulaire de voisinage.

10° La virulence de ces bacilles se modifie peu sous l'influence de leur séjour dans l'organisme de la grenouille.

11° Les essais de culture ont toujours donné des résultats négatifs.

12° La tuberculose morte a toujours fourni des résultats absolument identiques à ceux fournis par la tuberculose vivante.

13° Il n'y a pas de multiplication des bacilles tuberculeux à la température ordinaire du laboratoire.

14° Il n'y a pas de transformation de la tuberculose humaine ou aviaire en tuberculose pisciaire.

Polyadénite tuberculeuse expérimentale. (En collaboration avec M. CARRIÈRE.) Société d'anatomie et de physiologie normales et pathologiques de Bordeaux, 7 décembre 1896.

Cirrhose tuberculeuse expérimentale du foie chez le cobaye
Médecine moderne, juillet 1898.

Les lésions que la tuberculose détermine dans le foie se présentent sous des aspects très divers. Cependant, au point de vue même de leur nature, elles peuvent être ramenées à trois types :

1° Le tubercule proprement dit, qui va du follicule tuberculeux jusqu'au tubercule caséeux, à l'infiltration caséeuse et à l'abcès tuberculeux (Lannelongue);

2º La stéatose;

3º La sclérose ou cirrhose.

L'expérimentation a pu reproduire la plupart de ces processus morbides, bien que quelques-uns, comme la cirrhose hépatique, n'aient été obtenus que très rarement.

MM. Hanot et Gilbert, en 1890, rapportent le premier cas de cirrhose hépatique tuberculeuse expérimentale. Il s'agit d'un foie chagriné obtenu après inoculation de tuberculose humaine.

En 1891, MM. Cadiot, Gilbert et Roger décrivent un cas de cirrhose tuberculeuse expérimentale survenu après inoculation de tuberculose aviaire, et présentant l'aspect d'un foie ficelé syphilitique.

En 1894, MM. Widal et Bezançon font connaître un nouveau cas et insistent sur l'extrême rareté de cette lésion. Depuis, M. Haushalter a rapporté un cas de foie ficelé tuberculeux.

Nous avons eu l'occasion d'observer deux cas de cirrhose hépatique tuberculeuse expérimentale chez le cobaye : l'un se rapporte à la variété de foie ficelé, l'autre à la variété de foie granuleux. Tous deux sont survenus chez des cobayes adultes inoculés avec de la *tuberculose humaine.*

Malgré l'aspect macroscopique différent, les deux observations présentent un très grand nombre de caractères communs. Dans les deux cas la rate est hypertrophiée, le péritoine est épaissi, le grand épiploon, augmenté d'épaisseur, est ratatiné, rétracté sous forme de corde ou de boudin tendu d'un côté à l'autre de l'abdomen; la capsule du foie est légèrement épaissie.

Microscopiquement les différences ne sont pas grandes entre ces deux formes de foie cirrhotique. Dans le foie ficelé la sclérose a plus de tendance à se disposer sous forme de longues bandes; dans le foie granuleux, elle est plutôt disposée en îlots ou en bandes très irrégulières, très tourmentées et comme constituées par la fusion de plusieurs îlots voisins. Le tissu de sclérose présente les mêmes caractères dans les deux cas; il est formé de tissu plus ou moins adulte, plus ou moins infiltré de cellules, parsemé de tubercules à évolution périphérique fibreuse, à centre parfois caséeux. La sclérose est avant tout une sclérose insulaire, portale, infiltrant progressivement le lobule hépatique de la périphérie vers le centre, dissociant les travées hépatiques et les cellules presque individuellement, atrophiant et détruisant celles de la périphérie, respectant la veine sus-hépatique, qui demeure le plus souvent indemne. Par contre, les veines portes présentent des lésions manifestes d'endophlébite et surtout de périphlébite. Leurs parois épaissies se fusionnent souvent avec le tissu scléreux portal, si bien qu'il y a lieu de croire que le système veineux porte entre pour une part dans le processus scléreux. Mais une autre cause de cette sclérose, peut-être la plus importante, est l'évolution scléreuse même des tubercules dont la portion périphérique se confond toujours dans le tissu scléreux voisin. La propagation de la sclérose dans le lobule se fait le long et aux dépens des capillaires sanguins dont l'endothélium s'hypertrophie et s'hyperplasie et dont les parois s'épaississent progressivement. Les lésions des veines portes et celles des parois des capillaires du lobule doivent gêner la marche du sang et contribuer à produire l'hypertrophie de la rate, ainsi que la congestion et les vastes foyers hémorragiques qui peuvent s'y rencontrer, comme dans l'observation II. Quant à la nécrose presque massive de la rate que nous avons observée dans notre deuxième cas, il faut probablement la rattacher au ralentissement du courant sanguin et à l'action des toxines tuberculeuses qui, difficilement balayées par la circulation, ont une influence plus intense sur un tissu mal nourri d'autre part.

La néoformation des canalicules biliaires et l'infiltration graisseuse des cellules du foie sont la reproduction exacte de ce qui se produit dans la pathologie humaine.

Quant aux bacilles tuberculeux, ils ont manqué dans la première observation; ils ont été trouvés en très petit nombre dans les tubercules caséeux du foie du deuxième cobaye.

Cette absence ou cette rareté des bacilles, rapprochée de l'évolution très lente des lésions, démontre que la cirrhose expérimentale peut être considérée comme procédant essentiellement d'une virulence insuffisante des bacilles pour l'espèce expérimentée ou, si l'on veut, comme procédant d'un état réfractaire relatif de l'espèce expérimentée pour les bacilles inoculés.

Transportant ces données sur le terrain de la pathologie humaine, on est amené à regarder le développement de la cirrhose tuberculeuse comme la conséquence soit d'une résistance individuelle anormale vis-à-vis des bacilles tuberculeux, soit d'une infection de l'organisme par des bacilles qui, dans l'échelle de virulence très étendue que doit avoir le bacille de Koch, occupent, eu égard à l'homme, une place peu élevée.

Staphylococcie.

***

Gangrène cutanée et sous-cutanée expérimentale produite par le staphylocoque doré. Réunion biologique de Bordeaux, 27 juillet 1909.

Le staphylocoque pyogène doré a, comme son nom l'indique, pour propriété essentielle de donner lieu à la formation de pus, aussi bien chez l'homme que chez les animaux. Il détermine parfois de la septicémie et, dans quelques cas de gangrène infectieuse de la peau, chez l'homme, il a été trouvé au niveau des lésions. Mais toujours, en pareille circonstance, il a été rencontré associé à d'autres agents microbiens; aussi est-ce à ces symbioses microbiennes, plutôt qu'au staphylocoque doré lui-même, que les auteurs rapportent la pathogénie des gangrènes. Cependant le staphylocoque doré peut, à lui seul, produire des lésions nécrotiques, et si, chez l'homme, à cause de son association avec d'autres microbes, il est impossible de l'affirmer, les expériences nombreuses que j'ai faites, et dont voici le résumé de quelques-unes d'entre elles, le démontrent d'une façon très péremptoire.

Mes expériences ont été faites avec des staphylocoques dorés isolés chez deux enfants, B... (Odette) et C... (Marcel), âgés respectivement de trois ans et demi et de deux ans et demi, atteints de gangrène infectieuse disséminée de la peau. Ces agents microbiens présentent tous les caractères morphologiques et culturaux du staphylocoque doré vulgaire. Je n'insiste pas.

I. *Injection sous-cutanée du staphylocoque doré isolé chez le premier malade.*

EXPÉRIENCE I. — Lapin adulte, 2.280 grammes. Injection dans

le tissu cellulaire sous-cutané du flanc droit de 1 centimètre cube de culture en bouillon de 8 jours.

Au bout de vingt-quatre heures, dans l'étendue d'environ une pièce de 5 francs, au niveau de l'injection, la peau a pris une coloration jaunâtre. Elle n'est ni infiltrée, ni épaissie ; elle est *nécrosée*. Bien limitée en haut et en arrière par un bord arrondi très net, cette plaque jaune se perd, au niveau de ses parties déclives, dans une zone rouge foncé, violacée, ecchymotique par places et fortement infiltrée. Au bout de 2 jours, la plaque jaune a pris une teinte jaune brunâtre. La zone d'infiltration s'est accentuée et épaissie.

Le quatrième jour, la plaque de nécrose immédiate devient plus brunâtre et plus résistante. Elle se déprime et au niveau de son bord supérieur commencent à se dessiner les premiers rudiments d'un sillon d'élimination. Au niveau de la zone d'infiltration, qui continue à s'étendre, s'est produite une plaque de sphacèle qui va se confondre, en un point, avec la plaque de nécrose sèche formée dès le premier jour. Sa surface est jaune brunâtre sale et laisse suinter un liquide séreux. Les poils tombent. Elle ne dégage pas d'odeur gangréneuse. Elle ressemble à l'escharre consécutive à la morsure des lapins par des vipères. Les jours suivants elle prend une teinte noirâtre et une consistance de plus en plus ferme.

Les lésions continuent à s'étendre et le lapin meurt le neuvième jour après l'injection. A l'autopsie on trouve une immense escharre recouvrant, d'une part, tout l'abdomen, depuis 3 centimètres en arrière de l'appendice xyphoïde jusqu'au voisinage des organes génitaux, les régions latérales de l'abdomen, les plis inguinaux et une partie de la face interne des cuisses ; d'autre part, toute la région sacrée, depuis la racine de la queue jusqu'à 10 centimètres plus haut, les régions ischiatiques et la moitié supérieure de la cuisse droite.

L'escharre, formée d'emblée au voisinage de l'injection, est gris noirâtre ; ses bords sont limités par un sillon d'élimination encore peu accusé. L'escharre de la région abdominale est noirâtre, sèche, dure comme du bois. Dans les régions sacrée et ischiatique, la peau est dure, luisante, privée de poils, de couleur rouge grisâtre. A sa périphérie, l'escharre est moins sèche ; ses bords se perdent dans le tissu voisin, très fortement infiltré. *Il n'y a trace de pus* ni au niveau des lésions cutanées, ni dans les viscères.

Sur les cultures, on obtient des colonies pures de staphylocoque doré dans les tubes ensemencés avec la sérosité de la zone d'infiltration inflammatoire. Il y a quelques colonies de colibacille dans quelques-uns des tubes ensemencés avec la sérosité prise au niveau de l'escharre. On ne trouve pas de microbes anaérobies. Le sang ne donne aucune espèce de colonies.

Expér. II. — Lapin adulte, 2,390 grammes. Il est injecté, dans le flanc droit, avec 1 cent. cube 1/2 de culture en bouillon du staphylocoque doré pris sur le lapin précédent.

Environ quinze heures après l'injection, on constate déjà l'existence d'une vaste plaque de nécrose cutanée qui est de couleur cuivre rouge dans sa partie centrale et qui est violacée et très fortement ecchymotique à la périphérie.

Plus tard, les lésions s'étendent rapidement, une zone d'infiltration cutanée et sous-cutanée se produit autour de l'escharre immédiate et l'animal meurt le troisième jour après l'injection. On ne trouve de pus dans aucun point.

Expér. III. — Cobaye, 440 grammes. Injection sous-cutanée, dans la région latérale droite de l'abdomen, de 1 centimètre cube de culture en bouillon de staphylocoques.

Au bout d'une quinzaine d'heures on trouve, au niveau de l'injection, une plaque jaune livide, nécrosée, à contours irréguliers, mesurant 3 centimètres dans un sens, 5 centimètres dans l'autre sens.

Les jours qui suivent, l'escharre s'étend un peu ; puis elle s'entoure d'un sillon d'élimination qui se creuse de plus en plus et finalement en amène l'élimination.

II. *Injection sous-cutanée du staphylocoque tué par un séjour de deux heures à 58-60°.*

Chez le lapin et chez le cobaye, l'injection sous-cutanée de cultures en bouillon tuées par la chaleur n'amène qu'une légère infiltration avec rougeur de la peau. Au bout de peu de jours les lésions ont complètement disparu. Il ne s'est produit ni pus, ni sphacèle.

III. *Injection sous-cutanée du staphylocoque isolé chez le second malade.*

Des expériences ont été faites sur le lapin et sur le cobaye.

Les résultats obtenus ont été exactement les mêmes que ceux rapportés plus haut.

En résumé, l'injection sous-cutanée d'un staphylocoque doré isolé par moi chez deux enfants atteints de gangrène infectieuse disséminée de la peau détermine, *chez le lapin*, une plaque de nécrose immédiate qui se traduit déjà au bout de douze à quinze heures par une coloration cuivre rouge de la peau, qui reste sèche, durcit et se racornit les jours suivants. Pendant ce temps, un œdème inflammatoire intense se produit, surtout accentué dans les parties déclives du pourtour de l'escharre immédiate. La peau et le tissu cellulaire sous-cutané s'épaississent considérablement et deviennent mollasses et tremblotants; les poils tombent et un peu de sérosité suinte à la surface de l'épiderme. Une escharre se produit au niveau de cet œdème, qui devient plus ferme, puis durcit et se racornit. Les lésions continuent à s'étendre à leur périphérie, en présentant toujours la même évolution et les mêmes caractères jusqu'à la mort de l'animal. Il n'y a de formation de pus ni au niveau de la peau, ni dans les viscères, ni dans les os, ni dans les articulations. Le sang ne contient pas l'agent microbien.

Chez les cobayes des phénomènes identiques se produisent. L'escharre est immédiate, mais elle s'étend peu et arrive le plus souvent à s'éliminer.

La conclusion à tirer de toutes ces expériences, c'est que le staphylocoque doré peut, dans certaines circonstances, acquérir des propriétés nécrotiques tellement accentuées que peu d'agents microbiens sont, expérimentalement, capables de produire des lésions aussi rapides et aussi intenses. Ces propriétés se transmettent de génération en génération. Elles sont conservées, peut-être même exaltées, par les passages successifs sur les animaux. Les conditions qui leur donnent naissance ne sont pas connues. Peut-être le mauvais état général de mon premier malade a-t-il amené un défaut de résistance cellulaire et permis aux microbes d'acquérir cette propriété destructive des tissus cutanés, qu'ils ont conservée et exaltée plus tard.

Une autre conclusion de ces recherches, c'est qu'il me paraît difficile de ne pas admettre qu'un staphylocoque doué de telles propriétés nécrotiques n'ait pas joué le principal, sinon l'unique rôle dans la production des plaques de gangrène de mes malades.

Mais pourquoi ces propriétés nécrotiques si intenses et si exceptionnelles ont-elles été trouvées chez mes deux petits malades? La raison en est bien simple : le même staphylocoque doré, en effet, a été isolé chez les deux enfants: le deuxième ayant été contaminé par le premier, probablement par l'intermédiaire des mouches, contre lesquelles les jeunes enfants ne savent pas se défendre.

Dysenterie.

Le bacille dysentérique à Bordeaux. Réunion biologique de Bordeaux, 17 janvier 1905.

Le 17 janvier 1905, j'annonçais à la Réunion biologique de Bordeaux que je venais de découvrir la dysenterie bacillaire dans notre ville. Dans plusieurs cas de dysenterie j'avais, en effet, isolé un bacille toujours identique à lui-même et présentant les caractères morphologiques et culturaux suivants :

C'est un petit bâtonnet de 1 à 3 millièmes de millimètre de long, un peu plus épais que le bacille d'Eberth, arrondi à ses extrémités, dépourvu de mouvements propres et ne prenant pas le Gram.

Il se développe facilement sur tous les milieux. Il pousse à la température du laboratoire, mais se développe surtout à 37°.

Il trouble assez rapidement et uniformément le *bouillon peptoné*, qui, par l'agitation, donne des reflets moirés. Il ne se produit pas de pellicule à la surface. Au bout de vingt-quatre à trente-six heures, il se forme, au fond du tube, un dépôt blanc qui s'accentue les jours suivants, en même temps que s'éclaircissent les couches supérieures. Il n'y a pas de production d'indol. Il ne détermine de fermentation ni dans le bouillon lactosé, ni dans le bouillon glycosé, ni dans le bouillon additionné de maltose, de saccharose ou de mannite.

L'ensemencement en strie à la surface de la *gélatine* inclinée donne une culture mince, opaline, peu large, ressemblant à celle du bacille d'Eberth. Par piqûre profonde, on obtient une traînée blanchâtre le long de la piqûre et, à la surface, une petite culture en surface s'étendant très peu autour de la piqûre. Dans les boîtes de

Petri, les colonies de surface sont minces, translucides et traversées par des stries qui leur donnent l'aspect des feuilles de vigne. La gélatine n'est pas liquéfiée.

Sur *gélose* inclinée, on obtient des cultures minces, blanchâtres, à surface luisante, humide, à bords semi-transparents, plus minces que le centre et parfois assez fortement découpés. Par piqûre profonde, on obtient une colonie blanchâtre le long de la strie et, à la surface, une pellicule blanchâtre qui, en général, ne s'étend pas jusqu'à la paroi du tube. La gélose glycosée ou lactosée ne donne pas lieu à la formation de gaz. La gélose lactosée et la gélose mannitée, colorées en violet améthyste par la teinture de tournesol, ne sont pas modifiées.

Dans le milieu de Drigalski, après ensemencement en piqûres profondes, les couches superficielles conservent la coloration bleu violacé, tandis que les couches profondes sont légèrement réduites.

Le *lait* n'est pas coagulé. Tournesolé, il ne présente pas de modification notable dans sa coloration.

Sur *pomme de terre*, au bout de vingt-quatre heures, la culture se présente sous l'aspect d'une glaçure peu visible, blanchâtre ou légèrement jaunâtre, luisante, peu étendue en largeur, non saillante, comparable à celle que donne le bacille d'Eberth. Les jours suivants, elle s'épaissit à peine, devient plus nettement blanchâtre ou jaunâtre, tout en conservant sa surface luisante, humide et son aspect de glaçure.

Ce sont là tous les caractères du bacille de la dysenterie, tel qu'il a été décrit par Chantemesse et Widal, par Shiga, Kruse, Vaillard et Dopter, etc.

Ce bacille est pathogène pour les animaux. Il détermine chez le chien et chez le lapin les symptômes cliniques et les lésions décrits par les auteurs, et, en particulier, par MM. Vaillard et Dopter.

D'ailleurs, MM. Vaillard et Dopter ont bien voulu examiner les échantillons que je leur ai envoyés. Ils ont reconnu en eux le bacille dysentérique.

En France, ce bacille n'avait été retrouvé jusqu'ici que par MM. Vaillard et Dopter dans une épidémie de dysenterie observée à Vincennes.

Le bacille dysentérique, type Flexner, dans la dysenterie des enfants. (En collaboration avec Mlle Campana.) Réunion biologique de Bordeaux, 7 novembre 1905.

Continuant l'étude des diarrhées muco-sanguinolentes des enfants, nous avons souvent trouvé, à côté du type bacillaire précédent, d'autres types de bacilles dysentériques, en particulier le type Flexner (Manille). Voici les caractères que nous lui avons reconnus :

C'est un bacille court, gros, trapu, qui mesure de 1 à 3 millièmes de millimètre de long. Il est arrondi à ses extrémités. Il est immobile et ne prend pas le Gram.

Il trouble rapidement le *bouillon*, ne forme pas de voile à la surface, mais donne un précipité blanc assez abondant. Au bout de 4 à 6 jours de culture à 37° dans l'eau peptonée, il donne la réaction de l'indol. Il ne fait pas fermenter les bouillons glycosé, lactosé, maltosé, mannité ou saccharosé.

Sur *gélose* inclinée, les cultures ressemblent à celles du type Shiga, précédemment décrit, mais elles sont un peu plus abondantes. Par piqûre profonde, on obtient une colonie blanchâtre le long de la strie et, à la surface, une pellicule blanche qui s'étend généralement peu autour de la piqûre. On n'observe de production de gaz ni dans la gélose glycosée, ni dans la gélose lactosée, ni dans la gélose mannitée, maltosée ou saccharosée.

Sur l'agar Drigalski les colonies sont petites, transparentes et bleues, contrairement aux colonies de coli-bacilles, qui sont rouges.

Les géloses sucrées et tournesolées, après ensemencement par piqûre profonde, fournissent les caractères suivants : la gélose mannitée et tournesolée vire au rouge dans sa totalité. La gélose lactosée et tournesolée se décolore légèrement dans les couches profondes, mais elle ne change pas dans les couches supérieures. La gélose maltosée et tournesolée rougit dans son ensemble.

La gélose colorée par le rouge neutre n'est pas modifiée.

Les milieux de Barsiekow sont modifiés de la façon suivante : les tubes à la mannite rougissent légèrement et se troublent. Les tubes au lactose restent bleus et clairs. Les tubes à la maltose rougissent et se troublent. Les tubes au glycose rougissent et se troublent.

Le lait n'est pas coagulé.

Les cultures sur pomme de terre ressemblent à celles du bacille d'Eberth dans les premiers jours.

Les cultures en strie sur gélatine inclinée sont minces, opalines, et ressemblent à celles de la fièvre typhoïde. En boîte de Pétri, les colonies de surface sont minces, transparentes et traversées par des stries qui leur donnent l'aspect de feuilles de vigne. Sous le microscope, elles sont jaunâtres; leur centre est jaune brun; la périphérie est plus claire. La gélatine n'est pas liquéfiée.

Les différences entre ce type bacillaire et le type décrit dans la précédente note sont encore accentuées par les résultats de la séro-réaction. Le sérum des malades atteints de dysenterie type Chantemesse-Shiga n'a jamais agglutiné notre second type de bacilles. Les malades chez lesquels nous avons isolé les bacilles du type Flexner nous ont fourni un sérum qui agglutinait les bacilles du type Flexner et n'agglutinait pas les bacilles du type Shiga.

Le sérum d'un chien, inoculé depuis longtemps avec le bacille du type Shiga, agglutine au 1/800 les bacilles homologues: il n'agglutine pas les bacilles du second groupe. Le sérum d'un lapin traité avec un de nos échantillons de bacilles du type Flexner agglutine au 1/1.000 tous les bacilles du même type et un échantillon authentique du bacille de Flexner (Manille). Un autre lapin traité par ce bacille-étalon agglutine au même titre ce dernier et nos différents échantillons.

Pour conclure, nous dirons que les caractères des cultures, aussi bien que les résultats fournis par l'épreuve de l'agglutination, nous permettent d'affirmer l'identité de notre microbe avec le bacille dysentérique type Flexner (Manille).

Ainsi se trouvait démontrée, pour la première fois, l'existence à Bordeaux des différents types de dysenterie bacillaire.

Étude histologique des lésions du gros intestin dans la dysenterie sporadique aiguë de l'enfance. Société d'obstétrique, de gynécologie et de pédiatrie de Bordeaux. mai 1903.

Lésions macroscopiques. — Les lésions occupent toute l'étendue du gros intestin. La paroi, doublée au moins d'épaisseur, présente une face interne très fortement et très irrégulièrement chagrinée. La coloration générale de celle-ci est gris rosé avec piqueté très rouge par places et même parfois petites taches ecchymotiques. Il

n'y a pas d'ulcérations profondes, à contours nets, mais des exulcé-
rations superficielles, à bords diffus, irréguliers. Les ganglions mésentériques correspondants sont augmentés de volume, indurés et
rouges.

Lésions microscopiques. — Les lésions se présentent à des degrés
très variables suivant les régions examinées. A côté d'ilots où la
muqueuse ne présente que des lésions très superficielles et très
légères, on en trouve d'autres où la muqueuse est détruite plus ou
moins complètement par la nécrose. Si bien que sur un même intestin
on rencontre presque tous les degrés des altérations.

Au niveau des îlots peu altérés de la muqueuse, par conséquent là
où les lésions sont à leur début, l'épithélium des glandes de Lieber-
kühn conserve ses caractères dans la partie profonde de la glande.
Dans le tiers ou le quart superficiel, les cellules épithéliales deviennent irrégulières, se disloquent, s'altèrent et finissent par subir la
nécrose de coagulation. Le tissu conjonctif sous-glandulaire et inter-
glandulaire est épaissi et infiltré par des éléments cellulaires d'ordre
varié : cellules fixes hypertrophiées, lymphocytes en grand nombre,
quelques cellules plasmatiques, leucocytes polynucléés, et enfin,
infiltration sanguine d'intensité variable.

*Partout ailleurs, la muqueuse intestinale est frappée par des lésions
de nécrose* plus ou moins profonde : ici, en effet, elle est nécrosée
dans le tiers, la moitié ou les trois quarts de son épaisseur ; là, elle
est détruite dans son entier ; ailleurs, le tissu cellulaire sous-muqueux
est lui-même intéressé par la nécrose. Les lésions nécrotiques
avancées ne tardent pas à se désagréger ; les éléments cellulaires et
les produits de leur destruction tombent les premiers ; les filaments
conjonctifs et élastiques persistent et donnent parfois à la surface
un aspect frangé très irrégulier. Le tissu conjonctif sous-glandulaire
et inter-glandulaire présente des lésions analogues à celles décrites
plus haut ; mais on y trouve un plus grand nombre de leucocytes
polynucléés et des débris nucléaires.

La *tunique celluleuse* est très inégalement épaissie. Cet épaississement est dû à deux causes principales : infiltration séro-fibrineuse,
infiltration cellulaire. Les cellules d'infiltration sont d'ordre varié :
cellules fixes hypertrophiées et hyperplasiées ; nombreux lymphocytes ; leucocytes polynucléés en assez grande abondance et nombreuses grandes cellules macrophages ; parfois infiltration sanguine.

Les follicules clos, séparés de la nappe superficielle de nécrose, sont très fortement congestionnés et le siège de nombreux petits foyers nécrotiques. Lorsque la nécrose de la muqueuse a atteint le follicule, une partie de celui-ci a disparu.

La *tunique musculaire* et la *tunique séreuse* sont peu altérées.

Note sur les lésions histologiques des ganglions mésentériques et de la rate dans la dysenterie sporadique aiguë infantile.
Journal de médecine de Bordeaux, 4 octobre 1903.

Il s'agit, dans ce travail, d'un cas de dysenterie sporadique aiguë de l'enfance, à évolution clinique classique, mais rapide, puisque la mort est survenue le 6ᵉ ou le 7ᵉ jour de la maladie.

Ganglions mésentériques. — Ils sont rouges et augmentés de volume. Les lésions microscopiques qu'ils présentent peuvent être résumées de la façon suivante :

Congestion intense de tout le ganglion : capsule fibreuse du ganglion ; cloisons conjonctives qui en partent et qui peuvent être le siège d'infiltrations hémorragiques intenses ; sinus folliculaires et follicules ; tissu caverneux.

Poussée considérable de macrophages dont le protoplasma, au lieu de constituer un bloc homogène, grenu ou vaguement réticulé, est souvent creusé de vacuoles contenant des hématies ou des restes d'hématies, des débris nucléaires plus ou moins nombreux et plus ou moins volumineux.

Exagération de la fonction lymphopoiétique.

Ilots de nécrose cellulaire intra-folliculaire, d'étendue très variable, formés essentiellement par des cellules volumineuses, à protoplasma grenu, très mal limité, à noyau excessivement irrégulier peu riche en chromatine, quelquefois représenté seulement par quelques grains chromatiques peu colorés, ou même tout à fait absent.

La réaction myéloïde est à peine accentuée.

La recherche microscopique des agents microbiens ne permet de reconnaître aucune espèce de germes.

Rate. — Elle est peu augmentée de volume, de couleur foncée, de consistance un peu diminuée sans être réduite à l'état de boue splénique. Ses lésions histologiques se résument dans les quelques propositions suivantes :

Phénomènes assez intenses de congestion;

Augmentation très modérée du nombre des macrophages;

Exagération du rôle lymphopoiétique;

Léger degré de réaction myéloïde;

Existence de nombreux foyers de nécrose intra-folliculaire.

L'examen microscopique n'a pas permis de trouver des agents microbiens dans le tissu splénique.

Hépatite parenchymateuse diffuse dans la dysenterie sporadique aiguë de l'enfance. *Journal de médecine de Bordeaux,* novembre 1903.

Abstraction faite des abcès et de la congestion du foie, les lésions hépatiques déterminées par la dysenterie bacillaire aiguë ne paraissent pas avoir attiré beaucoup l'attention des auteurs. Aussi ai-je profité de l'occasion qui m'était donnée d'étudier ces lésions.

La disposition lobulaire du foie n'est pas altérée. Quant à la disposition trabéculaire radiée des cellules hépatiques, elle persiste d'une façon générale, bien que troublée par une congestion centro-lobulaire très inégalement distribuée et par les lésions cellulaires.

Phénomènes de congestion. — La congestion est toujours centro-lobulaire, mais elle envahit une étendue très variable du lobule. Les parois de la veine sus-hépatique et des capillaires sanguins ne présentent pas de lésions. Les cellules endothéliales sont cependant assez souvent tuméfiées.

Lésions des cellules hépatiques. — Elles se présentent à des degrés très divers. Au début, les cellules s'arrondissent un peu; leur volume est peu ou pas modifié, quelquefois un peu augmenté. Le protoplasma est plus irrégulièrement granuleux. Le noyau est moins bien coloré. Plus tard, les cellules s'arrondissent de plus en plus, tendent à diminuer de volume et à perdre leurs connexions avec les cellules voisines. Le protoplasma est fortement et irrégulièrement granuleux, quelquefois vaguement vacuolé. Le noyau est très pâle et réduit à quelques grains de substance chromatique. Un degré de plus, et le noyau disparaît complètement; la masse protoplasmique se désagrège et se transforme en petites masses informes, finement granuleuses, à contours diffus et irréguliers. Finalement même, toute trace de la cellule disparaît.

La distribution des cellules ainsi altérées est très irrégulière et essentiellement diffuse.

Un léger degré d'infiltration graisseuse des cellules hépatiques se voit à côté des lésions de nécrose.

Les veines portes, les canaux biliaires et le tissu conjonctif des espaces porto-biliaires ne sont pas altérés.

Les lésions ne sont pas dues à la présence d'éléments microbiens dans le parenchyme hépatique. Il est probable qu'il faut les attribuer à l'action nécrosante de la toxine dysentérique dont l'effet se manifeste d'une façon si éclatante sur la muqueuse du gros intestin.

Infections diverses.

Étude d'une nouvelle mucédinée pyogène parasite de l'homme (variété de botrytis). (En collaboration avec M. Le Dantec.) *Archives de médecine expérimentale et d'anatomie pathologique*, 1894.

Homme, âgé de cinquante-trois ans, garçon de laboratoire, diabétique depuis de longues années, présente à la fin du mois de mars 1894 de la tuméfaction, de la rougeur et de la douleur du médius de la main droite. Au bout de 8 à 10 jours se développe lentement de la lymphangite de la face dorsale de la main, du poignet et de l'avant-bras. Quelques traînées réticulaires rouges apparaissent sur la face interne du bras ; les ganglions axillaires deviennent légèrement tuméfiés et un peu douloureux ; l'état général est peu touché ; il n'y a que peu ou pas de fièvre ; le malade ne cesse pas ses occupations. Les lésions persistent dans cet état pendant une vingtaine de jours. Le 20 avril apparaissent sur la face antéro-interne 'de l'avant-bras droit deux nodosités saillantes, rouges, arrondies, situées à 5 centimètres l'une au-dessus de l'autre. Elles augmentent de volume lentement et atteignent, l'une 4 à 5 centimètres dans son plus grand diamètre, le diamètre vertical ; l'autre 2 à 3 centimètres seulement. Primitivement dures, elles deviennent plus tard mollasses, mais jamais très nettement fluctuantes. La peau est très rouge à leur niveau ; la douleur est presque insignifiante.

Le 1er mai, après asepsie de la région, les deux abcès sont incisés. Il s'écoule une petite quantité de pus blanchâtre, un peu glaireux, rappelant assez bien l'apparence de la substance colloïde de certains kystes. On fait, séance tenante, des ensemencements sur gélose peptonisée et sur gélose pepto-glycérinée. Les tubes sont placés à 37°.

Les tubes de gélose-peptone restent stériles. Seuls, les tubes de gélose pepto-glycérinée donnent quelques colonies toutes identiques et se développant lentement. Plus tard, après plusieurs passages sur gélose pepto-glycérinée, on peut obtenir des cultures sur tous les milieux de laboratoire, mais les milieux sucrés et glycérinés restent les milieux de choix, ceux sur lesquels les colonies se développent le mieux et le plus rapidement. Elles poussent à 37°, mais la végétation est plus intense à 22°.

Les colonies sont constituées par un feutrage très dense situé dans le centre, d'où émergent en tous sens des filaments cloisonnés, irrégulièrement ramifiés, incolores, non verticillés. Les rameaux fructifères sont terminés par des extrémités pointues sur lesquelles s'insèrent quelquefois une seule, le plus souvent, deux, trois ou quatre spores ovales, sans enveloppe mucilagineuse, pourvues souvent d'un ou de deux points noirâtres à leurs extrémités. Nous nous croyons en présence d'une variété de *botrytis* encore inconnue.

Les propriétés pathogènes de cette mucédinée sont peu développées. L'injection intra-veineuse, intra-pleurale, ou intra-péritonéale de 1 centimètre cube de culture de 8 à 10 jours ne détermine aucun phénomène morbide chez le lapin et chez le cobaye.

L'injection sous-cutanée, faite chez le lapin à la racine de l'oreille, est suivie, au bout de 6 à 10 jours, de l'apparition d'une nodosité dure, arrondie, qui, vers le vingtième ou trentième jour, atteint le volume d'un pois ou au-dessus. Livrée à elle-même, elle devient hémisphérique, s'ulcère et laisse échapper une substance jaune, de la consistance du mastic. La cicatrice survient quelques jours après et avec elle la guérison complète. Les ensemencements faits avec le contenu de l'abcès donnent des cultures pures de notre mucédinée. L'examen microscopique démontre l'existence, au milieu des globules de pus, de filaments mycéliens enchevêtrés et de très nombreuses spores ovales présentant tous les caractères de celles des cultures.

En résumé, nous avons pu retirer de deux abcès, développés lentement, une mucédinée qui existait à l'état de culture pure dans le pus blanchâtre, d'apparence colloïde. Elle a une prédilection très prononcée pour les milieux sucrés et se développe surtout à la température de 22°. Elle est pathogène pour le lapin et susceptible de déterminer chez lui la formation de collections purulentes. Elle n'avait encore jamais été rencontrée à l'état parasitaire chez l'homme. Elle paraît même se rattacher à une espèce inconnue jusque-là et appartenir au groupe des botrytis.

Note sur le séro-diagnostic de la fièvre typhoïde. (En collaboration avec M. DE BOUCAUD.) *Journal de médecine de Bordeaux,* août 1896.

Le 26 juin 1896, M. Widal communiquait, à la Société médicale des hôpitaux, un moyen de diagnostic basé sur la puissance agglutinative du sérum des typhiques vis-à-vis du bacille d'Éberth. Depuis, de nombreuses recherches de contrôle ont été faites par l'auteur de la méthode lui-même et par d'autres observateurs. De plus, on a démontré que cette propriété d'agglutination n'appartenait pas seulement au sérum sanguin et qu'on la retrouvait dans la sérosité des vésicatoires, dans l'urine, dans les larmes, dans le lait, dans la salive.

Nous avons eu l'occasion d'appliquer ce moyen de diagnostic chez quelques malades dont quatre typhiques. Voici les résultats auxquels nous sommes arrivés :

1° La propriété d'agglutiner les bacilles d'Éberth a été trouvée dans le sérum de deux typhiques, une fois au huitième ou neuvième jour de la maladie, une autre fois au neuvième ou dixième jour.

2° La même réaction a été constatée chez un typhique convalescent depuis trois semaines.

3° Elle a été retrouvée dans le *liquide céphalo-rachidien* et dans la *bile décolorée, blanchâtre et laiteuse d'un typhique* mort du trentième au trente-cinquième jour de son affection. Ce dernier fait ne doit peut-être pas être généralisé, car nous avons opéré sur une bile très altérée, et il est possible que dans d'autres circonstances ce liquide ne possède pas le même pouvoir d'agglutination des bacilles d'Éberth. Quoi qu'il en soit, cette réaction n'avait encore été signalée ni dans le liquide céphalo-rachidien, ni dans la bile.

4° Cette réaction n'a été donnée ni par le liquide d'une pleurésie séro-fibrineuse ni par le sérum d'un malade atteint d'embarras gastrique fébrile.

De la présence des streptocoques dans les cellules de la moelle épinière de lapins morts de septicémie streptococcique.

Société d'anatomie et de physiologie normales et pathologiques de Bordeaux, séance du 22 juillet 1895.

Deux lapins, inoculés avec du streptocoque, présentent des troubles paraplégiques quelque temps avant leur mort, qui arrive le quatrième jour après l'injection.

L'examen microscopique de la moelle épinière démontre l'existence de streptocoques en grains isolés ou en courtes chaînettes disséminés dans la substance blanche et entre les fibrilles de la substance grise. On en trouve aussi dans la loge péricellulaire et dans la masse protoplasmique de quelques cellules de la moelle, plus particulièrement dans les grosses cellules des cornes antérieures. Ils sont, dans ce dernier cas, entourés par une zone un peu plus pâle que le reste du protoplasma de la cellule.

Des Venins.

—————

**Altérations du sang produites par les morsures des serpents
venimeux.** (En collaboration avec M. Louis VAILLANT.) Société de biologie, 13 juillet 1901.

**Altérations des globules blancs du sang chez les animaux
mordus par les serpents venimeux et traités ou non traités
par le sérum antivenimeux.** (En collaboration avec M. Louis VAIL-
LANT.) Congrès international de zoologie, Berlin, août 1901. *Archives de
médecine expérimentale et d'anatomie pathologiques,* mars 1901.

Pour nos recherches, tantôt nous avons injecté du venin desséché
de Pelias berus, redissous dans de l'eau glycérinée, tantôt nous
avons fait mordre nos animaux par des serpents venimeux : vipère
à cornes, vipère aspis, trigonocéphale.

Nos expériences peuvent être rangées en plusieurs groupes, suivant que nous avons opéré :

I. Sur des animaux normaux;

II. Sur des animaux injectés avec du sérum antivenimeux de
Calmette et mordus aussitôt après;

III. Sur des animaux traités par le sérum antivenimeux et mordus
plusieurs jours après.

IV. Chez un quatrième groupe d'animaux nous avons seulement
injecté du sérum antivenimeux.

I. *Animaux normaux mordus par des serpents venimeux ou injectés
avec du venin desséché et redissous dans de l'eau glycérinée.* — Des
expériences faites dans ces conditions se dégagent les conclusions
suivantes :

1° Les altérations locales et sanguines provoquées par les morsures de serpents venimeux sont identiques à celles produites par l'injection sous-cutanée du venin desséché et redissous dans l'eau glycérinée.

2° Les altérations sanguines intéressent les globules rouges et les globules blancs.

3° Les *altérations des globules rouges* consistent dans une hématolyse plus ou moins intense, suivant la gravité de la morsure ou la dose de venin injectée. La destruction des hématies est rapide. Tel cobaye qui avait 6.958.000 hématies avant la morsure n'en a plus que 5.584.000 un quart d'heure après. Elle peut être très intense et se chiffrer par un million et demi ou deux millions de globules. Si l'animal survit, la réparation du sang s'accompagne de la présence, dans la circulation, d'un nombre plus ou moins grand d'hématies nucléées.

4° Les *altérations des globules blancs* sont quantitatives et qualitatives.

5° Les altérations quantitatives se traduisent par une augmentation, quelquefois considérable, du nombre des globules blancs. Cette augmentation s'observe aussi bien dans les cas suivis de guérison que dans les cas mortels. Elle débute très rapidement après la morsure ou après l'injection de venin. Nous avons pu la constater, déjà très notable, au bout d'une demi-heure. Elle est toujours très accusée au bout d'une à deux heures. Dans les cas mortels, elle persiste jusqu'au moment de la mort. Dans les cas prolongés et suivis de guérison, le nombre des globules blancs, exagéré pendant 2, 3, 4 jours ou plus longtemps suivant l'intensité de l'envenimation, diminue ensuite pour revenir à la normale. Parfois, il y a une nouvelle, mais faible, élévation du chiffre des globules blancs, au moment de la formation du sillon d'élimination de l'eschare, qui souvent suppure un peu.

6° Les altérations qualitatives consistent dans l'élévation du nombre des leucocytes polynucléés et la diminution du nombre des lymphocytes. Cette hyperpolynucléose est constante; elle s'observe aussi bien dans les cas mortels que dans les cas suivis de guérison. Elle survient d'emblée sans avoir été précédée d'hypopolynucléose. Elle se développe très rapidement et marche de pair avec l'élévation du nombre total des globules blancs. Elle diminue en même temps que ceux-ci et s'élève de nouveau au moment de la formation du sillon d'élimination de l'eschare.

Les leucocytes éosinophiles diminuent de nombre pendant la période d'hyperleucocytose. Ils augmentent pour revenir à la normale et parfois la dépasser un peu, lorsque le chiffre des leucocytes polynucléés redevient normal.

Quant aux lymphocytes, ils subissent des oscillations inverses de celles des polynucléés, c'est-à-dire que leur proportion s'abaisse pendant la période d'hyperleucocytose.

II. *Animaux injectés avec du sérum antivenimeux de Calmette et mordus aussitôt après*. — Les réactions leucocytaires se font dans le même sens que chez les animaux non traités préventivement; mais elles semblent être plus intenses, du moins dans les cas où l'animal survit. L'hyperleucocytose est due à l'exagération du nombre des leucocytes polynucléés.

Il y a aussi hématolyse très intense.

III. *Animaux traités par le sérum antivenimeux et mordus plusieurs jours après*. — Les réactions leucocytaires et les altérations des globules rouges se font dans le même sens que chez les animaux non traités préventivement, mais elles semblent être beaucoup plus éphémères et se réparer beaucoup plus vite.

IV. *Animaux simplement injectés avec du sérum antivenimeux*. — La simple injection de sérum antivenimeux détermine aussi des altérations qualitatives et quantitatives des globules blancs du sang. Les altérations quantitatives consistent dans une hyperleucocytose rapide et intense. Les altérations qualitatives consistent dans l'exagération du nombre des polynucléés et dans la diminution du nombre des lymphocytes. Les deux ordres de lésions sont de peu de durée, puisqu'elles sont réparées au bout de 2 jours.

Les globules rouges ne sont modifiés ni dans leur nombre ni dans leurs caractères morphologiques.

Altérations quantitatives et qualitatives des globules blancs du sang produites par les injections intra-veineuses de venins de serpent. (En collaboration avec M. Louis VAILLANT.) *Journal de médecine de Bordeaux*, 22 décembre 1901.

Nos expériences sont faites sur des lapins adultes à l'aide du *venin de crotale*. Un milligramme de venin est dissous dans 5 centimètres cubes de sérum artificiel. L'injection est poussée dans la veine marginale de l'oreille.

Aussitôt après l'injection intra-veineuse de venin, nous voyons survenir une diminution très notable du nombre des globules blancs du sang. Cette leucopénie dure peu, car au bout d'une heure, dans nos expériences, le chiffre des globules blancs est presque revenu à son point de départ. Dans les heures qui suivent, l'ascension continue et l'hyperleucocytose fait suite à l'hypoleucocytose.

L'hypoleucocytose est due surtout à la diminution du nombre des leucocytes polynucléés.

L'hyperleucocytose qui fait suite à l'hypoleucocytose est identique à celle qui survient à la suite des injections sous-cutanées de venin : c'est une hyperleucocytose polynucléée neutrophile.

Les examens du sang faits dans les mêmes conditions, après injection sous-cutanée de venin, démontrent qu'il n'y a pas d'hypoleucocytose précédant l'hyperleucocytose.

Le venin des serpents agit donc un peu différemment sur le sang suivant sa voie d'introduction dans l'organisme : en *injection intra-veineuse*, il provoque une hypoleucocytose transitoire rapidement suivie d'hyperleucocytose polynucléée. En *injection sous-cutanée*, il détermine d'emblée l'hyperleucocytose polynucléée neutrophile.

Du foie dans l'envenimation. *Journal de médecine de Bordeaux,* octobre 1902.

Des foyers de nécrose du foie dans l'envenimation. *Journal de médecine de Bordeaux*, 1903.

Les lésions du foie, produites par les morsures de serpents venimeux ou les injections sous-cutanées de venin, sont de deux sortes : *lésions circulatoires lésions cellulaires.*

Les *lésions circulatoires* s'observent dans tous les cas graves d'envenimation. Elles consistent en une congestion plus ou moins intense, rarement généralisée à tout le lobule hépatique, le plus souvent circonscrite à la région centro-lobulaire, à la moitié ou aux deux tiers internes du lobule.

Les lésions de la cellule hépatique sont toutes d'ordre dégénératif. Ce sont des dégénérescences albuminoïdes et de la dégénérescence graisseuse.

Les premières se présentent à des stades et sous des aspects différents. Parfois les cellules sont atteintes de tuméfaction trouble; d'autres fois, elles présentent un état vacuolaire du protoplasma, et la perte plus ou moins complète de la colorabilité du noyau ou même sa disparition totale. Ces lésions sont assez irrégulièrement distribuées; cependant, elles occupent de préférence le centre du lobule; mais on peut aussi les rencontrer dans la partie moyenne du lobule; plus rarement vers la périphérie.

A côté des lésions précédentes, on trouve, dans tous les cas d'envenimation grave, des lésions de dégénérescence graisseuse. Celles-ci surviennent rapidement; elles sont diffuses et peuvent s'observer dans toutes les parties du lobule.

Les espaces porto-biliaires sont peu altérés. Les canaux biliaires sont sains, ainsi que les veines portes et les veines sus-hépatiques.

En somme, il s'agit d'une hépatite diffuse, caractérisée surtout par des phénomènes congestifs et des lésions dégénératives d'ordre albuminoïde et d'ordre graisseux. Outre ces lésions, on trouve dans certains cas, et toujours assez tardivement, des *foyers circonscrits de nécrose.*

L'abondance et le volume de ces foyers nécrotiques sont très variables. Leur forme est assez généralement arrondie. Leur situation dans le lobule hépatique n'est pas toujours la même, bien que, le plus souvent, ils siègent dans la partie moyenne du lobule, entre la veine centro-lobulaire et la périphérie du lobule. Leurs limites sont toujours très nettes.

Leur structure varie avec le degré plus ou moins intense des lésions.

a) Les cellules hépatiques conservent leur disposition trabéculaire normale, et les travées cellulaires se poursuivent de la partie saine à la partie nécrosée sans subir de dislocation. Les cellules ont conservé leur forme, mais leur protoplasma fixe mal les colorants et leur noyau, diminué de volume, rétracté, présente toute une série de dégradations aboutissant finalement à la disparition de toute coloration par les réactifs nucléaires. Dans la cavité des capillaires sanguins se trouvent des leucocytes polynucléés, très nombreux dans la zone hépatique saine péri-nécrotique et à la périphérie des foyers de nécrose, moins nombreux ou très peu nombreux vers le centre. Il s'agit, en somme, de blocs plus ou moins volumineux de tissu hépatique frappés par la nécrose de coagulation et infiltrés de leucocytes pour la plupart polynucléés.

b) Les lésions cellulaires sont plus accentuées. Les cellules présentent un état vacuolaire ou réticulé très prononcé de leur protoplasma ou même ne sont plus représentées que par une cuticule peu épaisse, conservant la forme de la cellule, et dans laquelle n'existent que quelques très fines travées granuleuses irrégulières ou quelques petits amas informes de granulations. Le noyau ne se colore plus et parfois il a disparu complètement. On retrouve la même infiltration leucocytique que plus haut.

c) Dans d'autres foyers, les cellules, en état de nécrose de coagulation, peu ou pas colorées, dépourvues de noyau, au lieu de rester adhérentes comme dans le premier cas, sont séparées et dissociées presque individuellement. Comme dans les cas précédents, dans le tissu hépatique qui entoure ces foyers, les capillaires sanguins contiennent de très nombreux leucocytes polynucléés, et leurs cellules endothéliales sont notablement hypertrophiées.

La moelle osseuse dans l'envenimation. *Journal de médecine de Bordeaux, 6 avril 1902.*

Étant données les relations étroites qui existent entre l'état du sang et l'état des organes hématopoiétiques, il n'était pas douteux que ceux-ci fussent notablement altérés par l'envenimation. L'étude des altérations du sang devait donc conduire tout naturellement à celle des organes de l'hématopoièse en général et à celle de la moelle osseuse en particulier.

De cette étude nous avons tiré les conclusions sommaires suivantes :

1º A la suite des morsures des serpents venimeux, la moelle osseuse réagit très rapidement, puisque au bout de huit heures il y a déjà des lésions réactionnelles très manifestes;

2º La réaction du tissu médullaire se traduit, dans les 2 premiers jours, par trois ordres de phénomènes capitaux : *congestion très intense, réaction myélocytaire neutrophilique, réaction normoblastique.*

Divers.

De la coloration des figures kariokynétiques. Société d'anatomie
et de physiologie normales et pathologiques de Bordeaux, 22 juillet 1895.

Bain à réactifs. Société d'anatomie et de physiologie normales et pathologiques de Bordeaux, 22 juillet 1896.

III

PATHOLOGIE INTERNE ET CLINIQUE MÉDICALE

Maladies infectieuses.

La dysenterie bacillaire à Bordeaux. Académie de médecine, 1905. *La Presse médicale*, 24 mai 1905.

Maladie essentiellement épidémique, la dysenterie bacillaire a toujours été étudiée dans le cours des épidémies. En maintes régions cependant la dysenterie s'observe à l'état endémique. Il était dès lors très intéressant et à la fois très important de savoir si, sous cette dernière forme, elle reconnaissait le même bacille pour agent pathogène.

A Bordeaux, la dysenterie s'observe à l'état sporadique. L'hiver le nombre des cas est très rare, surtout chez l'adulte. Les enfants sont plus souvent frappés que les adultes, mais les formes qu'ils présentent sont souvent légères et ne sont pas toujours rapportées à leur véritable cause. Ils se plaignent de quelques douleurs; ils ont, par jour, six, dix, quinze selles glaireuses, un peu sanguinolentes; ils ne présentent pas de fièvre. Traitée, la maladie dure 8 ou 10 jours; non traitée ou mal traitée, elle dure plus longtemps et peut présenter des arrêts et des rechutes. Le sérum sanguin de ces malades, faiblement touchés, agglutine souvent le bacille dysentérique, mais seulement s'il est peu dilué : 1/10 à 1/40.

L'été, les cas augmentent en nombre et en gravité. On les observe chez les adultes aussi bien que chez les enfants. Parfois, les cas sont complètement isolés, mais souvent deux ou plusieurs malades s'observent soit dans la même famille, soit dans la même maison, soit dans des maisons voisines. A l'hôpital, j'ai observé aux mois d'octobre et novembre 1904 une petite épidémie de salle qui n'a cessé que par l'isolement absolu des malades. Même à l'état endémique, la dysenterie est donc beaucoup plus contagieuse et beaucoup plus facilement diffusible que la fièvre typhoïde.

L'agent pathogène de cette dysenterie endémique à Bordeaux est le bacille dysentérique tel qu'il a été décrit par Chantemesse et Widal, Shiga, Kruse, etc. (Voir : *Le bacille dysentérique à Bordeaux.* Réunion biol. de Bordeaux, 17 janv. 1905.)

Note sur la dysenterie chez les enfants à Bordeaux. (En collaboration avec Mlle CAMPANA.) Société de médecine et de chirurgie de Bordeaux, 1905.

A Bordeaux, la dysenterie chez les enfants existe à l'état endémique. Rare pendant l'hiver, elle devient plus fréquente pendant l'été. Dans son évolution clinique, elle présente quelques caractères importants qui sont : a) *sa contagiosité*, qui explique son développement fréquent sous forme épidémique et l'existence de deux ou plusieurs malades soit dans la même famille, soit dans la même maison; b) *sa marche aiguë* ou tout au moins rapide, qui, dans les cas de moyenne gravité, ne dépasse guère 12 à 15 jours. Des rechutes peuvent se produire, mais on n'observe pas d'emblée cette marche lente et cette tendance à la chronicité qui sont le propre de la dysenterie amibienne; c) *l'absence ou le peu d'élévation de la température*, qu'on observe dans la plupart des cas; d) *l'absence ou l'extrême rareté des abcès du foie*, qui est à opposer à leur fréquence dans la dysenterie amibienne.

Les caractères anatomo-pathologiques de cette dysenterie ne sont pas moins importants. Les lésions occupent tout le gros intestin et souvent aussi l'extrémité inférieure de l'iléon. Des fausses membranes plus ou moins étendues recouvrent la surface muqueuse de l'intestin. La tunique muqueuse est le siège à peu près exclusif des lésions. Elle est très épaissie; sa surface est très irrégulière et très fortement chagrinée. Sa coloration est rouge sombre. Sur cette teinte, tranchent de gros foyers nécrotiques grisâtres, quelquefois

limités, quelquefois très étendus et occupant la plus grande partie
de la surface interne de l'intestin. Le détachement des produits
nécrotiques donne lieu à la production d'ulcérations de dimensions
et de formes très variables, généralement peu profondes et ne dépassant pas l'épaisseur de la muqueuse. Le fond est légèrement induré.
Les bords sont aussi légèrement indurés, coupés obliquement ou à
pic, mais jamais décollés et flottants, comme dans la dysenterie
amibienne. Les ulcérations sont le résultat d'un processus nécrotique,
qui s'étend de la surface vers la profondeur, contrairement à ce
qui s'observe le plus souvent dans la dysenterie amibienne où les
altérations, souvent profondes, détruisent la sous-muqueuse d'abord
et ne perforent la muqueuse qu'après l'avoir plus ou moins décollée.

Les follicules clos ne sont jamais altérés primitivement. Ils présentent des lésions analogues à celles des ganglions mésentériques
et à celles de la rate. Elles ont été décrites par l'un de nous. (B. Auché, *Journ. de méd. de Bordeaux*, 1904.)

Le foie peut présenter les lésions d'une hépatite parenchymateuse
diffuse. (B. Auché, *Journ. de méd. de Bordeaux*, 1904.)

L'examen bactériologique des selles permet d'isoler le bacille
dysentérique, qui est agglutiné par le sang des dysentériques.

La diarrhée simple, forme larvée de la dysenterie chez les enfants.

(En collaboration avec Mlle Campana) Société de médecine et de
chirurgie de Bordeaux, 1906. La *Province médicale*, 24 février 1906.

Dans les épidémies de dysenterie, à côté des cas avérés, existent
toujours des cas de diarrhée simple. Ils sont surtout fréquents au
moment du début et à la période de déclin de l'épidémie. La nature
dysentérique de ces cas de catarrhe intestinal n'a été démontrée,
chez l'adulte, que dans ces derniers temps.

Chez les *enfants*, des faits cliniques identiques sont observés, non
seulement au cours des épidémies estivales de diarrhées muco-
sanguinolentes ou dysentériques, mais aussi à l'état sporadique.
Lorsqu'un cas de dysenterie infantile est observé dans une famille,
il n'est pas rare d'apprendre que d'autres enfants de la même famille,
ou de la même maison, ont présenté en même temps, ou presque
en même temps, de la diarrhée simple plus ou moins rebelle au traitement. Quelles relations y a-t-il entre des affections d'aspect cli-

nique si différent? La dysenterie, ici, comme chez l'adulte, peut-elle revêtir l'aspect d'une diarrhée simple? Question des plus importantes et qui, jusqu'à présent, n'a pas reçu de solution précise. Ni Flexner, ni Duval et Bassett, ni Park, Collins et Goodwin, ni Martha Wollstein ne se sont occupés de ce point particulier de la dysenterie infantile. Dans le rapport sur les travaux de l'Institut Rockefeller il n'est pas non plus fait spécialement mention de cas de ce genre.

Dans le courant de l'été 1905, nous avons eu l'occasion d'examiner quelques cas de diarrhée simple, survenus parmi les malades d'une salle où plusieurs cas de dysenterie étaient ou avaient été traités. A côté de plusieurs cas négatifs nous avons pu relever deux observations où la nature dysentérique de la diarrhée a pu être démontrée. Deux enfants, atteints de troubles intestinaux chroniques et, par ce fait, prédisposés aux infections du tube digestif, entrent dans la salle. Après quelques atteintes très légères de diarrhée simple, ils sont pris de nouveau de *diarrhée simple*. Mais, cette fois, la diarrhée est beaucoup plus intense et essentiellement tenace. L'ensemencement des selles est négatif. L'agglutination, faite au septième jour de la diarrhée, dans la première observation, au neuvième jour, dans la deuxième obtervation, est positive à 1 p. 100 dans le premier cas, à 1 p. 80 dans l'autre avec le bacille dysentérique du *type Flexner*. Le traitement par le sérum antidysentérique calme très rapidement cette diarrhée jusque-là rebelle au traitement. Comme, jusqu'à l'heure actuelle, aucun fait ne permet de mettre en doute la spécificité de l'épreuve de l'agglutination, force est bien d'admettre la nature dysentérique de ces deux cas de diarrhée en apparence banale.

A peu près en même temps, nous observions, dans la même salle, un autre petit malade atteint de diarrhée muqueuse avec présence, dans *une* des selles, d'une faible trace de sang. Mais les selles sont avant tout fécaloïdes et donnent plutôt l'idée d'une entérite catarrhale que d'une dysenterie vraie. Cependant l'agglutination, positive à 1 p. 100 avec le *bacille de Flexner*, démontre encore la nature dysentérique de cette forme de diarrhée. Si bien que ces trois observations fournissent la preuve qu'il existe une véritable chaîne de cas intermédiaires entre la diarrhée simple de nature dysentérique et la dysenterie clinique typique.

Nous ne saurions établir la fréquence de ces formes larvées de la dysenterie. La diarrhée simple de nature dysentérique doit être rare chez les enfants, si nous nous en rapportons au nombre, assez considérable, de cas qui ne nous ont permis d'obtenir ni bacille ni agglutination. La diarrhée muqueuse est plus souvent d'ordre dysentérique. Nous l'avons rencontrée plusieurs fois au cours de nos recherches, et les auteurs américains l'ont aussi signalée.

Les symptômes sont ceux de toutes les diarrhées simples ou muqueuses, et rien, dans la physionomie de l'affection, ne peut en général faire penser à la dysenterie, si ce n'est peut-être, dans quelques cas, leur ténacité et leur coïncidence avec des cas avérés de dysenterie. Il y a cependant toujours un très grand intérêt à établir le diagnostic, car ces sortes de diarrhées sont infectantes et contagieuses et susceptibles d'engendrer la dysenterie vraie avec toute sa gravité. On y arrivera : 1º très rarement par la recherche des bacilles dysentériques dans les selles; 2º par la recherche de la sensibilisatrice spécifique; 3º et surtout par la recherche de l'agglutination spécifique.

Le traitement bénéficiera aussi de l'exactitude du diagnostic, puisque, dans un certain nombre de cas, la sérothérapie antidysentérique a pu faire disparaître rapidement des diarrhées jusque-là rebelles à la thérapeutique.

Contribution à l'étude clinique et pathogénique de la dysenterie chez les enfants. (En collaboration avec Mlle CAMPANA.) *Archives de médecine des enfants* 1906.

Dans l'espace d'un an, nous avons étudié, au point de vue bactériologique et au point de vue clinique, 90 cas de diarrhée muqueuse et muco-sanguinolente. Chez 33 d'entre eux, c'est-à-dire dans la proportion de 36 p. 100 environ, nous avons pu isoler un bacille dysentérique. Chez 5 autres, la réaction a été très nettement positive, de sorte que, sur 90 enfants atteints de diarrhée muqueuse ou muco-sanguinolente, la nature dysentérique de l'affection a été démontrée 38 fois, soit dans la proportion de 42 0/0. Nous pensons donc que la dysenterie vraie est plus fréquente chez les enfants qu'on ne l'avait cru et que bon nombre de diarrhées dites dysentériformes, surtout les diarrhées estivales, glaireuses et sanguinolentes, contagieuses et épidémiques, sont presque toujours déterminées par les bacilles dysentériques.

Nous avons isolé des selles de nos malades, plusieurs types de bacilles dysentériques : 1° le bacille dysentérique type Chantemesse, Widal et Shiga ; 2° le bacille dysentérique type Flexner ; 3° le bacille dysentérique type Strong. Ces 3 types de bacilles n'ont pas été rencontrés avec la même fréquence. Sur 38 malades, nous avons rencontré le premier type 14 fois, c'est-à-dire dans la proportion de 36 p. 100 ; le second type 17 fois, c'est-à-dire dans la proportion de 44 p. 100 environ ; le type Strong 7 fois, ou dans 18 p. 100 des cas. Le second et le troisième types appartenant à la même race de bacilles, nous pouvons dire que le bacille Shiga a été trouvé dans 36 % des cas et les bacilles Flexner-Strong dans 64 % des cas.

Pour établir la nature de ces agents pathogènes, nous nous sommes appuyés sur les caractères des cultures et sur les données fournies par la séro-réaction. Dans l'épreuve de l'agglutination, nous nous sommes servis : 1° du sérum d'un chien immunisé contre le bacille de Shiga ; 2° du sérum d'un lapin traité avec le bacille de Flexner ; 3° du sérum d'un autre lapin traité avec le bacille de Strong.

Outre les bacilles que nous avons rangés dans les 3 groupes précédents, nous avons parfois isolé des bacilles présentant des caractères culturaux à peu près identiques, mais nullement influencés par nos immum-sérums. Nous n'en avons pas tenu compte.

La question de la pluralité ou de l'unité spécifique des bacilles dysentériques a été résolue dans des sens différents par les auteurs. Nous n'insistons pas. Mais la différenciation, établie d'après les caractères biologiques des bacilles, a été transportée dans le domaine clinique et épidémiologique. D'après certains auteurs, tels que Kruse et Dœrr, le bacille de Shiga seul déterminerait la dysenterie vraie, grave, à évolution épidémique. Les bacilles du groupe Flexner donneraient lieu à des pseudo-dysenteries, ou états dysentériformes, se présentant à l'état sporadique et évoluant d'une façon bénigne. Le groupe de Flexner devrait lui-même être dissocié. Il comprendrait plusieurs variétés bacillaires capables de donner naissance à autant de variétés de pseudo-dysenterie. C'est ainsi qu'on a décrit une pseudo-dysenterie à bacilles de Flexner (Manille) ; une pseudo-dysenterie propre aux asiles d'aliénés ; une pseudo-dysenterie des enfants, etc.

Quoi qu'il en soit des rapports que présentent entre eux ces agents microbiens, tous les auteurs sont d'accord pour leur accorder un rôle pathogène très important. Mais comment se traduisent ces diverses infections? Quelle symptomatologie revêtent-elles chez les enfants? A chaque type bacillaire correspond-il un tableau clinique bien défini? Le mode d'extension de ces infections est-il différent? Les unes évoluent-elles d'une façon épidémique; les autres ne s'observent-elles qu'à l'état sporadique? Les unes sont-elles généralement malignes, les autres généralement bénignes?

Après l'exposé et l'étude détaillée de nos observations, nous essayé de répondre à ces différentes questions. Nous avons ... sé nos observations en trois groupes : le premier comprend les observations de dysenterie à bacilles de Shiga, au nombre de 14; le second comprend les cas de dysenterie à bacilles de Flexner, au nombre de 17; le troisième, les cas de dysenterie à bacilles de Strong, au nombre de 7. Après avoir décrit minutieusement les tableaux cliniques de chacun de ces groupes de dysenterie, nous les avons comparés entre eux et nous sommes arrivés aux résultats suivants, qui donnent les solutions des différentes questions que nous nous sommes posées plus haut.

La dysenterie des enfants — nos recherches le démontrent jusqu'à l'évidence — est due aux mêmes agents microbiens que la dysenterie des adultes. Il n'est, par conséquent, pas possible de décrire une dysenterie propre aux enfants, une pseudo-dysenterie infantile, comme l'ont dit quelques auteurs. Déjà, en 1901, l'un de nous isolait le bacille de Shiga de quelques cas de dysenterie infantile, et démontrait ainsi l'exactitude de cette assertion. Les auteurs américains ont aussi trouvé le bacille de Shiga dans quelques cas de dysenterie chez les enfants, et tout récemment, L. Jehle et A. Charleton (Ueber epidemische und sporadische Rhur im Kindesalter (*Zeitsch. f. Heilkunde*, août 1905) ont fait la même constatation. La dysenterie des enfants est donc de même nature que la dysenterie des adultes. Mais le tableau clinique de l'affection est-il identique dans tous les cas et ne varie-t-il pas avec la nature de l'agent pathogène?

Si nous comparons les tableaux cliniques de nos trois groupes de dysentériques, nous arrivons à établir, entre eux, des différences légères, portant sur les symptômes du début et sur les symptômes de la période d'état.

Dans la dysenterie à bacilles de Shiga, les symptômes du *début* ont été, le plus souvent, des symptômes intestinaux. Quelquefois, cependant, les symptômes gastriques ont ouvert la scène. Au contraire, dans la dysenterie à bacilles de Flexner, ce sont les phénomènes gastriques qui, le plus fréquemment, sont survenus les premiers ; de sorte que, dans beaucoup de cas, le début a paru plus brusque, chez ces derniers malades, que chez ceux du groupe Shiga. La fièvre s'est comportée à peu près de la même façon dans les deux groupes de malades ; rarement absente, si ce n'est dans les cas tout à fait bénins, elle a été le plus souvent modérée, rarement très élevée. Toujours elle a baissé dans les deux ou trois jours suivants. Les phénomènes douloureux, coliques et ténesme, ont été plutôt en relation avec l'intensité de la maladie qu'avec la nature de l'agent pathogène. Sauf les cas frustes, les selles, d'abord fécaloïdes, souvent fétides, surtout dans la dysenterie à bacilles de Flexner, sont devenues rapidement muqueuses ou muco-sanguinolentes.

A la période d'état, la dysenterie à bacilles de Shiga s'est toujours traduite par les symptômes classiques de la dysenterie : selles fréquentes, peu ou pas fécaloïdes, muqueuses ou muco-sanguinolentes ; coliques ; ténesme ; température normale ou peu élevée et irrégulière ; état général fortement altéré ; facies grippé, etc. La dysenterie à bacilles de Flexner s'est montrée sous des aspects beaucoup plus variés : diarrhée en apparence simple ; diarrhée fécaloïde et muqueuse ; diarrhée glaireuse ; diarrhée muco-sanguinolente. Ces deux dernières formes, véritablement dysentériques, ne diffèrent pas sensiblement des formes de la dysenterie à bacilles de Shiga. Quant à la forme diarrhéique simple, bien que chez l'adulte, comme chez les enfants, elle ait toujours été trouvée, jusqu'ici, en relation avec le bacille de Flexner, nous ne croyons pas qu'elle lui soit exclusive, car, dans presque toutes les épidémies de dysenterie, on a pu constater cliniquement un nombre plus ou moins considérable de cas frustes. La température a été normale ou légèrement élevée et irrégulière dans les deux groupes. Les phénomènes douloureux ont été plus constants, et la durée de la maladie a été en général un peu plus longue chez les dysentériques du groupe Shiga que chez ceux du groupe Flexner.

La dysenterie à bacilles de Strong s'est traduite par des symptômes à peu près identiques à ceux de la dysenterie à bacilles de Flexner, la forme diarrhéique simple étant mise de côté.

Telles sont les quelques différences d'ordre clinique que nous avons constatées chez nos trois groupes de malades. Elles sont peu importantes et peut-être même arriveront-elles à s'effacer après l'examen d'un plus grand nombre de malades. Quoi qu'il en soit, nous ne croyons pas qu'elles soient suffisantes pour caractériser des types cliniques définis et pour établir, entre les trois groupes de dysenterie que nous avons admis au point de vue pathogénique, des barrières précises permettant de les reconnaître cliniquement d'une façon sûre.

Les caractères fournis par l'âge des malades, la gravité de l'affection, son mode d'extension, n'ont pas plus de valeur à ce point de vue. L'*âge* des malades a été, en général, moins élevé dans la dysenterie à bacilles de Flexner que dans la dysenterie à bacilles de Shiga. Le plus jeune des malades atteint de dysenterie à bacilles de Shiga avait huit mois, alors que, dans le groupe Flexner, nous comptons trois enfants atteints de trois mois à trois mois et demi et un enfant de quatre mois.

La *gravité* de la maladie varie peut-être plus suivant les épidémies que suivant la nature de l'agent pathogène. En tout cas, la présence du bacille de Flexner n'est pas toujours synonyme de bénignité de l'affection. Les statistiques des auteurs américains qui, chez la grande majorité de leurs petits malades, ont isolé les bacilles dysentériques mannite-acide, démontrent suffisamment l'extrême gravité que peut présenter cette variété de dysenterie. En ce qui nous concerne, nous n'avons eu qu'un seul décès : il s'agissait d'un cas de dysenterie à bacilles de Flexner. Nous avons perdu un autre petit malade, mais il a été enlevé par la coqueluche compliquée de bronchopneumonie plutôt que par la dysenterie, qui reconnaissait d'ailleurs pour agent pathogène le bacille de Flexner.

La dysenterie à bacilles de Shiga est essentiellement contagieuse et elle évolue le plus souvent sous forme épidémique. Nous avons observé à l'hôpital deux petites épidémies de salle, survenues chez des enfants hospitalisés depuis déjà quelque temps pour des affections tout à fait étrangères à la dysenterie. Mais il nous a été donné aussi d'observer des cas isolés, en dehors de tout foyer épidémique, au moins apparent.

La dysenterie à bacilles de Flexner, chez l'adulte comme chez les enfants, se développe aussi sous forme épidémique, et, à l'hôpital encore, nous avons observé‘ dans la même salle, plusieurs cas survenus successivement chez des enfants hospitalisés depuis plus ou moins longtemps pour des affections différentes. Nous rapportons aussi les observations de deux enfants de la même famille pris de diarrhée peu de temps l'un après l'autre et après un autre de leurs frères. Le plus souvent cependant les cas ont évolué isolément, à l'état sporadique.

En résumé, la dysenterie, chez les enfants comme chez les adultes, est déterminée par plusieurs types de bacilles dysentériques : le bacille dysentérique du type Chantemesse-Widal et Shiga ; le bacille dysentérique du type Flexner ; le bacille de Strong. Les caractères cliniques de ces diverses variétés pathogéniques de dysenterie diffèrent fort peu et ne sont pas suffisamment tranchés pour qu'on puisse établir des types cliniques correspondant aux types bacillaires. Jusqu'à présent, les seuls moyens d'établir la nature d'une dysenterie sont donc : la recherche des bacilles dans les selles et l'épreuve, beaucoup moins sûre, mais plus facile, de l'agglutination.

Lèpre et vaccine. (En collaboration avec M. CARRIÈRE.) Congrès français de médecine, 3ᵉ session de Nancy, 1896.

Lors de l'épidémie de lèpre qui sévit sur les îles Sandwich, on accusa la vaccine d'avoir été le principal agent de dissémination de la maladie. C'est alors que Arning affirma avoir trouvé, dans la lymphe et dans les croûtes vaccinales des lépreux, le bacille de Hansen. Depuis, la question a été reprise par quelques auteurs et tranchée tantôt dans un sens, tantôt dans un autre. Le sujet est des plus controversés et comporte une double solution. Pour que la lèpre puisse être communiquée par la vaccine il faut en effet : 1º que l'agent pathogène existe dans la vésico-pustule vaccinale ; 2º que le bacille de Hansen soit inoculable. La première question seule nous occupera.

Ayant eu l'occasion d'observer un lépreux vacciné depuis très longtemps, nous l'avons revacciné dans deux régions différentes : au niveau d'une région d'apparence absolument normale et au niveau d'une plaque anesthésique. La vaccine a évolué normalement. Le septième jour après la vaccination, on excise une vésico-pustule dans chacune des deux régions, afin d'en faire l'examen histologique.

Les bacilles de Hansen existent, en grande abondance, dans la croûte et le plancher de la vésico-pustule développée *sur une plaque anesthésique antérieurement infiltrée de bacilles.* Ils sont rares dans le contenu de la pustule. Malgré tout, en pareil cas, le transport des microbes d'un individu à un autre serait à peu près inévitable.

On trouve peu de bacilles dans la vésico-pustule prise *sur la peau saine.* Il en existe cependant dans les régions les plus superficielles du derme; très peu au niveau du plancher de la vésico-pustule; presque pas dans l'extrémité profonde des travées cellulaires constituant les travées épidermiques qui cloisonnent la vésicule. Nous n'en avons pas trouvé dans le contenu fibrino-purulent, ni dans le plafond de la vésicule.

Que les bacilles aient existé avant l'inoculation du vaccin, bien que rien ne permette de soupçonner leur existence, et que leur nombre soit véritablement insignifiant comparativement à ce qui se passe dans les régions cutanées envahies par la lèpre, ou bien qu'ils se soient transportés là sous l'influence de la vaccine, la chose importe peu pour notre thèse. Ce qui importe, c'est que la peau avait, à ce niveau, un aspect normal et que des bacilles ont été néanmoins rencontrés à la base des lésions.

Or, nous croyons que, dans de telles conditions, le transport des bacilles, sans être fatal, pourrait fort bien se faire par l'intermédiaire de la pulpe vaccinale et que, sans vouloir trancher la question de l'inoculabilité de la lèpre, il serait imprudent de puiser du vaccin chez un lépreux, même vacciné dans des endroits de la peau absolument normaux.

Rapports de la tuberculose et de la lèpre à propos d'un cas de fistule à l'anus chez un lépreux. (En collaboration avec M. Carrière.) Congrès français de médecine, Nancy, 1896.

Depuis longtemps, on avait remarqué l'existence chez certains lépreux de tubercules dans les viscères et, en particulier, dans les poumons. Danielsen et Bœck croyaient qu'il s'agissait de localisations viscérales de la lèpre. Il y avait, disait-on, antagonisme entre la lèpre et la tuberculose.

Mais bientôt on s'aperçut qu'on avait fait erreur et Rake, en 1892, puis en 1893, publia quatre observations de tuberculoses viscérales chez des lépreux. Il alla même un peu loin dans cette nouvelle direction, puisqu'il en arriva à se demander si la tuberculose et la lèpre n'étaient pas dues au même bacille modifié par le milieu. L'observation que nous résumons est relative à un fait de cet ordre. Il s'agit d'un lépreux atteint de fistule à l'anus.

Des fragments pris sur le trajet fistuleux et au niveau de l'orifice cutané sont : les uns, soumis à l'examen bactérioscopique et histologique ; les autres, inoculés à des cobayes. Tous ces modes d'investigation s'accordent pour démontrer qu'il s'agit là d'une manifestation tuberculeuse chez un lépreux.

Érysipèle erratique chez un enfant de deux mois. *Journal de médecine de Bordeaux*, 16 avril 1903.

L'érysipèle erratique, caractérisé par son mode discontinu de progression, est très rare chez l'adulte. Il est non moins rare chez les enfants et les nouveau-nés, et la plupart des traités de médecine infantile ne parlent même pas de ce mode de progression. Aussi l'observation suivante, extrêmement résumée, est-elle très intéressante.

Un enfant de deux mois, bien portant, présente un beau jour, sans raison apparente, une tuméfaction inflammatoire considérable de l'avant-bras et de la main gauches faisant penser à un phlegmon. Le gonflement augmente et s'étend au bras et à l'épaule, qu'il ne dépasse pas. Il y a de la fièvre.

Au bout de 4 jours, la tuméfaction commence à diminuer ; mais, en même temps, apparaît une nouvelle tuméfaction inflammatoire identique, occupant, cette fois, les deux régions fessières. Le membre supérieur gauche guérit et desquame, pendant que le gonflement des fesses s'étend aux deux cuisses, puis à la jambe et au pied droits. Bientôt ces régions s'améliorent à leur tour, pendant que la tuméfaction gagne la jambe et le pied gauches.

Sur ces entrefaites, le membre supérieur droit devient le siège d'une rougeur inflammatoire absolument indépendante de celle du membre supérieur gauche qui, du reste, a disparu.

L'oreille droite est prise à son tour ; puis, trois plaques, indépendantes les unes des autres, se développent sur la région thoracique.

Finalement, les régions primitivement atteintes deviennent de nouveau le siège d'une infiltration œdémateuse de coloration à peine rosée ou même blanche, gardant longtemps l'empreinte du doigt.

Cet état persiste jusqu'à la mort.

L'agent pathogène est un streptocoque à courtes chaînettes qui détermine de l'inflammation érysipélateuse chez le lapin.

Eruption scarlatiniforme et purpura hémorragique dans un cas d'infection locale mixte, staphylococcique [et surtout streptococcique. (En collaboration avec M. Level.) Congrès français de médecine, 2ᵐᵉ session, Bordeaux, 1895.

Plusieurs variétés microbiennes possèdent des propriétés hémorragipares et sont susceptibles de donner lieu à des accidents purpuriques. C'est, vraisemblablement, par leurs toxines qu'agissent ces agents d'infection; mais, cependant, dans la plupart des cas cliniques publiés jusqu'ici, le sang donnait asile à des agents infectieux. La preuve de l'action seule des substances toxiques microbiennes ne ressort donc pas suffisamment nette de cette série de faits.

L'expérimentation a apporté des preuves plus décisives en faveur de cette opinion. Charrin, le premier, à l'aide du pyocyanique, a pu déterminer l'apparition d'hémorragies par l'injection des toxines et démontrer ainsi leur rôle dans la pathogénie de ces accidents.

Le cas clinique que nous avons eu l'occasion d'observer nous paraît démontrer le même fait avec la rigueur scientifique d'une expérience de laboratoire.

Un jeune homme bien portant, à la suite d'une cause mal déterminée (peut-être une piqûre d'insecte ou de paille), a, sur la partie antérieure du cou, un petit abcès qui évolue très rapidement, s'accompagne d'un œdème considérable de tout le cou et de la région antérieure du thorax, s'entoure d'une couronne de vésicules comme la pustule maligne, et donne lieu à un vaste épanchement sanguin sous-cutané situé au-dessus et autour de lui. Avec ces symptômes locaux, existe une forte fièvre, qui augmente encore le troisième jour de la maladie, en même temps qu'apparaissent des vomissements, l'éruption scarlatiniforme, les pétéchies et des ecchymoses des régions malléolaires et du dos des pieds. Le malade meurt, au milieu de ces symptômes, environ 3 jours 1/2 après le début des accidents.

Après la mort, on trouve, en plus des hémorragies sous-cutanées, des caillots sanguins dans les calices et le bassinet d'un côté, et l'examen bactériologique fait découvrir des staphylocoques et des streptocoques très virulents dans la plaie et son voisinage, des streptocoques seulement dans le reste de la zone œdémateuse. Le sang et les viscères, foie, rate, reins, ne contiennent aucune variété microbienne.

Chez notre malade, l'infection est donc demeurée localisée. Il y a eu intoxication et non septicémie, et c'est à cette intoxication par les produits toxiques, élaborés par les agents microbiens très virulents trouvés dans l'abcès et la zone œdémateuse, qu'il convient de rapporter les symptômes généraux, la fièvre aussi bien que l'éruption scarlatiniforme et les accidents hémorragiques.

Appareil respiratoire.

Contribution à l'étude bactériologique du coryza atrophique.
(En collaboration avec M. Brindel.) Société française d'otologie et de
laryngologie, mai 1897. *Revue hebdomadaire de laryngologie, d'otologie et
de rhinologie,* 9 octobre 1897.

Dans ce travail, nous nous sommes seulement proposé d'étudier
le degré de fréquence des diverses espèces microbiennes trouvées
dans le coryza atrophique avec ou sans ozène, de comparer la flore
bactérienne du coryza sans ozène avec celle du coryza ozéneux,
d'examiner l'action de l'électrolyse sur les germes des cavités nasales
de nos malades.

Dans ce but, nous avons examiné les mucosités de 24 malades.

Sur ces 24 observations, 4 se rapportent à des coryzas atrophiques
anciens et en apparence guéris. Restent donc 20 cas de coryza
atrophique en évolution. Chez ces 20 malades, nous avons trouvé
20 fois le diplo-bacille capsulé de Lœwenberg, 18 fois le bacille
pseudo-diphtérique de Belfanti et Della Vedova, 3 fois le petit
bacille de Pes-Gradenigo, 12 fois des staphylocoques, 4 fois des
streptocoques, 1 fois un gros micrococque indéterminé, 1 fois une
longue bactérie filamenteuse.

Dans 14 cas, il existait de l'ozène plus ou moins accentué; le
diplo-bacille capsulé a toujours été rencontré; le bacille pseudo-
diphtérique a manqué 2 fois; le petit bacille de Pes-Gradenigo
existait chez trois d'entre eux.

Dans les 6 cas de coryza atrophique en évolution sans ozène, nous
avons trouvé 6 fois le diplo-bacille encapsulé, 6 fois le bacille

pseudo-diphtérique. Jamais le bacille de Pes-Gradenigo n'a été rencontré.

Chez les 4 malades atteints de coryza atrophique ancien très amélioré, nous n'avons jamais vu pousser le diplo-bacille de Lœwenberg. Le bacille pseudo-diphtérique a été vu 2 fois; le bacille de Pes-Gradenigo jamais.

En somme :

1º *Le diplo-bacille de Lœwenberg* a été constaté dans tous les cas de coryza atrophique, avec ou sans ozène, en cours d'évolution. Il n'a pas été trouvé dans les coryzas atrophiques anciens, guéris en apparence. Il n'est pas l'agent pathogène de l'ozène.

2º *Le bacille pseudo-diphtérique de Belfanti et Della Vedova* a été trouvé 18 fois sur 20 observations de coryza atrophique en évolution. Il a manqué dans 2 cas de coryza avec ozène. Il a été rencontré 2 fois sur les 4 malades atteints de coryza atrophique ancien très amélioré. Il n'est pas l'agent causal de l'ozène; il n'est même, très vraisemblablement, qu'un saprophyte.

3º *Le petit bacille de Pes-Gradenigo* n'a été trouvé que chez des ozéneux, mais seulement dans la proportion de 3 à 20.

4º L'électrolyse n'a pas déterminé de modifications dans la flore microbienne de nos malades.

Spasme de la glotte dans la coqueluche. *Journal de médecine de Bordeaux*, 20 novembre 1904.

Le spasme de la glotte est une des complications les plus graves, mais heureusement des plus rares, de la coqueluche. Il a été considéré pendant longtemps comme toujours mortel. On sait maintenant que, malgré son apparence toujours effrayante, il peut ne pas entraîner la mort. L'observation rapportée dans ce travail en est un exemple.

Corps étranger du larynx. Société d'anatomie et de physiologie normales et pathologiques de Bordeaux, 1887.

Œdème du larynx dans le cours d'un érysipèle de la face développé chez un brightique; mort. Société d'anatomie et de physiologie normales et pathologiques de Bordeaux, 1890.

Dans ce cas, rapporté par M. J. Vergely, un malade, déjà atteint de mal de Bright, est pris d'une tuméfaction considérable de la face et du cou, sans changement de coloration de la peau, et enlevé au bout de deux jours par un œdème du larynx. A l'examen bactériologique de la lésion, je constatai qu'il s'agissait d'une infection strepto-coccique, d'un érysipèle, qui avait revêtu cette forme anormale et pris cette marche presque foudroyante, du fait de l'existence antérieure d'un mal de Bright.

La spléno-pneumonie dans la fièvre typhoïde. (En collaboration avec M. Carrière.) *Archives cliniques de Bordeaux*, 1897.

La spléno-pneumonie, maladie de Grancher, n'est mentionnée dans aucun de nos traités comme une complication possible de la fièvre typhoïde. Il n'existe actuellement, en effet, qu'une observation dans laquelle cette complication ait été relevée. Elle a été publiée par Bouicli en 1886.

Ayant eu l'occasion de rencontrer un cas à peu près analogue au précédent, nous avons recherché quels étaient les rapports de la spléno-pneumonie avec la fièvre typhoïde et essayé d'établir quelle en était la cause immédiate, quel était l'agent microbien susceptible de la produire.

De l'étude de l'observation de Bouicli et de notre observation, il nous paraît découler les conclusions suivantes.

1º La spléno-pneumonie doit être classée au nombre des compli-cations possibles de la fièvre typhoïde; mais sa fréquence est très faible, puisque deux cas seulement, croyons-nous, ont été signalés jusqu'à l'heure actuelle.

2º Cette complication survient à une période avancée de la dothiénenterie : ses premiers symptômes ont été notés le dix-septième et le dix-huitième jour après le début de la fièvre dans le cas de Bouicli; pendant le cours d'une rechute légère, dans notre observation personnelle.

3º Sa marche peut être rapide et sa terminaison promptement fatale (Bouicli); ou bien elle peut suivre l'évolution lente et pré-senter le pronostic ordinaire de la maladie de Grancher (observa-tion personnelle).

4º Son substratum anatomique consiste en une congestion pul-monaire, ainsi que le démontre l'examen macroscopique et micro-scopique du malade de Bouicli.

5º Quant à sa pathogénie, elle est aussi obscure, dans le cas particulier qui nous occupe, que dans la spléno-pneumonie en général. Il semble cependant, d'après les résultats de nos ensemencements, que le bacille d'Eberth ne doive pas être incriminé et regardé comme la cause directe de cette complication. Faut-il voir l'agent pathogène dans les staphylocoques blancs que nous avons cultivés? Leur faible degré de virulence, leur existence à l'état de pureté dans nos milieux de culture pourraient le faire croire; mais les staphylocoques sont si répandus, on les trouve, en particulier, si souvent à la surface de la peau, que, malgré toutes les précautions d'asepsie que nous avons prises, nous n'oserions pas l'affirmer.

Contribution à l'étude anatomo-pathologique et pathogénique de la broncho-pneumonie variolique. *Archives cliniques de Bordeaux,* 1893 et 1894.

Les complications pulmonaires de la variole ont été signalées par plusieurs auteurs, mais elles n'ont été bien étudiées que par Joffroy et son élève Breynaert, en 1880. Depuis, rien ou presque rien n'a été ajouté aux descriptions de ces auteurs. La pathogénie notamment a été complètement laissée de côté. Nous avons essayé de combler cette lacune et, à cet effet, nous avons rassemblé 17 cas de broncho-pneumonie variolique. Nous les avons étudiés au point de vue anatomo-pathologique et bactériologique, et ce sont les résultats de ces recherches que nous nous sommes efforcé de mettre en relief dans ce mémoire.

Pour l'examen histologique, nous avons employé diverses méthodes de préparation des coupes. Pour l'examen bactériologique et afin de nous mettre le plus possible à l'abri des erreurs, nous avons soumis toutes nos observations au triple contrôle des cultures, de l'examen microscopique et des inoculations à la souris ou au lapin.

La fréquence de la broncho-pneumonie dans la variole a été longtemps méconnue. Joffroy et Breynaert l'ont rencontrée dans la moitié de leurs autopsies. Sur 45 nécropsies, nous l'avons trouvée 17 fois, soit dans environ 37 0/0 des cas. La proportion n'a pas été la même chez les adultes et chez les enfants : tandis qu'elle a été de 40 0/0 pour les premiers, elle n'a été que de 32 0/0 pour les seconds. Ces chiffres n'indiquent pas d'ailleurs la fréquence absolue des complications broncho-pneumoniques, puisqu'elles peuvent guérir, et que, forcément, ces cas ne sont pas compris dans notre statistique. Ils n'impliquent pas davantage que la mortalité par broncho-pneumonie soit de 37 0/0, car certaines de nos observations se rapportent à des lésions peu profondes, qui vraisemblablement n'ont fait que favoriser la terminaison fatale.

Les lésions sont toujours bilatérales, avec prédominance marquée pans un côté. Le plus souvent, la prédominance a été en faveur du côté droit. Les régions pulmonaires le plus souvent intéressées sont les deux lobes inférieurs et le lobe moyen du côté droit. La broncho-pneumonie pseudo-lobaire a toujours frappé un des lobes inférieurs et parfois la partie adjacente du lobe situé au-dessus. Les autres formes se sont localisées de préférence vers les bords postérieurs, les faces latérales et, rarement, les régions anté-rieures ou les sommets.

Les broncho-pneumonies varioliques peuvent revêtir toutes les formes de la broncho-pneumonie. Nous avons trouvé 8 fois la spléno-pneumonie de Joffroy, 5 fois la broncho-pneumonie pseudo-lobaire, 4 fois la broncho-pneumonie à noyaux disséminés.

Elles peuvent se développer dans toutes les formes graves de variole. Nous les avons rencontrées 2 fois dans la variole hémorra-gique, 3 fois dans la variole confluente, 9 fois dans la variole cohé-rente, 3 fois dans la variole discrète.

Le moment de l'apparition clinique des lésions broncho-pneu-moniques n'est pas indiqué dans nos observations. A l'autopsie, c'est toujours pendant la période de suppuration que nous les avons rencontrées, sauf dans un cas de variole hémorragique, où elles existaient dès le troisième jour de la période éruptive.

Les caractères anatomiques des broncho-pneumonies de la variole ne diffèrent pas sensiblement de ceux des autres broncho-pneumonies. Nous avons noté cependant la fréquence, peut-être plus grande qu'ailleurs, des hémorragies lobulaires et l'absence constante dans nos observations des grains jaunes et des vacuoles, particularité qu'il faut probablement attribuer à la marche rapide des lésions.

Les agents microbiens trouvés dans les lésions broncho-pneu-moniques sont de trois ordres : le pneumocoque de Talamon-Frœnkel, le streptocoque pyogène, les staphylocoques. Dans l'en-semble de nos faits, nous avons vu soit isolés, soit associés, entre eux, 10 fois le pneumocoque de Talomon-Frœnkel, 10 fois le streptocoque pyogène et 8 fois les staphylocoques. Mais, sauf dans un cas où ces derniers existaient seuls, ils étaient toujours en petit nombre et ne paraissaient jouer qu'un rôle secondaire dans le développement des lésions.

Dans 7 cas, les espèces microbiennes étaient isolées, la broncho-pneumonie était mono-microbienne; 10 fois elles étaient associées, la broncho-pneumonie était poly-microbienne.

La broncho-pneumonie mono-microbienne a existé 5 fois chez l'adulte : 3 fois elle était due au streptocoque pyogène, 2 fois au pneumocoque lancéolé. Elle a été rencontrée 2 fois chez l'enfant : elle était produite 1 fois par le pneumocoque et 1 fois par les staphylocoques.

Les broncho-pneumonies poly-microbiennes ont été provoquées, chez l'adulte, 3 fois par le streptocoque et les staphylocoques, 2 fois par les pneumocoques et le streptocoque, 2 fois par le pneumocoque et des staphylocoques, 1 fois par l'association du pneumocoque, du streptocoque et des staphylocoques; chez l'enfant, 1 fois par le pneumocoque et le streptocoque, 1 fois par le pneumocoque et des staphylocoques.

Si nous comparons la nature des microbes pathogènes avec la forme affectée par les lésions broncho-pneumoniques, nous arrivons à conclure qu'il n'y a aucune relation entre elles. En d'autres termes, toutes les formes de broncho-pneumonie peuvent être déterminées par toutes les variétés d'agents pathogènes sus-indiquées.

Ces microbes sont des agents d'infection secondaire provenant soit de la cavité buccale des malades, soit des pustules de l'arbre aérien, soit de l'extérieur et des malades voisins.

Étude bactériologique de la broncho-pneumonie diphtérique.

(En collaboration avec M. Dubreuilh.) Société d'anatomie et de physiologie normales et pathologiques de Bordeaux, 2 mars 1891.

Sur 5 cas de broncho-pneumonie, 3 fois nous avons trouvé des bacilles diphtériques dans toute la hauteur de l'arbre bronchique, trachée, grosses bronches, dernières ramifications bronchiques et parenchyme pulmonaire hépatisé, et cependant la muqueuse ne présentait de fausses membranes visibles à l'œil nu qu'une seule fois. Les bacilles diminuaient d'abondance dans le parenchyme, où il n'était pas possible de démontrer leur présence par l'examen microscopique seul. Jamais ils n'étaient isolés ; dans tous les cas, ils étaient associés à d'autres microbes, agents ordinaires des broncho-pneumonies. Ces agents d'association étaient : 2 fois le streptocoque pyogène, 1 fois le pneumocoque de Talamon-Frœnkel. Dans les deux autres cas, les cultures n'ont permis de trouver des bacilles diphtériques ni dans les bronches ni dans le parenchyme pulmonaire, mais on y trouvait en grande abondance le streptocoque pyogène, associé une fois au staphylocoque blanc, qui était limité à la trachée et aux grosses bronches ; 1 fois au pneumocoque lancéolé qui ne se trouvait que dans le parenchyme hépatisé.

Il résulte de ces recherches que le bacille diphtérique peut bien pénétrer très avant dans l'arbre bronchique, jusque dans le lobule, peut-être même jusque dans les alvéoles, mais que son rôle dans le développement de la broncho-pneumonie consécutive à la diphtérie est très faible et probablement nul. En effet, il n'y est jamais seul et sa présence n'est pas nécessaire. La broncho-pneumonie est due à une infection secondaire par le streptocoque pyogène ou par le pneumocoque lancéolé ou par ces deux agents associés.

Emphysème sous-cutané dans la broncho-pneumonie aiguë des enfants. Société de médecine et de chirurgie de Bordeaux, 5 mai 1905.

L'emphysème sous-cutané d'origine pulmonaire est rare chez l'enfant. On l'observe surtout au cours de la coqueluche, moins souvent dans la tuberculose pulmonaire et dans la broncho-pneumonie de la rougeole. On l'a vu survenir dans la laryngite striduleuse, dans la fièvre typhoïde et la pneumonie. Il est exceptionnel dans la bronchite simple et la broncho-pneumonie consécutive.

L'observation publiée dans ce travail se rapporte à un cas de ce genre. Un enfant de 27 mois est pris de bronchite bientôt compliquée de broncho-pneumonie. La toux est très fréquente ; la dyspnée très intense. Le troisième jour après l'entrée du malade à l'hôpital apparaît l'emphysème sous-cutané. Il débute au-dessus de la fourchette sternale et s'étend successivement au cou, à la face, à la région thoracique antérieure.

A l'autopsie, on trouve de la broncho-pneumonie, trois bulles d'emphysème sous-pleural sur la face externe du poumon droit, une bulle sur la face médiastine du même poumon, de l'emphysème de la région du hile et du médiastin et enfin de l'emphysème sous-cutané.

Les agents pathogènes des lésions pulmonaires étaient le pneumocoque de Talamon--Frœnkel et le streptocoque pyogène.

Note histologique sur les épanchements hémorragiques de la plèvre. (En collaboration avec M. Carrière.) Congrès français de médecine, session de Nancy, 1896. *Revue de médecine,* 1897.

L'étude histologique des épanchements hémorragiques de la plèvre n'existe pas encore, et l'on ne trouve dans les auteurs que des résultats très peu précis. Nous avons pensé qu'il serait intéressant de se livrer à cette étude, de chercher à connaître la composition en éléments cellulaires des diverses variétés d'épanchements hémorragiques des plèvres, d'indiquer les variations de forme, de nombre et d'aspect de ces éléments, d'établir les relations qui existent entre ces différences et la cause première de l'épanchement, sa durée, son évolution, sa tendance vers la suppuration ou vers la résorption.

Les matériaux que nous avons recueillis jusqu'à ce jour sont restreints; tous se rapportent à des épanchements sanguinolents survenus chez 3 tuberculeux. Voici les résultats que nous avons obtenus :

1º La composition histologique des épanchements hémorragiques de la plèvre est des plus variables, aussi bien au point de vue de la quantité de sang épanché qu'au point de vue de la proportion des différents éléments figurés qu'il contient.

2º Le rapport des globules blancs et des globules rouges est très différent de celui qu'on constate dans le sang normal. Le nombre des leucocytes peut être à peine augmenté ou, au contraire, atteindre à peu près le chiffre des hématies.

3º Les différentes variétés de globules blancs sont aussi, entre elles, dans des rapports extrêmement variables. Quelquefois, ces rapports sont à peu près ceux qu'on observe dans le sang. Ailleurs, les proportions sont complètement bouleversées, comme dans notre observation I, où les cellules éosinophiles sont à elles seules plus nombreuses que le reste des globules blancs, et où les lymphocytes, grands et petits, sont en plus grande abondance que les leucocytes mono et polynucléés.

4° La quantité des cellules éosinophiles présente des variations considérables. Elles peuvent ne pas être plus nombreuses que dans le sang normal; d'autres fois, leur chiffre s'élève au-dessus du chiffre total des autres variétés de globules blancs ou reste dans des limites intermédiaires (1 sur 45).

5° Les caractères microscopiques des cellules éosinophiles sont aussi très variables. Quelquefois elles ont leur aspect normal. D'autres fois, elles ont l'aspect de gros lymphocytes dont un segment seulement de l'atmosphère protoplasmique serait farci de granulations éosinophiles très serrées. D'autres fois, enfin, elles ont l'apparence de petits lymphocytes; elles ont un seul noyau arrondi très fortement coloré, entouré d'une très mince couche de protoplasma. Une portion de ce manchon protoplasmique est remplie de grains éosinophiles disposés sous forme d'un segment de sphère ou d'une calotte appliquée sur le noyau. Ces différents aspects des cellules éosinophiles peuvent se rencontrer sur un même malade et se présenter avec des degrés de fréquence très divers. Chez tel malade, en effet, on ne trouve que des grosses cellules éosinophiles; chez tel autre, les petits éléments éosinophiles sont en majorité.

6° L'abondance des cellules éosinophiles dans l'épanchement peut coïncider avec une augmentation de nombre de ces mêmes éléments dans les crachats et le sang de la circulation générale. Nous ignorons encore quelles sont les relations qui existent entre ces trois termes et si l'augmentation des cellules éosinophiles du sang est cause ou effet de l'abondance de ces éléments dans l'épanchement, et si la richesse de ce dernier est la résultante ou la cause de la présence de ces cellules dans les crachats.

7° Nous n'avons pas encore pu saisir les raisons des différences si grandes qui existent dans la composition histologique des épanchements hémorragiques des plèvres.

Note sur l'étude histologique des épanchements séro-fibrineux de la plèvre. Société d'anatomie et de physiologie normales et pathologiques de Bordeaux, 15 octobre 1900.

Peu de temps après les premières communications de Widal et Ravaut (Soc. de biol., 30 juin 1900; Congr. intern. de méd., 1900) sur la cytologie des épanchements pleurétiques, j'eus l'occasion d'examiner les épanchements de 6 pleurétiques. Chez les 6 malades, il s'agissait de pleurésie séro-fibrineuse idiopathique.

L'exsudat, retiré par ponction aseptique, a été, dans tous les cas, injecté, avant la coagulation, à la dose de 20 à 25 centimètres cubes dans la cavité péritonéale d'un cobaye. Dans 4 cas, il a été ensemencé. Dans tous les cas, il a été centrifugé et soumis à l'examen microscopique.

Voici les résultats auxquels je suis arrivé :

Les cultures ont toujours été négatives ;

Quatre des cobayes inoculés ont été sacrifiés ; tous les quatre présentaient des lésions tuberculeuses. Les deux autres ne sont pas devenus tuberculeux.

L'examen histologique de l'exsudat m'a toujours donné des résultats tout à fait superposables à ceux de MM. Widal et Ravaut :

Globules rouges du sang en quantité un peu variable, suivant les cas ; petits lymphocytes en grande abondance ; quelques rares cellules isolées, arrondies, plus volumineuses, pourvues d'un noyau peu coloré ; parfois très rares éléments identiques comme forme et comme volume, mais privés de noyau.

Pleurésie purulente à streptocoques morts dans le cours d'une tuberculose pulmonaire. Tumeurs blanches expérimentales sans traumatisme articulaire antérieur. *Archives cliniques de Bordeaux*, 1896.

Il s'agit, dans ce travail, d'un cas de tuberculose pulmonaire dans le cours de laquelle s'est développée rapidement une pleurésie purulente gauche à infection double, tuberculeuse et streptococcique. Les bacilles de Koch, fort rares, étaient aussi très peu virulents, puisqu'un lapin n'a eu aucune manifestation tuberculeuse et que l'autre n'a eu que deux tumeurs blanches, sans autre localisation microbienne. Les streptocoques, très abondants sur les lamelles, n'ont poussé dans aucun milieu, ni en culture aérobie ni en culture anaérobie, et n'ont donné lieu à aucune réaction sur deux lapins inoculés avec une forte dose de pus. Il faut donc en conclure qu'ils étaient morts.

Dans cette observation, plusieurs points méritent d'attirer l'attention. C'est, en premier lieu, la présence de streptocoques morts dans l'épanchement purulent de la plèvre. Vu dans d'autres organes, ce fait n'avait pas encore été, croyons-nous, signalé dans la pleurésie purulente.

Ce même fait, ajouté à l'existence possible du pus stérile dans d'autres organes : trompes, atmosphère cellulo-adipeuse du rein, peau, etc., détruit l'opinion des auteurs qui attribuent la disparition des microbes du pus des abcès du foie à une action spéciale des cellules hépatiques.

Une autre considération découle, enfin, de cette observation, c'est la possibilité d'une localisation exclusive de la tuberculose expérimentale sur une ou plusieurs articulations, sans traumatisme articulaire antérieur. C'est la reproduction expérimentale du fait, fréquent en clinique, de la localisation primitive et parfois exclusive du bacille de Koch sur les articulations.

De la généralisation pleurale des tumeurs épithéliales de l'ovaire.
Société d'anatomie et de physiologie normales et pathologiques de Bordeaux, 1886. *Journal de médecine de Bordeaux*, 1887.

Dans ce mémoire, qui constitue le premier travail d'ensemble sur cette question, ont été réunies toutes les observations publiées jusqu'alors de tumeurs épithéliales de la plèvre, consécutives à des tumeurs kystiques des ovaires. Elles sont au nombre de 16, dont 2 personnelles. M'appuyant sur ces faits, je me suis efforcé d'établir les caractères anatomo-pathologiques et cliniques de cette complication des kystes de l'ovaire.

Toutes les variétés des tumeurs épithéliales de l'ovaire ne s'accompagnent pas de généralisation pleurale. Dans toutes les observations il s'agit de tumeurs kystiques soit d'un seul, soit des deux ovaires. Et parmi celles-ci, ce sont celles dont la constitution histologique se rapproche le plus de la structure du carcinome, qui ont le plus souvent donné lieu à cette complication. Sur 7 observations où l'examen histologique a été fait, 5 fois la tumeur primitive présentait ces caractères.

Les néoplasies pleurales secondaires se présentent macroscopiquement sous deux aspects : sous forme de nodosités ou de petites plaques isolées, c'est la disposition la plus fréquente; sous forme de larges nappes recouvrant les plèvres dans une partie plus ou moins grande de leur étendue. Leur structure est calquée sur celle de la tumeur ovarienne primitive : comme dans ces dernières, on y observe des alvéoles kystiques et des alvéoles remplis de cellules épithéliales à la façon du tissu carcinomateux. Lorsque les alvéoles ou les petites cavités kystiques siègent à la surface de la tumeur, leurs parois peuvent se rompre et les cellules néoplasiques, devenues libres, prolifèrent et tombent dans la cavité pleurale.

Le siège des nodosités ou des plaques cancéreuses est des plus variables ; elles n'affectent aucun ordre déterminé. On les rencontre dans toutes les régions de la cavité pleurale, aussi bien à la surface des poumons qu'à la surface de la paroi thoracique.

La généralisation se fait par l'intermédiaire d'éléments épithéliomateux qui, tombés dans la cavité péritonéale, traversent le diaphragme par l'intermédiaire des puits lymphatiques de Rauvier, dans lesquels on a pu les suivre, et arrivent à la plèvre. Une fois celle-ci envahie, la dissémination des nodosités à sa surface se fait de deux façons : ou bien par greffe des cellules néoplasiques vivantes détachées d'un noyau pleural et tombées dans la cavité séreuse, ou bien par lymphangite cancéreuse sous-pleurale.

La symptomatologie est très variable, suivant les cas. Les observations publiées doivent être, tout d'abord, divisées en deux grands groupes. Le premier comprend celles où il n'existe pas d'épanchement pleurétique ; le second, celles où l'existence d'un épanchement est constatée.

Les symptômes des lésions du premier groupe sont toujours très peu précis et très obscurs. Cachexie plus ou moins prononcée ; existence d'une douleur thoracique fixe ; quelquefois très légère submatité ; un peu de dyspnée, tels sont les symptômes les plus ordinaires qui doivent mettre sur la voie du diagnostic s'ils coïncident avec l'existence d'une tumeur ovarique. Il faut bien convenir que ces signes sont loin d'être pathognomoniques et que, dans la plupart des cas, ils ne sauraient faire porter un diagnostic.

S'il existe un épanchement pleurétique, le diagnostic devient plus facile. Le liquide peut être sanguinolent ou séreux. S'il est sanguinolent, si l'épanchement s'est produit en dehors du scorbut, du purpura, du traumatisme, et sans phénomènes aigus très prononcés, on doit songer à l'existence d'une pleurésie secondaire et, plus particulièrement, d'une pleurésie cancéreuse. L'état cachectique de la malade et la présence d'une tumeur de l'ovaire viendront à l'appui de cette opinion et rendront le diagnostic à peu près certain.

Si l'épanchement est séreux, l'examen microscopique de la couche graisseuse dont a parlé Bægehold, dans les cas où elle existe, et la constatation, dans le liquide, des cellules épithéliales, soit vivantes, soit en dégénérescence, constituent de bons éléments de diagnostic du cancer pleural. La marche chronique et l'aggravation constante de l'affection, l'état cachectique de la malade, l'existence d'une tumeur ovarique, sont des signes très importants qui, ajoutés aux précédents, nous fournissent les éléments d'un diagnostic à peu près certain.

Appareil circulatoire. Sang.

Dextrocardie pure sans inversion générale des viscères. (En collaboration avec M. Bouyer.) Société d'anatomie et de physiologie normales et pathologiques de Bordeaux; séance du 29 mars 1897.

Il s'agit, dans cette observation, d'un malade, âgé de quarante-deux ans, vieux dyspeptique, qui, à la suite d'un ulcère de l'œso-phage, a eu du rétrécissement de ce conduit pour lequel il a été dilaté par M. le professeur Lanelongue. Depuis deux ans, il a des signes de tuberculose pulmonaire, et, actuellement, il présente des lésions tuberculeuses très avancées à droite : caverne au sommet; cavernules au-dessous: tubercules dans presque tout le reste du poumon. A gauche, au contraire, il n'y a que peu de lésions.

Le cœur occupe, à droite, une situation absolument symétrique à celle qu'il occupe normalement à gauche et complètement ignorée du malade. Les autres viscères n'offrent pas d'inversion. Il y a donc dextrocardie pure; mais est-elle congénitale ou acquise?

Pour résoudre cette question, plusieurs considérations doivent entrer en jeu :

1º Le cœur occupe, à droite, la position qu'il occupe normalement à gauche; il n'y a donc pas simple refoulement en masse de l'organe. La pointe bat dans le quatrième espace intercostal droit en dehors de la ligne mamelonnaire; il n'y a pas de battements épigastriques et le maximum du premier bruit est bien au-dessous du mamelon. D'après Bard, cette situation ne s'observerait pas dans les déplace-ments acquis du cœur.

2º Il n'y a, dans le côté gauche du thorax, ni pleurésie ni

autre lésion pouvant faire penser à la possibilité d'un refoulement;

3° Du côté droit, outre les lésions de tuberculose pulmonaire, on ne trouve rien qui permette d'expliquer une rétraction suffisante pour avoir amené le cœur dans la position qu'il occupe.

En dernière analyse et malgré l'extrême rareté du fait, nous pensons donc qu'il s'agit d'un cas de dextrocardie congénitale sans inversion des autres viscères.

Thrombose cardiaque avec embolie des artères iliaque externe et fémorale gauches et de l'artère fémorale droite dans la diphtérie. IVme Congrès de gynécolog.e, d'obstétrique et de pédiatrie, Rouen, 1904. *La pédiatrie pratique.*

Ce travail repose sur l'observation d'un enfant de quatre ans et demi, atteint d'angine diphtérique très grave, de croup et de coryza diphtérique. Quand nous le voyons, au bout de 6 jours de maladie, il a le facies pâle, et des fausses membranes épaisses, grisâtres, pulpeuses, recouvrent les amygdales. Le jetage est intense. Les ganglions sous-maxillaires ont le volume de petites noisettes. Rien dans l'appareil respiratoire. Le pouls est petit et rapide, mais régulier; pas de bruits anormaux au cœur. Albumine.

Vers le 14e jour après le début de la maladie, l'état s'aggrave : la pâleur s'accentue; il survient de la paralysie du voile du palais; le pouls reste petit, rapide, régulier; il n'y a pas de bruits anormaux du côté du cœur.

Deux jours plus tard, l'enfant éprouve tout à coup des douleurs très vives dans les deux membres inférieurs, surtout dans la jambe et le pied droits. La peau, au niveau du cou-de-pied et du pied droits, est d'une pâleur cadavérique. Le lendemain le membre inférieur a repris son aspect à peu près normal, bien que les battements de la pédieuse ne soient pas perçus. Le membre inférieur gauche est immobile et douloureux. Le pied et la jambe sont froids, extrêmement pâles et présentent des placards et des traînées de couleur violacée. Les battements de la fémorale et de la pédieuse ne sont pas sentis.

L'enfant meurt le lendemain.

A l'autopsie, on trouve :

De la thrombose apexienne des deux ventricules;

Des lésions de myocardite interstitielle, mais surtout parenchymateuse, excessivement accentuées;

Une légère infiltration cellulaire de l'endocarde et de la tuméfaction de ses cellules endothéliales de revêtement;

La présence d'un diplocoque prenant le Gram;

Et, enfin, l'existence d'une double embolie siégeant : l'une dans l'iliaque externe et la fémorale gauches; l'autre dans la fémorale droite, à 3 centimètres de l'arcade crurale.

Ces faits sont intéressants :

1º Parce qu'ils confirment l'existence de la thrombose apexienne;

2º A cause de la localisation tout à fait insolite, unique même dans l'histoire de la diphtérie, des embolies consécutives.

Un cas de pouls lent permanent (examen radioscopique). (En collaboration avec M. F. MARTIN.) *Gazette hebdomadaire des sciences médicales de Bordeaux*, 20 février 1898.

L'interprétation des symptômes du pouls lent permanent a donné lieu à de nombreuses controverses. Fréquemment on constate, dans le grand silence, l'existence d'un ou même deux bruits sourds coïncidant quelquefois avec un soulèvement de la jugulaire externe. Ces bruits seraient la résultante, pour quelques auteurs (Chauveau, Vaquez), de la contraction seule des oreillettes; pour le plus grand nombre, d'une systole avortée, d'une systole en écho (Huchard). La lenteur du pouls tiendrait uniquement à ce fait que la systole cardiaque serait insuffisante pour provoquer la pulsation artérielle.

Le cas de pouls lent que nous avons eu l'occasion d'observer nous a donné l'occasion de faire quelques constatations intéressantes grâce à l'obligeance de M. le professeur Bergonié, qui a bien voulu soumettre le malade à la radioscopie.

Il s'agit d'un homme de soixante-quatorze ans, artério-scléreux, qui a du pouls lent permanent avec vertiges et attaques syncopales. La symptomatologie ne présente rien de spécial, aussi n'insisterons-nous pas. Les résultats de l'examen radioscopique sont beaucoup plus intéressants. Dans ce cas, en effet, nous n'avons pu voir aucune espèce de contraction cardiaque pendant le grand silence. Il s'agit donc, pensons-nous, d'un cas de pouls lent vrai et non d'un cas de « rythme couplé associé à l'épilepsie et à la syncope » (Tripier). Si ce rythme a existé, comme c'est probable, au moment où nous

percevions un bruit sourd pendant le grand silence, les systoles avor-
tées ont disparu plus tard et le rythme couplé a fait place à un
pouls lent permanent vrai.

Ce mode d'examen nous a de plus démontré ce que l'auscultation
nous avait déjà indiqué, à savoir que le peu de fréquence des battements cardiaques n'est pas dû à la lenteur de la contraction du
muscle cardiaque, mais à l'augmentation de la durée du grand
silence. L'arrivée du sang et la dilatation des cavités du cœur
paraissent se faire presque aussi rapidement qu'à l'état normal,
mais tandis que chez l'homme sain la systole commence lorsque
le cœur est rempli de sang, ici il y a une très longue pause, comme
si l'action réflexe s'effectuait très lentement ou si le myocarde
n'obéissait que très tardivement à l'incitation motrice.

Insuffisance mitrale et rétrécissement aortique. Société d'anatomie et de physiologie normales et pathologiques de Bordeaux, 1886.

Végétations de la valvule mitrale. Société d'anatomie et de physiologie normales et pathologiques de Bordeaux, 1886.

Un cas de lymphadénie leucémique. (En collaboration avec M. CAR-
RIÈRE.) *Journal de médecine de Bordeaux*, 1896.

Appareil génito-urinaire.

**De l'albuminurie au cours de l'impétigo et de l'eczéma impéti-
gineux des enfants.** Société d'obstétrique, de gynécologie et de
pédiatrie de Bordeaux; séance du 26 février 1907. *Journal de médecine de
Bordeaux*, 5 mai 1907.

L'albuminurie est une complication heureusement rare de l'impétigo, de l'eczéma et de l'eczéma impétigineux des enfants. Ce travail
repose sur deux cas nouveaux que nous avons eu l'occasion d'observer.

Dans ces deux observations, la symptomatologie n'a présenté
rien de spécial et l'évolution a été essentiellement bénigne, comme
c'est la règle la plus ordinaire. Le point le plus important est relatif
à la pathogénie de la complication rénale.

La seule théorie qui nous paraisse pouvoir expliquer les néphrites
développées au cours de l'impétigo est la théorie de l'infection. Mais
l'infection peut agir de différentes façons. Elle peut agir à l'aide des
toxines élaborées par ses agents microbiens. Elle peut intéresser le
rein à l'aide de ses agents infectieux qui, franchissant la barrière
des ganglions lymphatiques, pénétreraient dans la circulation et
iraient se localiser dans le rein. Les deux actions pourraient enfin
être combinées, et c'est peut-être le cas le plus ordinaire. Peu
d'observations permettent d'élucider ce point de pathogénie. Wyss
a trouvé un streptocoque virulent dans le sang d'un enfant de
dix-huit mois atteint d'eczéma impétigineux compliqué de néphrite,
et Lesné a retiré un staphylocoque du sang et du liquide céphalo-
rachidien d'un nourrisson atteint d'abcès multiples à staphylocoques.

Une de nos observations doit prendre place à côté des précédentes,
puisque nous avons démontré la présence dans les urines du petit
malade d'un streptocoque qui, après avoir franchi l'étape ganglionnaire, avait envahi la circulation et s'éliminait à travers le
filtre rénal. Ces faits d'élimination rénale des agents microbiens
au cours des diverses infections ne sont d'ailleurs pas rares, et
l'impétigo, maladie infectieuse localisée à la peau, se comporterait
comme celles-ci.

Leucokératose du gland et épithélioma du prépuce. (En collaboration avec M. BINAUD.) Académie de médecine, rapport de M. LE DENTU,
10 octobre 1899. Mémoire déposé le 18 janvier 1898.

Cette observation est « presque la première en date, puisqu'elle
semble n'avoir été précédée que par deux cas, dont l'un douteux,
inséré par M. Perrin dans les *Bulletins de la Société de dermatologie
et de syphiligraphie* (8 décembre 1899) » (Le Dentu). Elle est relative
à un homme de quarante-quatre ans qui dit avoir vu une petite
ulcération, d'un quart de centimètre de diamètre, se développer sur
la partie antérieure et médiane du sillon balano-préputial et s'élever
peu à peu en une sorte de tumeur végétante qui acquit une longueur
de 2 centimètres et donna lieu, par suite de l'infiltration et de
l'induration du prépuce, à un véritable phimosis. Au cours de l'extirpation on constata, en outre, l'existence, sur la face dorsale du
gland, d'une petite plaque d'apparence linéaire, longue d'un demi-
centimètre, parallèle à l'axe du gland, partant du sillon balano-
préputial et offrant tous les caractères objectifs des plaques leuco-
plasiques.

La tumeur était un épithélioma pavimenteux lobulé vulgaire.

L'examen microscopique de la petite plaque leucoplasique nous
donna les résultats suivants : Le revêtement épithélial est très
épaissi ; son épaisseur mesure environ deux à trois fois celle de la
tunique épithéliale de la muqueuse saine ; sa surface est à peine un
peu ondulée. Les enfoncements épithéliaux interpapillaires sont
hypertrophiés et cet état, joint à l'infiltration cellulaire des couches
superficielles du derme, détermine une exagération de la disposition
papillaire de la muqueuse.

Superficiellement existe une *couche cornée* d'une épaisseur à peu
près uniforme et égale au quart environ de l'épaisseur totale du

revêtement épithélial. Légèrement striée longitudinalement et com
plètement dépourvue de noyaux, elle s'arrête presque brusquement
sur les bords. Au-dessous se trouve une épaisse couche de *cellules
granuleuses* chargées de kérato-hyaline. Les cellules de la *couche
épineuse* sont polygonales et deux ou trois fois plus volumineuses
que celles de la muqueuse saine voisine. Les cellules de la *couche
génératrice* sont normales, mais souvent dissociées par des leucocytes migrateurs.

La disposition papillaire du *derme muqueux* est exagérée. Les
papilles, hypertrophiées, sont abondamment infiltrées de cellules qui
sont : quelques mastzellen, des cellules fixes du tissu conjonctif, des
leucocytes polynucléés ou mononucléés, mais surtout des plasma-
zellen.

Ainsi, chez le même sujet, il se trouvait côte à côte une tumeur
épithéliale et une plaque leucoplasique non dégénérée. L'épithélioma
est-il né d'une plaque leucoplasique? Le récit du malade ne permet
pas de l'affirmer; cependant M. Le Dentu est très disposé, comme
nous, à voir là deux stades d'une même affection : le stade leucoplasique pur et le stade épithéliomateux. Une plaque leucoplasique
peu étendue peut, en effet, facilement échapper à un sujet qui
n'éprouve aucune sensation anormale.

**Note sur deux cas de vulvite simple muco-catarrhale survenue
chez des fillettes.** (En collaboration avec M. le professeur Coÿne.)
Société d'anatomie et de physiologie normales et pathologiques de Bordeaux, séance du 27 mai 1895.

La pathogénie des vulvites catarrhales non gonococciques n'est
pas encore bien déterminée. Il est probable que plusieurs variétés
microbiennes sont susceptibles de les provoquer. Dans nos deux
observations nous avons noté l'existence de plusieurs agents microbiens : coli-bacilles, staphylocoques blancs, streptocoque pyogène.
Le coli-bacille n'a été trouvé que dans un cas; les staphylocoques
étaient rares dans un cas, fréquents dans l'autre; les streptocoques
existaient en grande abondance chez les deux malades. La constance
des streptocoques et leur grande abondance dans les deux cas pourraient faire supposer qu'ils ont été la cause de la vulvite.

Tube digestif et Péritoine.

Adénoïdite aiguë de l'adulte à pneumo-bacilles de Friedländer.
Congrès international de médecine, Moscou, 1897.

Études sur quelques complications des amygdalites aiguës.
Annales de la policlinique de Bordeaux, 1892.

Étude anatomo-pathologique de la perlèche. Société d'obstétrique,
de gynécologie et de pédiatrie de Bordeaux, séance du 13 mars 1906.

Le chapitre d'anatomie pathologique manque complètement dans
les articles sur la perlèche de nos traités classiques et dans les divers
travaux que j'ai lus. Dans ce mémoire, je rapporte le résultat de
l'examen microscopique d'un cas très rebelle et très accentué de
cette affection. En voici le résumé :

Derme. — *Les papilles du derme* sont hypertrophiées. Cette hypertrophie tient à deux causes : la dilatation considérable des vaisseaux
sanguins et lymphatiques; l'infiltration du tissu conjonctif de la
papille par des cellules très nombreuses et d'ordres divers : cellules
fixes considérablement hypertrophiées et hyperplasiées; quelques
lymphocytes; leucocytes polynucléés, d'autant plus nombreux
qu'on se rapproche davantage du sommet de la papille.

Epithélium. — Les cellules de la couche génératrice sont régulièrement disposées, bien que séparées parfois par quelques leucocytes
migrateurs. Plus superficiellement, les lésions sont plus accentuées
et consistent en lésions dégénératives légères des cellules épithéliales
et surtout en infiltrations séro-fibrineuses et cellulaires. Les cellules

d'infiltration sont presque toutes des leucocytes polynucléés. Elles sont très nombreuses et disposées entre les cellules épidermiques, tantôt isolément, tantôt sous forme de boyaux irréguliers, tantôt en amas logés dans de petites cavités limitées par les cellules épithéliales comprimées, déformées et atrophiées.

Contribution à l'étude bacteriologique de la perlèche. *Journal de médecine de Bordeaux,* 17 mai 1908.

La bactériologie de la perlèche a été mieux étudiée et, cependant, des divergences profondes existent entre les divers auteurs. Aussi n'était-il pas sans intérêt de reprendre cette question. Les enfants que nous avons eu l'occasion de voir, sauf trois, n'avaient aucune relation entre eux et ne pouvaient pas être considérés comme appartenant à une même épidémie. Il y a, en effet, avantage à étudier des cas isolés, sporadiques; car, même en admettant que plusieurs agents microbiens puissent déterminer la perlèche, il est très vraisemblable que, dans une épidémie circonscrite où les enfants se contaminent réciproquement, on retrouvera toujours le même agent pathogène. Il n'en est pas de même dans les faits isolés, car ici l'origine de l'affection peut être différente et par conséquent aussi la nature de l'agent infectieux.

Chez nos 10 malades, nous avons isolé : 10 fois le streptocoque, 7 fois le staphylocoque doré, 6 fois le staphylocoque blanc, 1 fois le colibacille et 1 fois un bacille indéterminé. Autrement dit, le streptocoque a été rencontré dans tous les cas : 1 fois seul, 1 fois associé avec le colibacille; le plus souvent associé avec le staphylocoque blanc ou le staphylocoque doré ou même avec ces deux variétés microbiennes.

La constance du streptocoque, son existence à l'état pur dans un cas, son abondance, ordinairement beaucoup plus grande que celle des staphylocoques, semblent bien prouver qu'il est l'agent véritablement pathogène de la perlèche. Mais il s'agit d'un streptocoque banal et non d'un streptocoque spécifique, comme l'avait pensé Lemaître. Le même agent donne lieu aussi à l'impétigo; aussi a-t-on observé quelquefois, comme chez un de nos malades, la coexistence des deux lésions.

Examen histologique d'un cas d'exulcération sublinguale (maladie de Riga). Publié dans Mémoire de MM. CRUCHET et LEURET. *Archives de médecine des enfants*, 1909.

Sur la coupe soumise à notre examen, existe une ulcération de 1 centimètre de long environ, de chaque côté de laquelle on trouve l'épithélium pavimenteux recouvrant à peine quelques papilles. Celles-ci, un peu plus digitées qu'à l'état normal, sont légèrement infiltrées, au niveau de leur base, par quelques lymphocytes et de rares leucocytes polynucléés. Dans ces points, l'épithélium est normal. Il contient seulement quelques cellules migratrices et présente d'assez nombreuses figures mitosiques.

Le revêtement épithélial s'amincit en approchant de l'ulcération et disparaît rapidement. L'ulcération est superficielle; ses bords ne sont pas taillés à pic.

Quant à l'ulcération, elle présente, en quelques points, des amas plus ou moins saillants de substance granuleuse nécrotique; au-dessous, un exsudat fibrineux très fortement infiltré par des leuco-cytes polynucléés et quelques lymphocytes; plus profondément, une zone inflammatoire formée de tissu conjonctif très infiltré par des leucocytes polynucléés, des lymphocytes et des cellules fixes hyper-plasiées et hypertrophiées; plus profondément encore, une zone plus ou moins épaisse de tissu fibreux s'infiltrant entre les acini glandulaires et les faisceaux musculaires, les comprimant, les défor-mant et amenant finalement leur atrophie.

En somme, il semble qu'il s'agisse là d'une lésion purement inflam-matoire.

Destruction progressive et complète de la luette par le pro-cessus ulcéreux de l'angine de Vincent. Société de médecine et de chirurgie de Bordeaux, séance du 23 octobre 1903.

De ce travail, qui repose sur deux observations d'angine de Vincent prises chez les deux frères, se dégagent quelques faits intéressants. C'est d'abord la concomitance ou plutôt la presque concomitance des angines chez les deux frères, qui ne peut guère s'expliquer que par la contagiosité de la maladie. En outre, entrés au pavillon d'isolement sans diphtérie, ces deux enfants s'y sont infectés rapidement malgré l'injection préventive de 20 centimètres cubes de sérum antidiphtérique. Pendant longtemps l'association du bacille de Lœffler au spirille et au bacille de Vincent n'avait pu être observée. M. Salomon disait même que ces formes microbiennes semblaient s'exclure mutuellement. Comme on le voit, cette opinion est trop exclusive, et de nombreux auteurs ont rapporté des cas démontrant cette association.

Mais le point important, sur lequel nous attirons surtout l'attention, c'est la destruction progressive et complète de la luette, survenue sans réaction inflammatoire intense et comme unique conséquence de l'extension de l'ulcération. Commencée au sommet de la luette, l'ulcération s'est étendue vers la base, détruisant progressivement et pour ainsi dire tranche par tranche l'organe dans sa totalité. Le processus ulcéreux qui, sur les amygdales, prend parfois un caractère térébrant très accentué, peut donc se localiser sur la luette, et, par le même mécanisme, déterminer la disparition progressive et totale de celle-ci. Les conséquences de cette destruction sont d'ailleurs assez peu importantes puisqu'aucun trouble fonctionnel, soit dans la phonation, soit dans la déglutition, n'aurait pu chez notre malade faire soupçonner cette lésion.

Contribution à l'étude des abcès froids de la langue: (En collaboration avec M. Carrière.) Société d'anatomie et de physiologie normales et pathologiques de Bordeaux, séance du 27 juillet 1896.

L'histoire des abcès froids de la langue est relativement récente, et Maisonneuve, dans sa thèse, n'en connaissait aucune observation. Fano, en 1868, rapporte un cas d'abcès froid et de fistule de la langue terminé par guérison. Mais rien ne prouve la nature tuberculeuse des lésions.

Depuis cette époque, on trouve, dans la littérature médicale, 16 observations d'abcès froids de la langue de valeur inégale. Dans quelques cas, le diagnostic est purement clinique (Gosselin, Barth, Poncet, Péan, Herbel, Frankel, Péan, Whitman). D'autres fois, les bacilles sont cherchés seulement dans les produits de raclage de la cavité de l'abcès (Chauffard).

Dans notre cas, après avoir donné la description clinique de l'affection, nous avons étudié minutieusement, au point de vue histologique et bactériologique, les lésions qui avaient été complètement excisées par une incision en V.

La lésion est située au-dessous de la muqueuse, en plein parenchyme lingual. Elle est formée d'une série de petits foyers tuberculeux à des degrés divers de développement. Ce sont d'abord trois abcès tuberculeux, dont un n'est pas ouvert, tandis que les deux autres se sont en partie vidés. A côté de ces abcès se trouvent quelques tubercules dont le centre renferme déjà un plus ou moins grand nombre de globules de pus; c'est le premier stade de formation de l'abcès. Enfin, on rencontre un très grand nombre de follicules tuberculeux agglomérés ou isolés, complètement développés ou, au contraire, à peine naissants.

Comme on le voit, il nous a été possible de suivre pas à pas le processus tuberculeux et de l'étudier microscopiquement à tous ses stades de développement.

Étude histologique de l'ulcère tuberculeux de la langue. (En collaboration avec M. CARRIÈRE.) Société d'anatomie et de physiologie normales et pathologiques de Bordeaux, séance du 22 mars 1897.

Cette étude repose sur deux cas typiques d'ulcère tuberculeux de la langue.

Dyspepsie par hypersécrétion gastrique à forme intermittente (maladie de Reichmann). *Annales de la policlinique de Bordeaux*, 1893.

L'emploi de la sonde, dans l'étude des maladies de l'estomac, en permettant de retirer le contenu de cet organe et de le soumettre à l'analyse chimique, a fait réaliser des progrès dans le diagnostic des affections gastriques. Une forme particulière de dyspepsie doit le jour à ces procédés nouveaux : c'est la dyspepsie par hypersécrétion gastrique ou maladie de Reichmann.

Nous en rapportons deux observations dans notre travail. La première se rapporte à une malade, manifestement hystérique, qui a été prise à deux reprises de troubles gastriques absolument identiques, consistant dans une sécrétion constante, continue, d'un suc gastrique qui, après les repas, présente une exagération très prononcée d'acide chlorhydrique.

La seconde est une observation de maladie de Reichmann protopathique à forme intermittente. Pendant les accès d'hypersécrétion continue, le malade éprouve des douleurs violentes qui durent 8 à 10 jours. Puis, tout le cortège morbide disparaît pour faire place à des périodes de calme. Ici encore, comme dans l'observation précédente, l'hyperchlorhydrie est associée à l'hypersécrétion.

Recherches expérimentales sur l'étranglement intestinal.
XII° Congrès international de médecine, Paris, 1900: Section de pathologie générale et de médecine expérimentale.

L'étude de l'étranglement intestinal présente un grand nombre de points obscurs que l'expérimentation permettra peut-être d'éclaircir. L'influence du *siège* et du *diamètre de l'anneau* d'étranglement peut être nettement établie par les expériences sur les animaux.

L'étranglement expérimental de l'intestin grêle est toujours très rapidement mortel. Il semble résulter de nos expériences que la mort survient un peu plus vite lorsque l'étranglement siège non loin du pylore : les lapins, en effet, meurent en moins de 24 heures si l'obstacle est situé à 18 ou 20 centimètres de l'orifice pylorique; en 32 ou 40 heures si l'obstacle est à 1^{m}20 et 1^{m}10 du pylore.

L'étranglement expérimental du bout supérieur du gros intestin amène la mort à peu près dans le même laps de temps que l'étranglement de la moitié inférieure de l'intestin grêle. Lorsque, au contraire, l'anneau d'étranglement est placé sur *le rectum*, à quelques centimètres de l'anus, les lapins survivent 12 et 13 jours à l'opération et paraissent très bien se porter jusqu'à la veille ou l'avant-veille de leur mort. A l'autopsie, on trouve du sphacèle de l'intestin au niveau du sillon d'étranglement et de la péritonite par perforation.

Un autre fait intéressant à signaler et qui ne peut être étudié qu'expérimentalement, est le suivant : au moment de l'opération, l'anse intestinale introduite dans l'anneau mesure 2 centimètres environ; elle est juste assez longue pour que l'intestin et peu ou pas de mésentère aient traversé l'anneau. Au moment de l'autopsie, 24 ou 48 heures plus tard, l'anse étranglée mesure de 12 à 50 centimètres de longueur. Ce phénomène, qu'il faut évidemment expliquer par l'exsudation liquide très abondante qui se fait dans l'anse étranglée, ne s'observe pas chez l'homme, car, dans l'immense majorité des cas, l'anse étranglée se trouve contenue dans une poche, telle que le sac herniaire, qui contre-balance la pression intra-intestinale et empêche l'anse étranglée de s'agrandir.

Kyste muqueux juxta-intestinal. (En collaboration avec M. Peyre.) Congrès français de médecine, Paris, octobre 1907. *Archives de médecine des enfants,* avril 1908.

Les kystes juxta-intestinaux à structure intestinale, ou kystes entéroïdes, sont rares et encore assez peu connus. L'observation rapportée dans ce travail est relative à un cas de ce genre.

Il s'agit d'une enfant abandonnée, apportée à l'hôpital le jour de sa naissance, et qui meurt deux jours plus tard avec des phénomènes d'occlusion intestinale.

A l'autopsie, on trouve un kyste situé sur l'iléon, à 10 centimètres de la valvule iléo-cœcale. Il est uniloculaire, malgré un léger étranglement médian. Il s'est développé dans la paroi intestinale, sous la séreuse. La cavité ne communique pas avec celle de l'intestin. Non pédiculé, il est situé sur le bord mésentérique de l'intestin, mais il ne pénètre pas dans l'intérieur du mésentère; il fait saillie dans la cavité intestinale. Son contenu est filant et muqueux.

Sa paroi a la structure intestinale. Le revêtement épithélial manque presque partout; mais, outre que par places il existe quelques îlots du revêtement épithélial cylindrique, on trouve, dans le contenu du kyste, le revêtement épithélial du kyste sous forme soit de cellules isolées, soit de grands lambeaux d'épithélium desquamé. La desquamation est la conséquence de l'envahissement du kyste par les coli-bacilles et de l'inflammation consécutive des parois.

Cliniquement, on n'avait constaté que des symptômes d'occlusion intestinale : vomissements fécaloïdes, ballonnement du ventre, pas d'élévation de température.

Anatomiquement, nous avons trouvé, outre le kyste, des lésions d'occlusion intestinale, l'infection de la paroi intestinale, la perforation et enfin de la péritonite suraiguë. L'agent d'infection était le coli-bacille.

Fistule vésico-rectale survenue chez un tuberculeux. Société d'anatomie et de physiologie normales et pathologiques. 6 avril 1886.

Un homme de cinquante-deux ans, atteint de tuberculose pulmonaire, en faisant des efforts pour uriner, sentit un jour sa vessie se vider et cependant quelques gouttes d'urine s'échappèrent à peine par l'urètre. Par contre, il sortit par l'anus une abondante quantité de liquide, mêlé à une matière blanchâtre et filante. Le soir et les jours suivants, les mêmes phénomènes se reproduisirent. Dans l'intervalle des efforts de miction, le malade conserve bien les urines, sent sa vessie se distendre et éprouve le besoin d'uriner. Il ne perd du liquide par la voie anale qu'au moment où il veut uriner.

L'autopsie vint confirmer le diagnostic clinique et montrer qu'il existait un trajet qui, d'un côté, s'ouvrait sur la paroi antérieure du rectum, à 6 ou 7 centimètres au-dessus de l'orifice anal, et qui, d'un autre côté, aboutissait à un vaste abcès péri-prostatique d'origine tuberculeuse, ouvert dans la vessie.

Hernie étranglée; opération; mort; néphrite interstitielle. Société d'anatomie et de physiologie normales et pathologiques, 2 novembre 1886.

Des complications péritonéales de la variole. Société de biologie, séance du 21 janvier 1893.

La péritonite est une complication rare de la variole. Elle existe cependant; elle a été observée; mais sa pathogénie n'a pas encore été étudiée. Deux cas de suppuration péritonéale que nous avons eu l'occasion de suivre nous permettent d'apporter quelques renseignements à cet égard.

Dans la première observation, il s'agit d'une jeune fille de dix-neuf ans, atteinte de variole cohérente grave. L'affection évolue normalement jusque dans les premiers jours de la période de suppuration. A ce moment, la malade tombe rapidement dans un état de stupeur profonde. Cet état persiste jusqu'à la mort, qui survient deux jours plus tard.

A l'autopsie, outre les lésions cutanées d'une variole cohérente arrivée au sixième jour de la suppuration, on trouve, dans la cavité abdominale, un épanchement d'un litre et demi environ. Ce liquide est dépourvu d'odeur; il est grisâtre, un peu grumeleux, mais non crémeux et épais comme le pus dit louable. Il occupe toute la cavité abdominale.

On ne trouve, dans l'estomac et l'intestin, ni ulcération, ni perforation.

Rien dans les autres viscères qui puisse expliquer cette péritonite suppurée.

Les cultures du pus donnent deux ordres de colonie: des colonies de staphylocoque doré; des colonies de streptocoques pyogènes. Celles-ci sont moins nombreuses que celles-là.

Dans la deuxième observation, il s'agit d'une femme âgée de trente-quatre ans, douée d'une bonne santé antérieure, qui, prise de variole discrète grave, meurt à la fin de la période de dessiccation, et chez laquelle on trouve, à l'autopsie, de la suppuration ovarienne et de la pelvi-péritonite suppurée. Ces lésions sont très vraisemblablement survenues pendant le cours de la variole, car avant sa variole la malade était dans un état de santé parfaite.

Les ensemencements du pus ne permettent d'obtenir qu'une seule variété microbienne : le streptocoque pyogène.

Infections péritonéales bénignes d'origine opératoire. (En collaboration avec M. Chavannaz.) Société de biologie, séance du 22 octobre 1898.

On sait que, chez les animaux, l'introduction dans le péritoine de cultures microbiennes est loin d'être toujours suivie du développement d'une péritonite mortelle. Le péritoine de l'homme possède, lui aussi, la propriété de se défendre contre les micro-organismes. La guérison, sans incidents, d'une laparotomie peut donc ne pas être synonyme de non-infection de la séreuse péritonéale. Aussi nous sommes-nous demandé, pour les laparotomies terminées par la guérison, quelle était la proportion des cas dans lesquels le chirurgien pouvait affirmer ne pas avoir introduit de germes dans le cœlome au cours des différents temps d'une intervention ayant nécessité l'ouverture large du péritoine et des manœuvres plus ou moins prolongées au sein même de sa cavité.

Nos recherches ont porté sur 5 cas : 2 hystérectomies abdominales totales pour fibrome; 1 ovariotomie pour cysto-épithéliome de l'ovaire, enfin 2 laparotomies, l'une pour péritonite tuberculeuse, l'autre pour contusion de l'abdomen.

Nous sommes arrivé aux résultats suivants :

1º Dans tous les cas, les liquides recueillis dans le péritoine vers la fin de l'intervention ont cultivé et ont donné du staphylocoque blanc.

2º L'infection est bien due à l'acte opératoire lui-même, puisque, dans les cas où il existait un épanchement péritonéal, les liquides recueillis dès l'ouverture de l'abdomen se sont montrés stériles;

3º Dans 3 cas où un drainage a été établi, les liquides, aspirés par les drains, de 3 à 5 jours après l'opération, ont donné, à la culture, 2 fois du staphylocoque blanc et 1 fois du staphylocoque doré.

4º Les cultures microbiennes n'ont été obtenues qu'après de larges ensemencements; la quantité de microbes contenus dans les liquides était donc peu considérable.

5º Les cultures obtenues, injectées dans le péritoine de lapins, à la dose de 1 centimètre cube, n'ont pas amené la mort de l'animal par péritonite et n'ont pas déterminé de réaction générale.

6º Sans vouloir généraliser trop vite, il est probable que, beaucoup plus souvent qu'on ne le pense, en dépit des précautions prises par les chirurgiens, le péritoine est infecté au cours des laparotomies, mais que cette infection est peu durable ou reste fort bénigne, comme le montrent et la guérison de nos 5 malades et aussi la latence absolue de cette infection au point de vue clinique, dans au moins 3 cas que nous avons observés.

Nouvelles recherches sur les infections péritonéales bénignes d'origine opératoire. (En collaboration avec M. CHAVANNAZ.) Société de biologie, séance du 11 mars 1899.

Depuis notre première communication sur ce sujet, nous avons étudié 15 nouveaux cas de laparotomie. Les résultats auxquels nous sommes arrivés confirment à peu près exactement ceux que nous avions obtenus antérieurement. Ils sont résumés dans le mémoire suivant.

Infections péritonéales bénignes d'origine opératoire. (En collaboration avec M. CHAVANNAZ.) *Revue de gynécologie et de chirurgie abdominale*, 1899.

Depuis quelque temps, la chirurgie aseptique tend à se substituer à la chirurgie antiseptique, et les merveilleux résultats donnés par la chirurgie abdominale de ces dernières années semblent démontrer la supériorité de la nouvelle méthode sur l'ancienne. Mais le chirurgien moderne fait-il une asepsie réelle, absolue, ou seulement une asepsie relative, et le péritoine se charge-t-il du soin de détruire les quelques agents microbiens introduits dans sa cavité au cours des opérations?

Pour résoudre cette question, nous avons étudié bactériologique-

ment 20 cas de laparotomies, qui tous se sont terminés par guérison.
Nous avons procédé de la façon suivante :

Si le malade avait un épanchement péritonéal, nous recueillions
une certaine quantité de liquide, dans une ou deux pipettes, au
moment de l'ouverture du ventre. A la fin de l'intervention, nous
prélevions de nouveau quelques gouttes du contenu péritonéal.

Lorsqu'il n'y avait pas d'épanchement, nous nous contentions
d'aspirer, à la fin de l'intervention opératoire, immédiatement avant
la fermeture du ventre, quelques gouttes du sang épanché dans le
cœlome.

Chez certains sujets, il a été placé un gros drain en caoutchouc
pénétrant profondément dans la cavité abdominale. Dans ces cas,
nous avons prélevé, à des dates différentes, du liquide des drains.

Quand les cultures ont été positives, nous avons cherché à établir
le degré de virulence des germes isolés, en faisant des inoculations
intra-péritonéales à des lapins.

Les cas cliniques qui ont servi à nos recherches proviennent, pour
une moitié, de la pratique personnelle de l'un de nous; les autres
ont été recueillis dans les services de MM. Baudrimont, Demons,
Dubourg et Pousson.

Voici, très résumés, les résultats que nous avons obtenus :

Sur *vingt* interventions, il en est *dix-sept* au cours desquelles le
péritoine a été infecté par le chirurgien, soit dans la proportion de
85 p. 100 des cas. Les agents d'infection trouvés chez ces 17 malades
sont : le staphylocoque blanc, trouvé 14 fois; le staphylocoque blanc
associé au staphylocoque doré, dans 1 cas; le staphylocoque doré,
1 fois; le staphylocoque blanc associé au coli-bacille, 1 fois. Toutes
ces infections ont une origine externe, sauf cependant l'infection
par le coli-bacille, qui provenait sûrement de l'appendice iléo-cœcal
réséqué pour cause d'appendicite.

Dans *trois* laparotomies seulement, les ensemencements sont
restés négatifs.

Les agents microbiens, contenus dans les liquides péritonéaux, sont
toujours peu abondants, exception faite des cas d'ouverture chirur-
gicale de l'intestin ou de l'appendice. Nous en avons la preuve dans
le petit nombre de colonies développées à la surface des milieux
solides de culture et dans ce fait que l'ensemencement d'une petite
quantité de liquide péritonéal est parfois resté stérile, alors qu'ense-

mencé plus abondamment dans un autre tube, il donnait un résultat positif.

Enfin, la virulence des agents microbiens ainsi isolés a toujours été à peu près nulle. L'injection des cultures en bouillon, dans le péritoine des lapins, à la dose d'au moins 1 centimètre cube, n'a jamais déterminé de réaction soit locale, soit générale.

Chez *dix* malades, *un drainage* a été établi à l'aide d'un tube en caoutchouc stérilisé pénétrant dans le péritoine, le plus souvent dans le cul-de-sac de Douglas. 7 fois le drainage a été supprimé au bout de 48 heures ; 2 fois il a été maintenu pendant 5 jours ; une seule fois pendant 7 jours. Le liquide des drains a été prélevé 8 fois au bout de 48 heures de drainage ; une fois au bout de 3 jours et une autre fois au bout de 5 jours.

Dans 1 seul cas, le contenu du drain s'est montré aseptique. 9 fois il a donné des cultures : dans 4 cas, le liquide ensemencé n'a fourni que du staphylocoque blanc ; dans 4 cas, du staphylocoque blanc et du staphylocoque doré ; dans 1 cas, du staphylocoque blanc et du streptocoque.

La virulence de tous ces agents microbiens a été nulle ou à peu près nulle. Tous les animaux ont survécu sans avoir présenté aucune réaction notable.

En somme, bien que toutes les opérations aient été faites avec les plus scrupuleuses précautions, le péritoine a été infecté 17 fois sur 20. Mais l'infection, d'origine opératoire, a toujours été bénigne, puisque tous les malades ont guéri et que chez la plupart des opérés la guérison s'est faite sans aucun incident, sans aucune réaction, si bien qu'en l'absence d'un examen microbiologique on aurait pu croire cliniquement à des opérations véritablement aseptiques.

Ces résultats tiennent évidemment à plusieurs causes. Les plus importantes sont, d'une part, le petit nombre et l'absence de virulence des agents d'infection et, d'autre part, la grande résistance du péritoine aux agents infectieux.

Infections péritonéales bénignes d'origine opératoire. Valeur de l'emploi des gants en caoutchouc. (En collaboration avec M. Chavannaz.) Société de chirurgie de Paris, 1908.

Reprenant ces mêmes recherches à neuf ans de distance, nous avons étudié 24 laparatomies toutes suivies de guérison. Sur ces

24 malades ayant guéri très simplement, 6 ont eu de l'infection péritonéale opératoire. Comparant les résultats obtenus à ces deux époques, nous trouvons : en 1899, 85 p. 100 de laparotomies infectées et 15 p. 100 seulement d'aseptiques; en 1908, 25 p. 100 d'infectées et 75 p. 100 d'aseptiques. Les rapports sont presque renversés.

Or, le manuel opératoire employé n'a pas notablement changé: les précautions d'asepsie ont été les mêmes; une seule différence peut être notée, c'est l'emploi des gants de caoutchouc stérilisés.

Nous devons en conclure que si, malgré les pratiques de l'asepsie la plus rigoureuse, il n'est pas toujours possible de se mettre à l'abri des infections opératoires, l'emploi des gants stérilisés est au moins de nature à diminuer la fréquence de ces infections, d'ailleurs presque toujours inoffensives.

Glandes annexes du tube digestif

(Foie, pancréas, rate).

Ictère grave chez une petite fille de dix ans. (En collaboration avec
M. le professeur Coÿne). Congrès français de médecine, 2ᵉ session,
Bordeaux, 1895.

Dans ce travail, nous rapportons l'observation d'une petite fille
de dix ans chez laquelle, sans cause apparente, se développe un
ictère qui, au début, affecte les caractères de l'ictère dit catarrhal,
et qui, plus tard, prend le masque et la gravité de l'ictère grave,
alors que la température descend au-dessous de la normale.

A l'autopsie, on trouve les lésions de l'atrophie aiguë du foie, de
la cholécystite et de l'angiocholite étendue jusqu'aux plus petits
canalicules biliaires extra-lobulaires. Le coli-bacille existe en très
grande abondance dans les canaux de la bile; on le trouve en petite
quantité dans la rate; il n'est pas rencontré dans les autres organes.
Le sang renferme un bacille non pathogène qui n'y existait pas
huit heures avant la mort et qui paraît être dû à une infection
organique partie du tube digestif.

Nous croyons donc qu'il s'agit là d'une angiocholite primitive
déterminée par le coli-bacille qui, parti du duodénum, a, peu à peu,
envahi les canalicules biliaires. Plus tard il a gagné le parenchyme
hépatique et déterminé les *lésions de l'atrophie aiguë du foie* et les
symptômes de l'*ictère grave hypothermique*.

Ictère infectieux streptococcique des nouveau-nés. Congrès
de gynécologie, d'obstétrique et de pédiatrie, Alger, 1907. *Province médicale, 29 juin 1907.*

L'ictère infectieux des nouveau-nés devient de plus en plus rare
au fur et à mesure que les pratiques d'asepsie et d'antisepsie se

vulgarisent. Il s'observe sous forme épidémique et sous forme sporadique. Les épidémies n'existent presque plus. De loin en loin, on rencontre quelques cas sporadiques. Ce mémoire repose sur une observation de cet ordre. Sa symptomatologie est celle de tout ictère bronzé, aussi n'insisterai-je pas. Par contre, l'anatomie pathologique, la pathogénie et les circonstances étiologiques dans lesquelles s'est developpé ce cas sont des plus intéressantes.

Les lésions microscopiques des divers organes peuvent être résumées de la façon suivante. On trouve :

1º *Dans le foie:* a) de la sclérose des espaces porto-biliaires réunissant parfois deux espaces voisins, et probablement d'origine syphilitique; b) de la congestion générale de tout l'organe et des foyers ·hémorragiques très nombreux; c) des lésions cellulaires très intenses et très étendues amenant en beaucoup de régions la nécrose et la disparition d'un très grand nombre de cellules; d) de petits amas de lymphocytes et de leucocytes polynucléés situés de loin en loin dans les capillaires sanguins intra-lobulaires. Les voies biliaires intra et extra-hépatiques sont saines.

2º *Dans le rein :* a) des lésions parenchymateuses localisées sur l'épithélium des tubes contournés et des branches montantes de Henle; b) des lésions congestives intenses et des hémorragies nombreuses donnant microscopiquement au rein l'aspect décrit sous le nom de tubulhématie.

3º *Dans la rate*, une congestion intense et des foyers hémorragiques très nombreux.

L'agent pathogène, cause de toutes ces lésions, est le streptocoque, présent dans le sang, le foie et les autres organes. La porte d'entrée est probablement l'ombilic.

L'enfant, très débile, s'est infecté dans la couveuse où il avait été placé et où venait de mourir un nouveau-né atteint d'érysipèle de la face, avec généralisation de l'infection streptococcique. Dès que le second enfant est mort, on met dans la même couveuse, aussi insuffisamment désinfectée que la première fois, un nouveauné débile. Il s'infecte à son tour et meurt très rapidement d'érysipèle gangréneux.

Il est intéressant de noter ces différences de manifestation d'un même agent pathogène sur trois nouveau-nés infectés à la même source, et l'exaltation de virulence du germe infectieux qui, dans le premier cas, donne lieu à un érysipèle vulgaire de la face et infecte l'organisme sans causer de lésions dégénératives des parenchymes viscéraux ; qui, dans le second cas, détermine les lésions intenses que nous venons de résumer, et qui, dans un troisième cas, provoque la nécrose presque immédiate de la peau, dans laquelle il s'est localisé.

Complications hépatiques de l'impétigo. *Journal de médecine de Bordeaux,* 29 décembre 1907.

Les reins ne sont pas les seuls viscères qui puissent être intéressés au cours de l'impétigo. D'autres, en particulier le foie, peuvent être frappés, bien que cette complication ne paraisse pas avoir été encore signalée. L'observation suivante nous paraît de nature à démontrer son existence.

Un enfant de trois ans et demi présente des croûtes impétigineuses épaisses couvrant une grande partie du cuir chevelu, une polyadénite aiguë des régions latérales du cou, de l'œdème de la face et surtout des paupières, de l'albumine dans les urines et un état général mauvais. Il meurt 5 jours après son entrée à l'hôpital.

Le foie est augmenté de volume. Il présente une coloration brune foncée. Sur la coupe, la lobulation est peu prononcée. Le centre du lobule, très foncé, tranche légèrement sur la périphérie, qui est moins foncée.

L'examen microscopique de cet organe permet de constater :

1º La conservation de la disposition lobulaire du foie ;

2º L'existence d'une congestion centro-lobulaire plus ou moins étendue, mais partout très accentuée ;

3º La présence de nodules infectieux très nombreux situés irrégulièrement dans les lobules. Au centre des nodules, les cellules hépatiques sont simplement représentées par un petit bloc protoplasmique à contours mal accusés, dépourvu de noyau. Les parois des capillaires sanguins sont épaissies et peu nettes.

4º L'intégrité des voies biliaires extra-lobulaires ;

Les reins présentent des lésions de néphrite aiguë.

État des globules blancs du sang dans un cas d'ictère chronique par rétention déterminée par un kyste hydatique du foie. *Gazette hebdomadaire des sciences médicales de Bordeaux,* 1898.

La leucocytose, que nous avons observée dans la cirrhose hypertrophique avec ictère chronique, montre l'importance diagnostique que l'examen du sang peut avoir dans quelques circonstances difficiles. L'observation qui fait l'objet de ce travail démontre le bien fondé de cette opinion et établit, en outre, qu'un ictère purement mécanique, survenu en dehors de tout état infectieux du foie ou des voies biliaires, comme, par exemple, celui déterminé par un kyste hydatique non enflammé, ne s'accompagne pas de modifications sensibles dans le nombre des globules blancs du sang.

Un homme de trente-huit ans est atteint de kyste hydatique du foie accompagné d'ictère chronique. On fait une ponction évacuatrice suivie d'une injection de sublimé. Le malade guérit en apparence. L'ictère disparaît.

Deux ans plus tard, le kyste s'est reproduit et donne lieu à de l'ictère par rétention. A ce moment-là deux numérations des globules du sang sont faites à quelques semaines d'intervalle. Le nombre des globules blancs est trouvé à peu près normal dans les deux examens.

La conclusion qui s'impose, c'est que ni la présence d'un kyste hydatique dans le foie, ni l'ictère par rétention (mais sans infection) ne sont susceptibles de provoquer de la leucocytose. Dans les cas difficiles, on pourra donc parfois tirer quelques renseignements utiles de l'examen du sang.

De la leucocytose dans la cirrhose hypertrophique avec ictère chronique ou maladie de Hanot. *Gazette hebdomadaire des sciences médicales de Bordeaux,* septembre 1897.

Deux ans auparavant, Hanot et Meunier insistaient sur la leucocytose qui accompagne la cirrhose hypertrophique avec ictère chronique. Leurs examens avaient porté sur cinq malades. Nous avons examiné, à ce point de vue, deux malades atteints de cette affection. Les chiffres obtenus sont de 14.531, 17.848 et 16.120 leucocytes par millimètre cube. Ces faits viennent grossir le nombre de ceux cités par Hanot et Meunier et, plus récemment, par Auscher et confirmer la très grande fréquence, sinon la constance de la leucocytose dans cette affection hépatique.

Tuberculose primitive de la rate. *Journal de médecine de Bordeaux,* 2 juin 1901.

La tuberculose de la rate est *primitive* ou *secondaire*. La *tuberculose secondaire* est une lésion fréquente. La *tuberculose primitive* est, par contre, une affection fort rare. Nous n'en connaissons que neuf observations dues à Coby (1846), Scharoldt (1883), Saint-Laurence Burke (1889), Marriott (1895), Quénu et Baudet (1898), Rendu et Widal (1899), Moutard-Martin et Lefas (1899), Achard et Castaigne (1899), Collet et Gallavardin (1901). Il n'est donc pas sans intérêt de publier les cas nouveaux.

Toutes les observations, sauf celle de Scharoldt, se rapportent à la tuberculose chronique de la rate. C'est dans ce groupe qu'il faut placer la nôtre. Notre malade, en effet, éprouvait *quelque chose d'anormal* dans l'hypocondre gauche depuis 8 ans, et M. le professeur Demons avait constaté la présence d'une très grosse rate 2 ans avant son entrée à l'hôpital.

A l'autopsie, outre la lésion splénique, on trouve des tubercules dans les ganglions du hile de la rate, les ganglions mésentériques et médiastinaux, de la péritonite tuberculeuse, des granulations tuberculeuses des plèvres et surtout de la plèvre diaphragmatique, et enfin de la sclérose et des tubercules du foie. Comment interpréter l'évolution et la chronologie de ces lésions?

L'évolution clinique de l'affection semble, tout d'abord, bien démontrer que les lésions ont débuté par la rate et sont restées longtemps cantonnées dans cet organe. L'étude anatomo-pathologique des lésions permet d'être tout aussi affirmatif.

Au point de vue anatomo-pathologique, la splénomégalie tuberculeuse primitive se présente sous deux formes : *la forme scléro-caséeuse,* qui est de beaucoup la plus fréquente, et *la forme nécrotique et hémorragique,* observée par Achard et Castaigne. Notre cas est en quelque sorte à cheval sur ces deux formes : les lésions scléro-caséeuses prédominent, mais on y trouve aussi de nombreux et vastes foyers de nécrose massive et des nappes d'infiltration hémorragique.

En même temps que ces lésions, existe, dans notre observation,

comme dans celle de Collet et Gallavardin, de la sclérose du foie.
Il s'agit d'*une hépatite interstitielle diffuse à tendance mono-cellulaire
et à début p rto-biliaire*. Avec elle se trouvent des granulations tuberculeuses sans cellules géantes, mais avec bacilles de Koch colorés
sur les coupes et un certain degré de dégénérescence graisseuse
péri-lobulaire.

La pancréatite ourlienne chez les enfants. Société de médecine
et de chirurgie de Bordeaux, séance du 13 octobre 1905. *Journal de
médecine de Bordeaux*, 29 octobre 1905.

La pancréatite est une complication très rare des oreillons. Sa
rareté paraît être plus grande encore chez l'enfant que chez l'adulte.
Le présent travail en contient deux cas, qui en résument à peu près
exactement la symptomatologie.

L'époque d'apparition de la complication pancréatique varie du
3e au 6e jour après le début du gonflement parotidien. La douleur
est le signe capital le plus constant. Le plus souvent elle est spontanée, sourde et contusive, avec exacerbations parfois assez intenses
pour déterminer des lipothymies et des syncopes. Elle siège entre
l'appendice xiphoïde et l'ombilic et est exagérée par la pression,
même légère. Elle débute brusquement, mais elle décroît lentement
et survit à tous les autres symptômes.

Les nausées et les vomissements constituent un autre symptôme
très important. On trouve assez souvent de la diarrhée, mais pas
de stéarrhée. Les urines sont normales. La fièvre est inconstante.

Le pronostic est bénin.

Système nerveux.

Fracture du crâne et contusion du cerveau par contre-coup.
Société d'anatomie et de physiologie normales et pathologiques de Bordeaux, 1886.

Cette observation vient à l'appui des localisations cérébrales, car, malgré la multiplicité des lésions, le malade ne présentait aucune paralysie, la zone psycho-motrice étant restée intacte. Elle sert, en outre, de confirmation à la théorie classique de la contusion cérébrale, d'après laquelle la contusion se ferait au point diamétralement opposé à celui qui a subi le traumatisme

Cancer encéphaloïde du front; perforation du frontal; propagation au lobe frontal droit du cerveau. Société d'anatomie et de physiologie normales et pathologiques de Bordeaux, 23 février 1886.

Les observations de ce genre sont loin d'être fréquentes, bien que le frontal soit un os superficiel et qu'il siège dans une région où les néoplasmes ne sont pas très rares. Les causes en sont multiples. C'est, d'une part, la nature le plus souvent cancroïdale des néoplasmes de cette région, et, d'autre part, la résistance très grande offerte par le tissu compact du frontal et par le périoste.

Malgré l'envahissement des méninges et du parenchyme cérébral, aucun symptôme méningitique ou encéphalique sérieux ne s'est manifesté. Nous n'avons noté, en particulier, aucun trouble d'ordre moteur, et ceci vient, d'une façon indirecte, à l'appui de la théorie des localisations cérébrales, en démontrant l'absence de zones motrices dans la moitié antérieure du lobe frontal

Contribution à l'étude des complications médullaires de la variole. (En collaboration avec M. Hobbs.) Congrès français de médecine, session de Lyon, octobre 1894.

Un cas de myélite aiguë dans la variole. (En collaboration avec M. Hobbs.) Société de biologie, séance du 10 novembre 1894.

Les lésions médullaires déterminées par la variole sont encore mal connues. Il y a peu d'autopsies dans lesquelles l'examen attentif macroscopique et microscopique de la moelle ait été fait. Il faut cependant signaler les deux cas de Wesphall, dans lesquels il existait plusieurs petits foyers de *myélite disséminée*, et celui de Roger et Damaschino, où l'on trouva un foyer de ramollissement de la substance grise antérieure de la région lombaire. Notre observation diffère des précédentes aussi bien par la marche des accidents que par l'étendue des lésions. La voici très résumée :

Une jeune femme de vingt-quatre ans, atteinte d'une variole discrète légère, est prise, au moment de la dessiccation, d'une paraplégie qui s'installe presque brusquement. Elle est flasque et s'accompagne d'une anesthésie presque absolue, de l'abolition des réflexes rotuliens, de paralysie du rectum et de la vessie, et, bientôt après, d'eschare sacrée. Il survient de l'infection urinaire déterminée par le coli-bacille, et la malade meurt 17 jours après le début des accidents. Les membres supérieurs et la face sont restés sains.

Examen macroscopique de la moelle. — Congestion très vive et légers exsudats extra-dure-mériens et pie-mériens. Vaste foyer de ramollissement myélitique étendu du renflement lombaire, intéressé seulement dans son extrémité supérieure, jusqu'au niveau de la cinquième vertèbre dorsale, sur une hauteur d'environ 14 centimètres.

Examen microscopique. — Vaisseaux pie-mériens pour la plupart dilatés et remplis d'hématies et d'un nombre véritablement exagéré de leucocytes. Quelques-uns sont thrombosés et oblitérés par un réticulum fibrineux emprisonnant des globules blancs et quelques hématies. Infiltration leucocytique. Exsudat fibrino-purulent sur un segment de la région postérieure. Micrococques ronds isolés, en diplocoques ou en courtes chaînettes, disséminés dans les mailles de la pie-mère.

Les cellules de la substance grise sont presque toutes altérées et leurs altérations varient depuis l'état légèrement gonflé et arrondi de la cellule, avec ou sans état vacuolaire du protoplasma, jusqu'à l'atrophie plus ou moins complète avec disparition du noyau, du nucléole et des prolongements cellulaires. Réseau névroglique épaissi et infiltré de cellules nombreuses et plus volumineuses que normalement; disparition des fibrilles nerveuses de la substance grise. Vaisseaux très ectasiés; gaines périvasculaires très dilatées, remplies d'une ou plusieurs couches de cellules volumineuses polygonales. Souvent, tout autour de la gaine, se trouve une zone claire annulaire ou en forme de croissant, occupée par un réticulum fort peu coloré, analogue à celui qui existe dans la zone claire péricellulaire. Cavité épendymaire remplie en partie par un exsudat fibrineux enclavant quelques leucocytes.

Les tubes nerveux de la substance blanche sont tous altérés, sauf sur une zone corticale d'épaisseur inégale, mais toujours fort mince. Épaississement du réseau névroglique. Infiltration de corps granuleux.

Les recherches bactérioscopiques, pratiquées dans les substances grise et blanche, sont restées négatives.

Des ensemencements, faits à l'aide d'un fil de platine enfoncé à travers la pie-mère jusque dans le foyer myélitique, donnent deux ordres de colonies : 1° des colonies de coli-bacilles consécutives à l'infection urinaire; 2° des colonies de streptocoques auxquelles on doit rapporter le développement des lésions myélitiques, car elles n'existaient pas ailleurs, ni dans l'urine de la vessie, ni dans les abcès des reins.

Ataxie locomotrice ancienne; arthropathies des hanches et de la colonne vertébrale; fracture de la jambe gauche. Société d'anatomie et de physiologie normales et pathologiques, 27 juillet 1886.

Une femme, âgée de soixante-six ans, est transportée à l'hôpital pour une fracture de la jambe gauche survenue spontanément. Elle présente les symptômes d'une ataxie locomotrice à début très ancien. Un mois et demi environ après son entrée, elle est prise de pneumonie aiguë et enlevée rapidement par cette affection.

A l'autopsie, outre les lésions de pneumonie, on trouve des arthropathies des deux articulations coxo-fémorales et des altérations très intéressantes du bassin et de la colonne vertébrale.

La colonne vertébrale présente des déviations multiples dues aux lésions nombreuses que nous résumons très brièvement. La face supérieure du sacrum est érodée, rugueuse et inégale. Le bord droit de cette face articulaire présente une saillie triangulaire qui s'adapte avec une dépression correspondante de la dernière lombaire. La face inférieure de celle-ci est dans un état analogue à celui de la face supérieure du sacrum. Son bord droit est usé dans une grande étendue et transformé en une véritable facette, taillée de dehors en dedans et de haut en bas, comprenant toute la hauteur du corps vertébral et s'articulant avec la saillie située sur le sacrum. La face supérieure est aussi très irrégulière et présente, sur son bord droit, une petite languette osseuse, dirigée en haut et destinée à s'adapter avec une légère dépression creusée sur le bord inférieur de la quatrième lombaire.

La face inférieure de la quatrième vertèbre lombaire ne présente que quelques irrégularités. Sa face supérieure est saine, sauf le bord antérieur, qui est dentelé et très saillant.

La face inférieure de la troisième lombaire est à peu près normale. La face supérieure est fortement excavée et forme avec la vertèbre située au-dessus une vaste cavité remplie de pus.

La face inférieure de la deuxième lombaire, peu altérée sur son tiers latéral droit, est complètement détruite dans le reste de son étendue. La moitié gauche du corps vertébral est usée et réduite aux deux tiers de son volume normal.

La première lombaire est très altérée dans sa moitié gauche. Sa face supérieure est peu altérée.

La dernière vertèbre dorsale, saine sur sa moitié droite, présente, sur son bord inférieur, une exostose très saillante dépassant de plus d'un centimètre le bord supérieur de la première lombaire. Au-dessus d'elle, la gouttière est presque effacée par de petites saillies osseuses, dentelées et très irrégulières.

L'avant-dernière dorsale est moins altérée. Les autres vertèbres sont saines. Le bassin présente deux exostoses : l'une dans la fosse iliaque externe droite, l'autre sur l'ischion.

Les articulations coxo-fémorales présentent les lésions ordinaires des arthropathies tabétiques.

De toutes les lésions présentées par ce malade, les plus intéressantes sont celles de la colonne vertébrale. Jusqu'à ce jour, en effet, on ne connaissait qu'un seul cas d'arthropathie tabétique de la colonne vertébrale : celui communiqué par M. Pitres à la Société de biologie le 21 novembre 1885.

Arthropathie de l'épaule gauche. Société d'anatomie et de physiologie normales et pathologiques de Bordeaux, 27 juillet 1886.

Un malade, âgé de quarante-six ans, entre à l'hôpital avec de la paralysie et de la contracture du membre supérieur gauche, de l'anesthésie de ce bras et de la moitié correspondante du tronc, une destruction complète de l'articulation de l'épaule gauche dont l'humérus peut être porté dans tous les sens sans aucune difficulté et sans aucune douleur. Sur la face interne du bras existe une ouverture fistuleuse donnant issue à un abondant écoulement de pus séreux, grumeleux, contenant de nombreux fragments osseux.

A l'autopsie, on constate que l'articulation scapulo-humérale gauche est complètement détruite. On ne retrouve ni synoviale ni capsule fibreuse, de sorte que la cavité articulaire fait partie d'un vaste abcès ouvert à l'extérieur. La tête humérale n'existe plus ; le col anatomique est détruit ; le grand trochanter est usé, si bien que l'humérus est effilé et terminé en baguette de tambour. Tout autour de la cavité glénoïde, fortement altérée, se trouvent de très nombreuses productions osseuses. Le reste du squelette est sain.

La nature de cette affection articulaire n'a pu être élucidée. Le mode de début de l'affection, sa marche, les caractères tout à fait spéciaux des surfaces articulaires, la présence de nombreuses productions ostéophytiques autour de la cavité glénoïde et sur l'extrémité supérieure de l'humérus, semblent indiquer qu'il s'agit d'une lésion d'ordre nerveux.

Contribution à l'étude de la méningite cérébro-spinale pneumococcique de l'enfance. *Revue mensuelle des maladies de l'enfance,* janvier 1904.

« Les méningites pneumococciques éclatent et évoluent d'une façon tumultueuse, leur forme est toujours grave, leur marche très rapide. » (Concetti.) Cependant, à côté de ces formes rapides et mortelles, il y a des formes bénignes à évolution lente. L'intérêt de l'observation rapportée dans ce travail réside en partie dans la symptomatologie calme, la longue évolution et la terminaison favorable de l'affection survenue à la suite de ponctions lombaires répétées et de l'application de bains chauds.

De l'état des sphincters dans la maladie de Little. (En collaboration avec Mlle CAMPANA.) *Revue mensuelle des maladies de l'enfance,* mars 1905.

L'état des sphincters dans la maladie de Little a été diversement interprété par les auteurs. Cependant, en laissant de côté les observations dans lesquelles le gâtisme est la conséquence de l'idiotie ou d'autres affections associées, il ne reste que 4 cas d'incontinence des urines et des matières fécales au cours de la maladie de Little. Ce sont les 2 cas d'Immervohl, le cas de M. Raymond et celui de M. Simon.

Nous avons eu l'occasion d'observer 2 cas de maladie de Little simple, sans complications, dans lesquels existait de l'incontinence des urines et des matières fécales. L'intelligence dans les 2 cas est un peu retardée; mais les deux enfants sont loin d'être des idiots et le gâtisme ne nous paraît pas pouvoir être expliqué seulement par le défaut de développement intellectuel.

Des altérations des nerfs périphériques chez les diabétiques. *Archives de médecine expérimentale et d'anatomie pathologique.* 1890.

Émise pour la première fois par Ziemssen en 1885, l'hypothèse de l'existence des névrites périphériques dans le diabète est admise par Hösslin (1886), Blau (1887), T.-D. Pryce (1887), Leyden (1888), Eichhorst (1889), J. Althaus (1890), Charcot (1890), Buzzard (1890). Mais, jusqu'au moment de la publication de ce mémoire, cette hypothèse ne reposait que sur des faits cliniques; aucune démonstration anatomique bien nette n'avait été faite. Cette démonstration ne ressort pas, en effet, d'une façon assez évidente de l'observation de D. Pryce (Lancet, 1887), car son malade était à la fois alcoolique et diabétique et il n'était pas possible de faire la part de l'alcoolisme et du diabète dans la pathogénie des névrites constatées à l'autopsie.

Les observations que nous rapportons ne présentent pas les mêmes causes d'erreur. Ici, le développement des altérations nerveuses périphériques ne peut être attribué qu'à l'influence du diabète.

Histologiquement, nous retrouvons dans nos préparations toutes les lésions de la névrite parenchymateuse, et à côté du processus

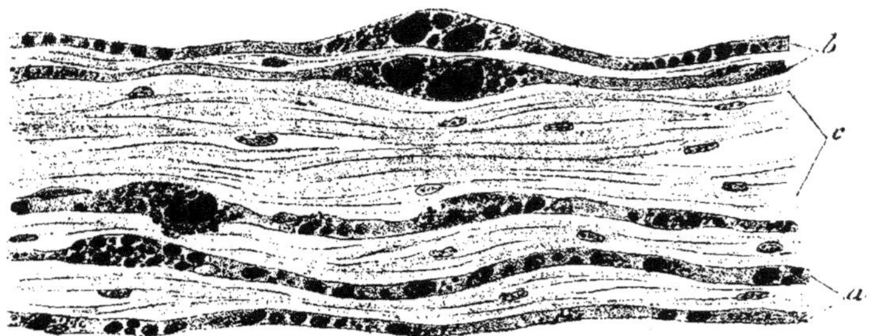

FIG. 1.

a. Fibres presentant la segmentation en boules et une multiplication nucléaire des plus évidentes. — *b.* Fibres moniliformes, à renflements remplis de gouttelettes de myéline et de noyaux. — *c.* Fibres réduites à l'état de gaines vides.

de dégénération existe presque toujours un processus de régénération. La distribution des lésions dans les nerfs est intéressante et mérite d'être signalée. Dans un même nerf, en effet, nous rencontrons toute la série des lésions. A côté d'un nombre variable, quelquefois très faible, de fibres saines, nous en voyons quelques-unes où l'état vacuolaire est des plus manifestes; dans d'autres, c'est la segmentation en blocs ou en boules; ailleurs, ce sont des fibres

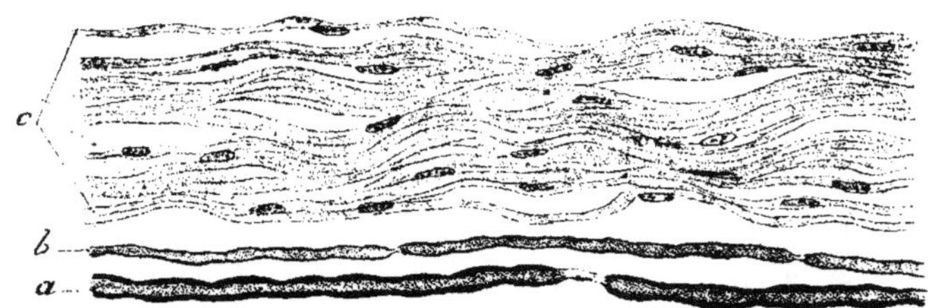

FIG. 2.

a. Fibre saine ne présentant qu'un peu d'élargissement de l'étranglement annulaire. — *b.* Fibre grêle, pâle, grisâtre. — *c.* Faisceau de fibres réduites à l'état de gaines vides.

moniliformes ou des gaines vides. Enfin, toute la série des fibres régénérées s'observe côte à côte avec les précédentes. Cette disposition montre nettement que le processus de dégénération frappe les fibres isolément, les unes après les autres, pour ainsi dire. Les premières atteintes ont parcouru toute leur évolution dégénérative et régénérative quand d'autres sont altérées, si bien que jamais les fonctions du nerf ne sont complètement supprimées. Cette distribution nous prouve encore que la marche de la lésion est des plus lentes, et que, par conséquent, la cause quelle qu'elle soit, est peu énergique, mais par contre qu'elle est continue et fait sentir à tout instant son action.

Ces altérations nerveuses périphériques se traduisent cliniquement par un ensemble de symptômes pouvant intéresser la motilité, la sensibilité, la nutrition et le système vaso-moteur.

Les troubles de la motilité débutent tantôt lentement et progressivement, tantôt rapidement. Plus souvent, ils sont précédés, comme dans l'intoxication alcoolique, de phénomènes divers siégeant dans la sphère sensitive.

La paralysie revêt des formes et des degrés variables. Dans sa forme la plus légère, c'est une simple faiblesse musculaire, c'est de la parésie ; à un degré plus avancé, c'est la paralysie vraie.

La parésie siège le plus souvent dans les membres inférieurs, bien qu'on puisse l'observer dans les membres supérieurs. Elle est très fréquente.

La paralysie peut succéder à la forme parétique, être simplement précédée par des troubles nerveux sensitifs ou survenir rapidement. Elle est le plus souvent incomplète et toujours flasque. Le siège en est très variable. Le plus souvent elle frappe les membres inférieurs. D'autres fois elle est plus limitée et circonscrite au triceps fémoral, au nerf circonflexe. Les membres supérieurs sont plus rarement atteints.

Les troubles de la sensibilité sont plus nombreux encore et plus variés que les précédents. Ils précèdent ou accompagnent fréquemment les troubles moteurs ; souvent ils existent seuls. Ce sont tantôt des phénomènes d'hyperesthésie, tantôt des névralgies violentes, à exacerbations nocturnes, souvent symetriques. D'autres fois ce sont des phénomènes d'anesthésie ou de dysesthésie.

Parmi les troubles vaso-moteurs et les troubles trophiques, il faut citer l'hypersécrétion sudorale localisée, certains œdèmes et certains états lisses et polis de la peau, le mal perforant, quelques atrophies localisées de la peau et de ses dépendances, les dystrophies unguéales et la chute spontanée des ongles, peut-être aussi certaines gangrènes diabétiques.

L'abolition du réflexe rotulien est fréquente et coïncide parfois avec des troubles d'incoordination motrice et d'autres symptômes d'ordre sensitif qui constituent la forme pseudo-tabétique des névrites diabétiques.

La pathogénie de ces altérations nerveuses est obscure. Nous avons étudié expérimentalement, M. Pitres et moi, l'action du glycose sur les nerfs périphériques. Nous avons constaté qu'elle est très faible et à peu près comparable à celle de l'eau. La cause des névrites ne doit donc pas être cherchée exclusivement dans l'action irritante du sucre sur les nerfs périphériques. Elles sont probablement dues à plusieurs causes : l'anhydrémie, l'acétonémie, le trouble de la nutrition générale qui doit atteindre les nerfs comme les autres tissus, et enfin, peut-être, l'action de substances chimiques encore mal définies qui circulent dans le sang des diabétiques.

De la chute spontanée des ongles chez les diabétiques. *Journal de médecine de Bordeaux,* 1891.

En 1873, M. Folet rapportait l'observation d'une jeune diabétique de vingt-six ans, chez laquelle les ongles des doigts et des orteils s'étaient détachés spontanément, sans inflammation préalable, sans traumatisme antérieur d'aucune sorte. C'était la première fois que ce phénomène était signalé.

Il ne semble pas que, depuis cette époque, de nouvelles observations aient été rapportées.

Nous avons eu l'occasion d'en voir 2 cas, et M. Pitres nous en a donné 2 observations. Ce sont ces 4 observations, jointes à celle de Folet, qui nous ont permis d'étudier cette complication du diabète.

De la comparaison de ces différents cas, il ressort très nettement que le mécanisme de la chute des ongles est loin d'être toujours le même. La malade de M. Folet perd successivement les ongles des pieds et des mains. L'ongle se soulève dans son bord antérieur, se décolle dans toute son étendue et tombe sans douleur ni inflammation. Il n'y a pas trace d'ulcération. L'ongle est remplacé par un épiderme fin et rosé. La chute des ongles chez les 2 malades de M. Pitres semble s'être produite d'après un processus analogue, sauf pour l'ongle d'un gros orteil au niveau duquel il existait de l'onyxis. Ces cas ressemblent tout à fait à ce qui se passe chez certains syphilitiques et chez quelques tabétiques.

Dans nos 2 observations, le détachement de l'ongle s'est fait tout autrement. Ici, une hémorragie se produit à la surface du derme sous-unguéal et, suivant son abondance, détache l'ongle sur un espace plus ou moins grand. Si l'épanchement est minime, il se localise en un point au niveau duquel l'ongle se trouve éloigné des tissus sous-jacents par une mince nappe de substance rougeâtre, qui n'est autre chose que du sang desséché. Si l'hémorragie est plus abondante, le sang décolle dans toute son étendue l'ongle, qui perd ses attaches nutritives et ne se trouve plus maintenu que par les rebords unguéaux. Un ongle nouveau se développe, pousse au-dessous de l'ancien, le refoule et enfin en amène la chute totale. Ici, le mécanisme de détachement de l'ongle est analogue à celui qu'on observe quelquefois dans l'ataxie locomotrice.

Mais à quoi faut-il attribuer l'hémorragie unguéale? L'hypothèse d'un traumatisme n'est pas soutenable. Il serait plus plausible d'accuser de pareils désordres les modifications de la composition du sang et des altérations des parois vasculaires décrites en particulier par Ferrero. Des taches de purpura et des ecchymoses plus ou moins étendues s'observent assez souvent chez les glycosuriques. Rien de plus naturel, par conséquent, que de voir se développer, chez des malades ainsi prédisposés aux hémorragies, des épanchements sanguins sous-unguéaux sous l'influence d'une cause insignifiante, par exemple, l'irritation de la chaussure.

Nous croyons, malgré tout, que là n'est pas toute la vérité et que le système nerveux ne reste pas toujours absolument étranger à la production de ces phénomènes. Les raisons qui militent en faveur de cette opinion sont : a) l'apparition, chez notre second malade, de taches ecchymotiques coïncidant avec des crises douloureuses, comme chez les tabétiques; b) l'existence de démangeaisons, de fourmillements et de picotements dans les quatre membres, d'élancements douloureux dans les jambes et les pieds, de douleurs constrictives passagères dans les genoux et les coudes; c) la présence d'altérations évidentes dans les nerfs des pieds et des orteils.

Ceci n'implique pas, d'ailleurs, que les modifications de la composition sanguine soient sans influence. Les deux actions peuvent coexister et l'on n'en comprend que mieux le mécanisme de la chute des ongles.

Des névrites périphériques chez les cancéreux. *Revue de méde-cine*, 1890.

En 1887, Oppenheim et Siemerling font la première mention des névrites périphériques chez les cancéreux. Ils rapportent deux cas de cancer de l'estomac dans lesquels l'examen histologique de quelques nerfs leur a démontré l'existence d'altérations névritiques. La brièveté de leurs observations, le manque de détails sur les antécédents et les habitudes de leurs malades enlèvent à cette relation une grande partie de sa valeur.

En 1889, Klippel décrit aussi des lésions des nerfs périphériques chez les cancéreux; mais il les met sur le compte soit de l'œdème, soit de la phlegmatia alba dolens, qu'il observe chez ses malades.

L'interprétation de cet auteur est trop étroite. Si des lésions nerveuses peuvent survenir sous l'influence des causes qu'il signale, il peut s'en développer aussi sous la seule influence de la cachexie cancéreuse. Nous avons essayé de mettre ces points en lumière, et de combler la lacune signalée dans les observations de Oppenheim et Siemerling.

Nous avons recueilli, à cet effet, les observations cliniques de quelques malades atteints de cancer de différentes régions; nous avons examiné leurs nerfs et ceux d'un certain nombre d'autres cancéreux et, comparant ensuite les données cliniques et les données anatomo-pathologiques, nous en avons tiré les résultats que nous résumons ici.

La fréquence des névrites dans le cours des affections cancéreuses est très grande. Sur les 10 cas que nous avons rassemblés, nous en trouvons 9 qui présentent les lésions les plus nettes. Il est vrai que quelques-unes de nos observations manquent d'histoire clinique; que, dans d'autres, plusieurs causes peuvent entrer en ligne de compte pour expliquer la production des névrites. Mais il nous reste cinq observations, dont une fournie par M. Pitres, dans lesquelles aucune autre cause que le carcinome ne peut être invoquée pour expliquer ces altérations nerveuses.

Le siège périphérique des lésions n'est pas douteux. Les racines nerveuses et les gros troncs nerveux sont en effet normaux ou peu

altérés, tandis que les ramifications terminales sont au contraire
très malades ou du moins beaucoup plus malades.

Les lésions sont celles de toutes les névrites parenchymateuses.

Sous quelles influences se développent ces névrites périphériques;
autrement dit, quelle en est la pathogénie? La seule influence qui
paraisse devoir être mise en cause, c'est l'existence même d'une
tumeur carcinomateuse.

Quant aux symptômes en relation avec ces névrites, ils sont
très peu variés et, il faut bien le dire aussi, assez peu étudiés. Nous
avons noté, dans un cas, des douleurs très vives au niveau des
articulations tibio-tarsiennes, des sensations bizarres de froid au
niveau des deux membres inférieurs; d'autres fois, des picotements
et des fourmillements intenses dans les extrémités, avec un peu
d'hyperesthésie dans la région interne de l'avant-bras. Ces manifestations cliniques des névrites ont besoin d'être recherchées,
car le malade, abattu par le mal, en proie à des douleurs souvent
beaucoup plus violentes, n'attire pas lui-même, de ce côté, l'attention du médecin.

D'ailleurs, les névrites latentes ne sont pas rares, et il ne faut
pas conclure à la non-existence d'altérations nerveuses chez un
malade pour la seule raison qu'il n'a eu aucun des signes, pourtant
très nombreux, de ces sortes de lésions.

Parésie hystérique du membre supérieur gauche. Thèse de
doctorat de M. Bitot.

Cette observation, parue en 1887, au moment où M. Charcot
faisait connaître l'hystérie masculine, est insérée dans la thèse
de M. le Dr Bitot.

De la chorée hystérique arythmique. *Progrès médical, 1891.*

Très peu de temps après la description de la chorée hystérique
arythmique donnée par M. Debove, quelques observations nouvelles
avaient été publiées par MM. Merklen, Chantemesse, Joffroy,
Séglas, Roque et Perret. C'est alors que j'eus moi-même l'occasion
d'observer trois cas de cette affection, dont un grâce à l'obligeance
de M. Pitres.

Dans ces trois observations, il s'agit nettement d'hystériques qui, en dehors des phénomènes ordinaires de cette névrose, ont présenté tout un ensemble de symptômes analogues à ceux de la chorée de Sydenham. Faut-il voir dans ce complexus symptomatique la coexistence de deux névroses, chorée et hystérie, ou bien ne doit-on y voir que les manifestations diverses d'une seule maladie, l'hystérie?

A cet égard, les observations publiées jusqu'à ce jour peuvent être classées en trois groupes. Le premier groupe comprend celles où les mouvements choréiques suivent une marche analogue à ceux de la chorée vulgaire, sans être influencés ni par les attaques convulsives intercurrentes, ni par la pression d'un point déterminé des téguments, ni par les aimants ou l'électricité. Notre première observation appartient à ce groupe. Dans ces cas, il est facile de soutenir la coexistence des deux névroses.

Dans le deuxième groupe trouvent place les observations dans lesquelles la chorée arythmique a succédé à la chorée rythmique et en a pris la place. Là encore il est possible d'admettre la coexistence ou plutôt la succession des deux névroses.

Dans les observations du troisième groupe, à côté de symptômes nettement hystériques, se développent des mouvements choréiques présentant eux-mêmes les caractères de la grande névrose. Dans certains cas, par exemple, ils cessent par la pression de zones véritablement frénatrices. D'autres fois, au contraire, ils sont exaltés par la pression de zones d'excitation, comme chez la malade de notre deuxième observation. Dans d'autres cas, la chorée disparaît brusquement sous l'influence d'un courant faradique, de l'application d'un aimant ou à la suite d'une violente attaque convulsive (observation personnelle). Ces cas-là nous paraissent trancher la question, et nous obligent à admettre, à côté de la chorée rythmique ou grande chorée, l'existence d'une chorée hystérique arythmique.

Cette nouvelle forme symptomatique de l'hystérie une fois bien démontrée, on peut se montrer un peu moins sévère à l'égard des cas un peu moins complets et accepter dans le même cadre les deux premiers groupes d'observations.

De l'hémichorée arythmique hystérique. (En collaboration avec
M. CARRIÈRE.) *Archives cliniques de Bordeaux*, 1895.

L'hystérie peut prendre le masque de la chorée arythmique : les
travaux de Debove, Merklen, Chantemesse, Roque, Perret, Auché,
Toché et Dettling sont venus le démontrer. Mais le plus souvent,
les mouvements choréiques sont généralisés; rarement ils affectent
le type hémichoréique. Ayant eu l'occasion d'observer un cas de
ce genre, nous avons réuni dans un travail d'ensemble les faits
épars dans la littérature médicale.

L'hémichorée est relativement rare puisque nous n'avons pu
rassembler que 10 observations. Les renseignements sur le rôle
possible de l'hérédité manquent. L'influence du sexe est manifeste :
1 garçon pour 9 filles. L'âge d'apparition de l'hémichorée varie
généralement de treize à dix-huit ans; on l'a observée à neuf ans.

Le début de l'hémichorée peut être brusque ou, au contraire,
lent et progressif, ou même se faire après une contracture.

L'incoordination est identique à celle qui caractérise l'hémichorée
vulgaire. Dans 7 cas, elle était localisée à gauche et dans 3 cas à
droite. On a observé parfois le transfert de l'hémichorée d'un côté
du corps à l'autre.

Presque toujours on trouve, en même temps, des troubles de la
sensibilité. Ils sont constamment localisés du côté de l'hémichorée.
On a constaté : 5 fois de l'hémi-anesthésie sensitivo-sensorielle,
4 fois de l'hyperesthésie, 1 fois de l'hémi-hypoesthésie. On a signalé
encore : 1 fois des points douloureux au niveau du vertex et du
mamelon; très souvent de l'hyperesthésie ovarienne; enfin des
zones spasmogènes et des zones spasmo-frénatrices. Associées à
l'hémichorée on trouve généralement d'autres manifestations
hystériques : toux hystérique, accès convulsifs, boule hystérique,
contractures, rétrécissement du champ visuel.

La durée de l'hémichorée hystérique est extrêmement variable.
Les récidives ont été observées dans plus de la moitié des cas, et on
en a noté jusqu'à six.

La guérison est le plus souvent rapide, brusque, et survient à la
suite soit de crises convulsives, soit d'un accès de fièvre, soit
d'une faradisation de la peau, soit, comme dans notre cas, à la suite
d'une suggestion faite pendant le sommeil hypnotique.

Phénomènes hystériques chez deux enfants. (En collaboration avec Mlle Campana.) Société de gynécologie, d'obstétrique et de pédiatrie de Bordeaux, 1904.

Myxœdème congénital et hémiplégie cérébrale infantile. (En collaboration avec Mlle Campana.) Société de gynécologie, d'obstétrique et de pédiatrie de Bordeaux, 1904.

Sur un cas d'érythromélalgie ou névrose congestive des extrémités. (En collaboration avec M. Lespinasse.) *Revue de médecine*, 1889.

Le cas que nous rapportons est un exemple remarquable d'érythromélalgie localisée aux extrémités supérieures et inférieures, quoique à un degré différent.

Comme son nom l'indique, l'érythromélalgie est une affection caractérisée surtout par la congestion douloureuse des membres. Son siège est assez variable : tantôt les orteils seuls sont en cause; tantôt la jambe et la cuisse sont envahies par la douleur; tantôt, mais beaucoup plus rarement, les quatre extrémités sont intéressées.

Il s'agit, dans notre cas, d'un homme âgé de trente ans, de constitution vigoureuse, qui éprouve des poussées de congestion douloureuse au niveau des extrémités supérieures et inférieures. Sous l'influence de la position déclive des membres, de l'application d'un corps chaud, de l'exposition aux rayons du feu, du port des chaussettes, de la chaleur du lit, etc., la peau devient progressivement rouge, rouge foncé, parfois même d'un rouge vineux. Le réseau veineux superficiel lui-même se dessine plus nettement. Dans cet état, le malade éprouve une sensation de brûlure parfois atroce. Et de fait, il existe une véritable hyperthermie locale.

La crise cesse sous l'influence de la position élevée du membre ou de l'application de compresses froides.

Le traitement employé (douches froides, faradisation, opium, etc.) n'a donné aucun résultat, comme c'est malheureusement la règle en pareil cas.

Peau.

***

De l'ulcus rodens (clinique et anatomie pathologique). (En collaboration avec M. Dubreuilh.) *Annales de dermatologie et de syphiligraphie,*
1901.

ÉTIOLOGIE

D'après notre statistique personnelle, portant sur 110 cas, l'ulcus
rodens serait plus fréquent chez la femme que chez l'homme :
25 hommes contre 65 femmes. L'âge moyen du début de la maladie,
pour nos cas, est quarante-huit ans. Mais il y a, à cet égard, de
grandes variations. Les lésions, chez les malades les plus âgés
que nous ayons observés, ont débuté à soixante-quatorze et à
quatre-vingts ans. En revanche, on a observé un certain nombre
de cas débutant dans la jeunesse ou même dans l'enfance : quatorze ans (Hartzell, Roger Williams); quinze ans (J. Hutchinson).
Les cas les plus jeunes que nous ayons observés ont débuté
à douze, dix-huit et vingt ans. L'ulcus rodens est donc un épithélioma de l'âge mûr plutôt que de la vieillesse, mais il est, de toutes
les formes d'épithélioma cutané, celui qui se voit le plus souvent
dans la jeunesse.

L'hérédité est fort rare : elle est notée dans une de nos observations personnelles et dans une observation de Hutchinson.
Les conditions de milieu ne paraissent jouer aucun rôle dans la
production de l'ulcus rodens, qui s'observe tout autant chez les
gens de la ville que chez ceux de la campagne, tout autant dans
les professions abritées que dans celles qui sont exposées au grand
air. Il ne se développe pas sur des lésions pré-cancéreuses (kératose

sénile, xeroderma pigmentosum), mais, dans un certain nombre de cas, les malades font remonter le début de leur tumeur à un traumatisme, le plus souvent à une plaie.

Un nævus peut quelquefois être le point de départ d'un ulcus rodens. Des exemples sont rapportés par Bowlby, Bidwell, Clutton, et dans quatre de nos observations.

SYMPTOMATOLOGIE

Nous donnons successivement la description du type commun de l'ulcus rodens, puis celle des formes assez particulières ou assez communes pour mériter de constituer des types spéciaux.

Type général. — L'ulcus rodens débute généralement par une papule pâle ou un petit nodule qui se développe insidieusement, puis s'ulcère. L'ulcération peut être précoce ou très tardive. *Avant l'ulcération*, la maladie est constituée par une petite tumeur du volume d'un grain de chènevis ou d'un pois, sessile, d'un rose jaunâtre, ou différant à peine, par sa couleur, de la peau normale voisine, quelquefois gris ardoisé ou brune, couverte d'un épiderme mince, parcourue par quelques ramifications veineuses dilatées, de consistance ferme, indolente ou s'accompagnant seulement d'une très légère démangeaison. Ce nodule est constitué par un tissu très mou et friable qui se laisse enlever très facilement par la curette.

L'ulcère, qui représente la période d'état de la maladie, est arrondi, de la grandeur d'une lentille à celle d'une pièce de cinq francs. Le fond, généralement masqué par une croûte brune ou noirâtre assez mince, est constitué par une surface rose jaunâtre, lisse ou finement mamelonnée, douce, mais ferme au toucher, sécrétant une sérosité jaunâtre ou rosée, saignant moins facilement que les autres formes d'épithélioma, et généralement un peu déprimée au-dessous du niveau des parties voisines. Les bords sont taillés à pic ou en talus rapide; ils ne sont jamais décollés et sont immédiatement bordés d'un bourrelet dur, un peu saillant, qui est caractéristique, et qui mesure de 1 à 5 millimètres de largeur.

L'ulcus rodens est à peu près indolent; les malades n'accusent qu'un peu de démangeaison et quelques très légers élancements douloureux.

Les ganglions lymphatiques de la région restent toujours indemnes. Nous ne les avons vus engorgés qu'une fois.

L'ulcus rodens évolue toujours avec une grande lenteur et il met généralement plusieurs années à atteindre une largeur de 2 ou 3 centimètres. Du reste, la marche est irrégulière, et, après être restée stationnaire pendant des années, la tumeur peut prendre tout d'un coup une allure relativement rapide.

Le siège de l'ulcus rodens est presque toujours la partie supérieure de la face. Le point le plus souvent atteint est le voisinage de l'angle interne de l'œil ou plutôt les parties latérales de la racine du nez. Puis viennent, par ordre de fréquence décroissante, le lobule et les ailes du nez, le nez et l'angle interne de l'œil, les joues, le front et la tempe, la lèvre supérieure, l'oreille, le cou et le menton. La lèvre inférieure n'est jamais atteinte.

Dans un certain nombre de cas, les lésions étaient multiples et leur apparition avait été généralement successive.

Au cours de la maladie, il se fait souvent des cicatrisations partielles et temporaires, soit à la suite d'interventions thérapeutiques, soit spontanément. On voit alors l'ulcus rodens progresser et s'étendre par sa périphérie en laissant derrière lui du tissu de cicatrice, formant un ulcère serpigineux tout à fait analogue à une syphilide tertiaire.

La cicatrice, ainsi produite, spontanée ou même provoquée, n'est généralement pas saine; elle recèle des germes de récidive qui se montrent au bout d'un temps plus ou moins long et qui peuvent se rattacher à trois types : superficiel, moyen ou profond.

Forme nodulaire. — Le nodule non ulcéré du début de l'ulcus rodens peut durer quelquefois fort longtemps; il peut acquérir un volume et des caractères un peu spéciaux, et à ce titre constituer un type clinique particulier.

Le volume varie de celui d'un grain de mil à celui d'une noisette. Le plus souvent, la tumeur a le volume d'un gros pois; elle est arrondie, hémisphérique, faisant une saillie de 2 à 4 millimètres. Sa surface est régulière ou vaguement bosselée. Sa couleur est pâle, nacrée, ou d'un rose un peu jaunâtre, avec une certaine demi-transparence. On y distingue quelquefois des marbrures grises ou ardoisées ou des points nacrés d'apparence kystique. L'épiderme qui le recouvre est mince, tendu, luisant, parfois vaguement squameux. Au-dessous de lui se voient quelques veinules dilatées qui s'irradient du bord vers le sommet.

Ces tumeurs sont molles à la palpation; mais saisies entre deux doigts, elles sont très résistantes et bien limitées. Elles sont mobiles sur les parties profondes, généralement très superficielles, mais quelquefois cependant enchâssées dans le derme.

Les kystes sont très fréquents et toujours multiples. Parfois microscopiques, ils sont d'autres fois volumineux et occupent la plus grande partie de la tumeur, qui, dans ces cas, ne diffère guère des autres que par la consistance et la demi-transparence qui y est plus marquée.

La multiplicité des lésions est particulièrement fréquente dans la forme nodulaire. On voit quelquefois une demi-douzaine de nodules réunis en groupe ou disséminés en différentes parties de la face, surtout aux paupières et dans leur voisinage.

Le siège des petites tumeurs non ulcérées est très variable. On peut en trouver à peu près dans tous les points de la face, mais surtout aux paupières et au voisinage des ailes du nez.

L'indolence n'est pas absolue. Les malades éprouvent des picotements, des démangeaisons, de petits élancements, mais pas de véritable douleur spontanée.

Le développement est très lent et les nodules peuvent persister sans modifications pendant 2, 5 et même 10 ans.

Forme térébrante. — Elle est caractérisée par l'intensité du processus ulcéreux et destructif. L'ulcération, partie le plus souvent de l'angle de l'œil, creuse en profondeur et devient adhérente aux os du nez, qui sont progressivement entamés sans être mis à nu; elle détruit les téguments du nez et les paupières, puis le squelette osseux et cartilagineux du nez en ouvrant les fosses nasales, les os de la partie interne et inférieure de l'orbite; elle pénètre dans l'orbite, mais sans y former de fusées profondes; elle tapisse le globe de l'œil, qui résiste longtemps, mais finit par se vider et s'atrophier. Elle peut ouvrir les différentes cavités de la face et même du crâne. Il n'y a pas de lésion plus destructive, et l'importance même des délabrements est un élément de diagnostic différentiel d'avec la syphilis ou la tuberculose.

La marche de la forme térébrante est parfois assez rapide. Le plus souvent, après un premier stade d'évolution lente, l'ulcère devient envahissant et destructif et fait, en quelques années, des délabrements effroyables.

Le diagnostic est généralement facile, bien que l'erreur puisse être commise avec la syphilis tertiaire, le lupus, l'épithélioma à type épidermique, plus difficilement avec la farcin térébrant du centre de la face.

La forme atrophique débute, comme d'habitude, par un petit nodule pâle ou grisâtre qui s'étend graduellement en présentant parfois une ulcération temporaire et en se cicatrisant au centre. Il se forme ainsi une vaste plaque cicatricielle à contour irrégulier, entourée d'une étroite bordure néoplasique extensive.

La bordure est formée par un bourrelet de 2 millimètres environ de large, très légèrement saillant et dur. Il est recouvert d'un épiderme mince et lisse. Sa couleur est quelquefois d'un gris rosé, mais très souvent il est pigmenté et varie du gris au brun sépia ou au noir bleuâtre.

L'aire cicatricielle, qui forme la plus grande partie de la plaque, est d'un blanc nacré, unie, lisse et déprimée. La peau y est amincie et tendue sur l'os frontal sous-jacent. On y voit souvent une desquamation en lamelles minces, souples, transparentes, qui ne se manifeste que si on la met en évidence par le grattage. La présence de ces squames indique une tendance à la production de nodules de rechute.

Le siège de prédilection est le front. La marche est très lente : dans une de nos observations, elle a duré vingt-deux ans, jusqu'à la mort de la malade par pneumonie.

Le diagnostic est parfois difficile et on a pu très bien confondre la forme cicatricielle de l'ulcus rodens avec le lupus ou la syphilis tertiaire.

Diagnostic clinique et histologique de l'ulcus rodens. (En collaboration avec M. Dubreuilh.) Société française de dermatologie et de syphiligraphie; session de Toulouse, 1-2 avril 1902. *Annales de dermatologie et de syphiligraphie,* 1902.

A. On peut distinguer dans les épithéliomas de la face *trois types cliniques principaux :*

I. *L'épithélioma ou cancroïde de la lèvre inférieure.* — Il naît sur le bord incarnat de la lèvre, souvent sur une plaque de leucokératose. Il forme d'emblée une tumeur infiltrée dans l'épaisseur de la lèvre, mal limitée et relativement peu saillante. Il envahit les ganglions, peut se généraliser et récidive souvent sur place après des opérations en apparence complètes. Sa malignité est supérieure à celle de toutes les autres formes d'épithélioma de la face.

II. *L'épithélioma vulgaire de la face.* — Il débute en un point quelconque de la face et s'observe surtout chez les campagnards ou chez ceux qui ont beaucoup vécu au grand air. Il débute généralement sur une plaque de kératose sénile, qui s'épaissit, s'indure et s'ulcère. Il forme, au début, soit une tumeur globuleuse, saillante, peu profondément infiltrée, soit un ulcère induré, suppurant, saignant et bientôt fongueux et végétant. L'envahissement ganglionnaire est assez fréquent. La marche est rapide. La tumeur peut aboutir à la généralisation viscérale, à la cachexie et à la mort.

III. *Ulcus rodens.* — (Voir plus haut.)

B. A ces différences cliniques correspondent des *différences histologiques*, mais ce n'est que pour l'ulcus rodens qu'on peut établir nettement un type anatomique correspondant au type clinique. Nous pouvons provisoirement caractériser ces différents types comme suit :

I. Le cancroïde de la lèvre inférieure est formé de cellules volumineuses à type nettement épidermique, avec des filaments d'union très nets, contenant souvent desgrains de kérato-hyaline, et formant des globes cornés manifestes. Ces cellules néoplasiques s'infiltrent dans les tissus voisins, qui sont remplis de cellules plasmatiques.

II. L'épithélioma vulgaire de la face a une structure histologique assez variable. Tantôt il est formé de cellules nettement épidermiques, en évolution cornée manifeste; il ressemble alors au type précédent. Tantôt il est formé de cellules assez petites et indistinctes, plus grosses cependant que dans l'ulcus rodens, avec des globes cornés rares ou seulement ébauchés; il est disposé en amas mal limités dans un stroma infiltré de cellules plasmatiques.

III. *Ulcus rodens.* — (Voir précédemment.)

Comparant toutes ces données, nous voyons que, contrairement à l'opinion classique, c'est dans la forme la plus bénigne que les cellules néoplasiques sont le plus éloignées de leur type originel, qu'elles ont le plus perdu l'apparence épidermique pour prendre l'apparence embryonnaire, et que c'est dans la forme la plus maligne qu'elles ont le mieux conservé l'aspect et l'évolution épidermiques·

Ulcus rodens térébrant de la face. Adénopathies tuberculeuses. Tuberculose pulmonaire fibreuse. *Journal de médecine de Bordeaux*, 2 novembre 1902.

Cette observation est intéressante à plusieurs points de vue.

D'abord, elle apporte une preuve bien éclatante de la non-généralisation ganglionnaire de l'ulcus rodens. Bien que chez ce malade le néoplasme ait évolué pendant une vingtaine d'années et ait détruit presque tout un côté de la face, les ganglions cervicaux et sous-maxillaires ne contiennent aucune trace d'épithélioma.

En second lieu, elle est un exemple de cette association sur laquelle on a particulièrement insisté dans ces dernières années : tuberculose d'une part, épithélioma d'autre part. Ici, les deux lésions ont évolué côté à côté, et toutes deux d'une façon très lente, le néoplasme précédant la tuberculose qui, vraisemblablement, a été contractée à l'hôpital.

En troisième lieu, du fait de cette coïncidence, elle montre que le clinicien peut être induit en erreur et amené à croire à l'existence d'un envahissement des ganglions par le néoplasme, alors qu'il s'agit en réalité d'une adénopathie tuberculeuse.

Épithéliomes bénins multiples du cuir chevelu. (En collaboration avec M. DUBREUILH.) *Annales de dermatologie et de syphiligraphie*, 1902.

ÉTIOLOGIE

Les malades sont pour la plupart des femmes. L'âge d'apparition des tumeurs varie de douze ans (Rafin) à cinquante-quatre ans (Barlow); en moyenne, il a été de vingt-huit ans. L'hérédité a été constatée quelquefois.

DESCRIPTION

Le début des lésions est tout à fait insidieux; le plus souvent, c'est par hasard que les malades s'aperçoivent de la présence des tumeurs. Dès ce moment, elles se multiplient et augmentent de volume lentement et progressivement.

Dans tous les cas, les tumeurs ont débuté par le cuir chevelu ou le front, à la lisière des cheveux, et c'est dans ces régions qu'elles sont restées les plus nombreuses et les plus volumineuses. Leur nombre a varié de six à quatre-vingt-quatre (Mulert). On en a trouvé aussi, mais plus disséminées, sur la face, le cou, la nuque, le tronc, les membres supérieurs et inférieurs, le scrotum.

Les plus petites tumeurs sont presque invisibles ; elles soulèvent à peine la peau et on les sent, à la palpation, sous forme d'un nodule ferme profondément enfoncé dans la peau, qui se laisse légèrement plisser à sa surface et conserve ses cheveux.

Les grosses tumeurs ont le volume d'une noisette, d'un œuf, voire d'une mandarine. Elles sont saillantes, sessiles ou un peu pédiculées. Leur couleur est rosée ou d'un rouge violacé qui les a fait comparer à des tomates. Elles sont arrondies, bosselées ou lobulées. La peau qui les recouvre est amincie, parcourue de veines dilatées et, le plus souvent, dépourvue de cheveux. Elles font corps avec la peau, mais sont mobiles sur le crâne. Leur consistance est variable : jamais dures, elles sont généralement fermes, quelquefois molles. Elles sont toujours indolentes. La tête en est plus ou moins complètement garnie. Les ganglions lymphatiques sont indemnes.

La maladie dure indéfiniment, les tumeurs augmentant toujours de nombre et de volume sans amener aucune altération de la santé générale.

Les tumeurs excisées ne se reproduisent pas, même quand l'extirpation a été incomplète.

Il s'agit donc de tumeurs bénignes qui ne se généralisent pas et ne mettent pas la vie en danger.

Le *diagnostic clinique* est facile, ces tumeurs ne pouvant guère être confondues qu'avec les loupes.

Le *traitement* consiste dans l'extirpation.

Kystes graisseux sudoripares. (En collaboration avec M. DUBREUILH.) *Archives cliniques de Bordeaux*, 1896. III⁰ Congrès international de dermatologie, tenu à Londres en août 1896.

Les kystes développés aux dépens du glomérule sudoripare sont peu connus, puisque nous n'avons pu en trouver nulle part de mention. Ni dans le traité de Kaposi annoté par Besnier et Doyon, ni dans le mémoire de Petersen, il n'est fait mention de lésion analogue à la nôtre. Unna, dans son *Histopathologie*, déclare ne pas connaître de kystes glomérulaires, et il décrit seulement des kystes canaliculaires ou hydrocystomes et des kystes orificiels ou miliaire sudorale. Notre observation est un cas de kystes multiples développés aux dépens des glomérules sudoripares et contenant de la graisse presque pure, à la différence des kystes dits sébacés, qui contiennent plus de cellules épithéliales que de graisse.

Cette maladie est constituée par des tumeurs multiples, globuleuses, du volume d'un pois en moyenne, de consistance modérément dure ou même fluctuante, siégeant dans le derme ou à sa face profonde, répandues à peu près partout et notamment dans les aisselles, sans occasionner aucune douleur ni aucune gêne.

Leur paroi est assez mince et par la ponction elles donnent issue à de la graisse presque pure, molle ou liquide. Elles sont constituées anatomiquement par une capsule fibreuse et un revêtement épithélial mince formé de deux, trois rangées de cellules nucléées, aplaties, n'ayant aucune tendance à la kératinisation. Leur forme, assez régulière, est parfois accidentée par quelques anfractuosités, vestige de leur structure primitivement multiloculaire.

Leur origine sudoripare est démontrée par la série ininterrompue des altérations que nous avons pu suivre depuis les glomérules normaux, dont les anses, progressivement dilatées, arrivent à se fusionner en un kyste unique par la résorption et la disparition des cloisons qui les séparaient.

De la tuberculose cutanée primitive par inoculation directe.
(En collaboration avec M. Dubreuilh.) *Archives de médecine expérimentale et d'anatomie pathologique*, 1890.

Depuis Villemin, on sait que la tuberculose est transmissible de l'homme aux animaux et que cette transmission peut se faire par trois voies principales : la voie pulmonaire, la voie digestive et la voie cutanée. Ces données furent bientôt appliquées à l'homme lui-même, et, en ce qui concerne la transmission de la tuberculose par voie cutanée, l'observation a démontré que non seulement elle était possible, mais que même elle était beaucoup plus fréquente qu'on ne le croyait jusqu'alors.

Les tentatives d'inoculation pratiquées chez l'homme sont toutes arrivées jusqu'à ce moment, fort heureusement du reste, au même résultat négatif. Les faits d'inoculation accidentelle sont au contraire très probants. Quelques-uns ont la portée et la précision de véritables expériences. Parmi ces faits, nous étudions seulement ceux dans lesquels le germe, venu de l'extérieur, fait effraction à travers l'épiderme, se cantonne dans la peau, au moins pendant quelque temps, et, par suite de son développement, arrive à constituer les lésions initiales que nous avons pour but de décrire. Ces faits sont déjà assez nombreux; nous en donnons la bibliographie complète. Une observation personnelle, dont voici un résumé très succinct, rentre dans le même cadre.

Une jeune femme, cultivatrice, âgée de vingt-trois ans, jusque-là bien portante, entre, au mois de septembre 1888, au service d'une dame atteinte de tuberculose pulmonaire, qui crache abondamment dans des mouchoirs. La domestique lave ce linge; elle le frotte de la main droite fermée, en appuyant surtout sur les articulations fléchies des derniers doigts.

Deux jours après la mort de sa maîtresse, qui survient le 26 octobre 1888, la domestique souffre un peu des deux derniers doigts de la main droite et elle remarque une petite tuméfaction, accompagnée de rougeur et de douleur à la pression, au niveau de l'articulation phalango-phalanginienne des deux derniers doigts, du côté de l'extension. Cette nodosité s'ouvre deux jours après et donne issue à un peu de pus séreux. Six jours plus tard, il existe de la douleur dans la région axillaire. Une adénite se forme, s'ouvre au bout de trois semaines et reste fistuleuse.

Deux mois environ après le début des accidents apparaît, sur le bord externe de l'avant-bras, une petite nodosité sous-cutanée qui augmente, s'ouvre au bout de trois semaines et reste fistuleuse. D'autres tumeurs analogues se forment encore sur ce membre supérieur.

Nous voyons la malade environ cinq mois après le début des accidents. L'auriculaire de la main droite présente, sur sa face dorsale, au niveau de l'articulation phalango-phalanginienne, une plaque rouge indurée, médiocrement saillante, à contours inclinés. La partie périphérique est simplement érythémateuse et se confond graduellement avec les parties voisines. La partie centrale est couverte de squames blanchâtres, dures, épaisses, cornées, adhérentes, irrégulières et comme hérissées; en les soulevant on découvre un peu de pus séreux. La lésion est douloureuse à la pression, mais non spontanément; l'articulation est saine et la flexion du doigt est facile.

Sur l'articulation homologue de l'annulaire droit on trouve une lésion semblable, mais un peu moins étendue.

Plusieurs petits nodules sous-cutanés, indolents, assez durs, se trouvent sur le bord interne de la phalange de l'annulaire droit, sur la face dorsale du métacarpe suivant la direction du tendon extenseur de l'annulaire, sur la face dorsale du poignet.

Sur l'avant-bras droit, on trouve : au niveau de son bord externe, un petit abcès cutané, ouvert à l'extérieur et à bords décollés ; sur sa face antérieure, plusieurs petits nodules tantôt cutanés, tantôt sous-cutanés, disposés sur deux lignes, l'une suivant le bord radial, l'autre suivant le bord cubital.

Le ganglion épitrochléen n'est pas altéré.

Sur la face interne du bras existent deux abcès fluctuants et un semis de nodules sous-cutanés du volume d'un grain de blé qu'on peut suivre jusque dans l'aisselle.

Dans l'aisselle on trouve une tumeur du volume d'une grosse noix, ouverte à l'extérieur et laissant s'écouler une quantité assez abondante de pus séreux. Au-devant de l'épaule existe une gomme tuberculeuse ulcérée.

Le membre supérieur gauche, les deux membres inférieurs sont sains. On ne trouve de ganglions indurés ni dans l'aisselle gauche, ni dans les aines, ni au cou.

Sauf quelques symptômes douteux de tuberculose pulmonaire, on ne trouve rien d'anormal dans les autres organes.

Après un traitement mercuriel d'épreuve qui reste sans résultat, la malade est opérée. Toutes les lésions sont excisées ou vidées avec la curette et cautérisées au thermo-cautère.

Les pièces sont soumises à l'examen microscopique et bactériologique. Quelques fragments sont inoculés à des cobayes qui deviennent tuberculeux.

Après comparaison de cette observation avec celles publiées antérieurement, au nombre d'une soixantaine, nous avons indiqué les divers modes d'inoculation et décrit les divers aspects cliniques de la tuberculose cutanée primitive.

Les modes d'inoculation sont essentiellement divers : tantôt l'infection s'est faite à la suite de la circoncision (17 cas) ; d'autres fois, il s'agit de lésions pathologiques de la peau infectées secondairement ; d'autres fois et assez souvent, c'est une plaie véritable faite par des objets infectés ; d'autres fois encore la lésion peut être extrêmement superficielle, au point de passer inaperçue, comme dans bon nombre d'observations et, entre autres, la nôtre.

L'origine du virus est différente et, bien souvent, obscure. Tantôt il vient de l'extérieur, apporté par l'objet qui a fait la blessure; tantôt il provient du malade lui-même, déjà tuberculeux.

Tuberculose cutanée consécutive à la circoncision. — La physionomie clinique de cette forme est bien particulière et tient probablement au jeune âge des malades.

La plaie opératoire ne se cicatrise pas ou ne se cicatrise qu'incomplètement; puis, au bout de 12 jours (Lehmann) à 6 semaines (Eve), il s'y forme des nodules qui s'ulcèrent. L'ulcère, ainsi formé, suppure modérément; il est plat, quelquefois induré; il s'accroît par fonte des bords ou par la formation, dans les bords, de nouveaux nodules qui s'ulcèrent à leur tour. En même temps ou quelques semaines après, les ganglions des aines s'indurent, puis suppurent; des abcès froids apparaissent à distance sur les membres, le tronc, la tête même; les ganglions pelviens sont envahis à leur tour et l'enfant meurt, dans le marasme, au bout de quelques mois. D'autres fois la mort survient par tuberculisation pulmonaire ou plus souvent par méningite tuberculeuse. La guérison peut cependant survenir, soit spontanément après de longues suppurations, soit après opération consistant en raclages ou en cautérisations de tous les ulcères et en l'extirpation des ganglions infectés. Le pus des ulcères et des ganglions contient des bacilles tuberculeux.

A côté de ces faits, il faut placer celui de Deneke relatif à un enfant de sept mois qui, en tombant sur le crachoir de sa mère phtisique, le brisa et se fit plusieurs blessures à la face. Les lésions évoluèrent d'une façon identique aux précédentes et amenèrent la mort en cinq mois et demi.

Il semble donc que la tuberculose inoculée chez le jeune enfant présente une gravité toute particulière ainsi que des symptômes et une marche qui lui sont propres.

Chez l'adulte la symptomatologie de la tuberculose inoculée est beaucoup plus variable.

a) Dans quelques cas, les accidents ont débuté par un *panaris* siégeant à la pulpe des doigts, évoluant lentement et laissant, à sa suite, une ulcération ou une fistule. Ultérieurement, sont survenues des ulcérations de l'avant-bras ou du dos de la main, des adénites, une synovite fongueuse.

b) La *forme ulcéreuse* est beaucoup plus fréquente que la précédente. Tantôt la porte d'entrée passe inaperçue ; tantôt la plaie ne se cicatrise pas ; tantôt elle se cicatrise, mais se rouvre au bout de 2 à 6 semaines. Il apparaît alors un nodule douloureux et dur qui suppure, s'ouvre au dehors et forme un petit ulcère qui ne tarde pas à s'agrandir. Il en résulte une ulcération à contours irréguliers, géographiques, ou des ulcères multiples, taillés à l'emporte-pièce, confondus sous la même croûte. Les bords de l'ulcère sont généralement taillés à pic, infiltrés, parfois décollés ou présentant des nodules blanchâtres ou jaunâtres ; le fond en est rouge pâle, mamelonné, couvert de pus, qui se concrète en une croûte épaisse ; la sécrétion de l'ulcère est d'ailleurs généralement peu abondante. Tout autour, on trouve une zone érythémateuse ou livide plus ou moins large, ou des portions présentant l'aspect de la tuberculose verruqueuse. Il y a un peu de sensibilité à la pression, mais pas de douleur spontanée.

La marche est très lente et se compte par mois et par années.

c) La *forme papillomateuse ou verruqueuse* est, peut-être, plus fréquente que la forme ulcéreuse. La lésion débute 2 à 4 semaines après l'inoculation par un nodule dur et douloureux ou par une papule où il se forme un abcès de dimensions minimes. La petite saillie persiste et se recouvre d'une croûte pendant qu'il se forme, dans le voisinage immédiat, d'autres lésions analogues qui viennent agrandir la première.

Une fois constituée, la plaque de tuberculose verruqueuse présente une forme arrondie, d'autant plus irrégulière qu'elle est plus étendue. Elle est saillante, quelquefois hémisphérique, plus généralement aplatie, s'accompagnant d'une infiltration profonde du derme. Sa surface est irrégulière, inégale, hérissée d'aspérités, coupée de fissures étroites et profondes masquées par des croûtes. Les saillies sont couvertes de squames épaisses et adhérentes, de sorte que l'ensemble a l'aspect d'une agglomération de verrues. Si l'on presse la tumeur entre les doigts, on fait sourdre du pus par une foule d'orifices situés dans l'intervalle des saillies papillaires, et, si l'on nettoie la lésion par un cataplasme, on voit qu'elle est constituée par des papilles hypertrophiées entre lesquelles sont des fissures suppurantes ou des abcès miliaires profondément situés. Tout autour se trouve une zone rouge foncé ou livide qui s'abaisse graduellement depuis le niveau de la plaque verruqueuse jusqu'à celui de la peau saine.

Parfois la plaque est presque sèche; elle est hérissée de papilles coiffées de squames; il n'y a presque pas de croûtes et la suppuration est minime. D'autres fois, presque tout est recouvert par les croûtes qui masquent plus ou moins complètement la structure papillomateuse et la surface est criblée d'orifices qui versent du pus en abondance à la moindre pression.

Ces plaques sont généralement arrondies, mais quelquefois très irrégulières; elles siègent presque constamment sur la face dorsale de la main ou des doigts; elles ne sont que peu ou pas douloureuses.

Leur évolution est extrêmement lente; elle peut durer des années.

Au voisinage de ces lésions on trouve souvent de petits nodules tantôt sous-cutanés, tantôt cutanés, en nombre très variable et distribués irrégulièrement sur le trajet des lymphatiques qui se rendent du foyer d'inoculation vers la racine du membre. En même temps ou après le début de cette lymphangite tuberculeuse se développe une adénite de même nature. Ces deux lésions secondaires constituent un caractère distinctif très important de la tuberculose inoculée de l'homme. Les agents tuberculeux peuvent ne pas rester cantonnés dans les ganglions et atteindre les poumons.

Cette description clinique, faite ici très brièvement, est suivie de la description des lésions anatomo-pathologiques de la tuberculose verruqueuse et d'une comparaison, entre elles, des cinq formes de tuberculose cutanée actuellement connues :

1º L'ulcère tuberculeux secondaire;

2º La gomme scrofulo-tuberculeuse;

3º La tuberculose cutanée primitive par inoculation;

4º Le lupus tuberculeux, qui peut être quelquefois dû à l'inoculation dans certaines conditions spéciales;

5º L'ulcère tuberculeux primitif.

Gangrène infectieuse de la peau consécutive à une fièvre typhoïde chez un enfant de treize ans. (En collaboration avec M. Latreille.) *Journal de médecine de Bordeaux*, 8 mai 1904.

Un enfant de treize ans entre à l'hôpital des Enfants pour des phénomènes fébriles survenus peu de temps après un traumatisme de la région abdominale. Au bout de quelques jours se dessinent tous les symptômes d'une dothiénentérie, confirmée par le séro-diagnostic. Mais déjà le petit malade a, sur la région dorsale, plusieurs vésico-pustules reposant au centre d'une plaque rose plus ou moins étendue. Les jours qui suivent, on voit apparaître :

1° Des plaques disséminées de gangrène cutanée. Elles naissent, le plus souvent, au niveau des vésico-pustules; une fois au niveau d'une plaque rouge violacée à centre ecchymotique, non surmontée de vésicule ou de vésico-pustule; d'autres fois, mais assez rarement, au niveau d'abcès cutanés;

2° Des pustules qui prennent quelquefois les caractères des pustules varioliques;

3° Des abcès cutanés et sous-cutanés nombreux.

Les vésico-pustules et les pustules non rompues, ainsi que les abcès cutanés et sous-cutanés, contiennent du staphylocoque doré à l'état de pureté. Les plaques gangréneuses donnent, après culture, du staphylocoque doré et du coli-bacille. Il n'y a ni bacilles diphtériques ou pseudo-diphtériques, ni microbes anaérobies.

Les staphylocoques dorés, inoculés au lapin, déterminent la formation d'un volumineux abcès qui s'ouvre et guérit rapidement sans trace de processus gangréneux. Les coli-bacilles ne provoquent qu'un peu d'induration sous-cutanée, qui disparaît vite.

Puisque dans les lésions simples, vésico-pustules, pustules, abcès cutanés et sous-cutanés, les staphylocoques existent seuls, tandis qu'ils sont associés aux coli-bacilles dans les lésions ulcéro-gangréneuses, il semble bien que ce soit à cette symbiose staphylococcique et coli-bacillaire, évoluant sur un terrain très déprimé, peu résistant et à réactions atténuées, qu'on doive rapporter la production des plaques de gangrène.

Contribution à l'étude de la pathogénie de la gangrène infectieuse disséminée de la peau. IVme Congrès de gynécologie, d'obstétrique et de pédiatrie, Rouen, 1904.

Sur la bactériologie et la pathogénie de la gangrène infectieuse disséminée de la peau chez les enfants. Société de médecine et de chirurgie de Bordeaux, 20 mai 1904. *Gazette hebdomadaire des sciences médicales de Bordeaux*, 26 juin 1904.

De ces travaux, qui reposent sur trois observations cliniques et sur de très nombreuses expériences, faites sur les animaux avec les agents microbiens isolés des malades, se dégagent les conclusions suivantes :

1º *Le staphylocoque doré existe seul* dans les lésions simples des trois malades : vésico-pustules et pustules non rompues; abcès cutanés et sous-cutanés.

2º Au contraire, dans les lésions gangréneuses, on le *trouve toujours associé à d'autres agents microbiens :* coli-bacille seul dans un cas; streptocoque et bacille diphtérique court dans le second cas; streptocoque et coli-bacille dans le troisième.

3º *Aucun microbe strictement anaérobie n'a été isolé.*

4º *Les propriétés pathogènes du staphylocoque doré* ne sont pas les mêmes chez les trois malades. Chez le premier, il est nettement pyogène expérimentalement. Chez les deux autres, il détermine sur les animaux, d'une façon très rapide et très intense, *des lésions de sphacèle de la peau.* Il ne donne de la suppuration que plus tard, lorsque le processus nécrotique est arrêté et que l'eschare est en voie d'élimination.

5º Les *streptocoques*, les *coli-bacilles* et le *bacille diphtérique court*, associés au staphylocoque doré, sont à peu près dépourvus de virulence. Ils ne déterminent ni suppuration ni eschare.

6º La *présence constante* et la *virulence particulière du staphylocoque doré* paraissent démontrer qu'il est l'agent le plus important, peut-être même assez fréquemment, l'unique agent de production des foyers de gangrène cutanée. Les *propriétés nécrotiques* qu'il possède, chez deux de nos malades, et grâce auxquelles il peut déterminer du sphacèle de la peau chez des animaux adultes et bien portants, me semblent démontrer cette opinion. Mais souvent, le plus souvent probablement, il a besoin d'être aidé dans sa tâche par des agents microbiens associés : streptocoques, coli-bacilles, bacilles diphtériques, même peu ou pas virulents.

7º Les microbes anaérobies, en particulier le *bacillus ramosus* qui, seul, jusqu'ici, a été isolé dans un cas de plaques de gangrène cutanée par MM. Veillon et Hallé, peuvent sans doute déterminer des lésions semblables, mais nous ignorons avec quelle fréquence.

8º De ce qui précède, il résulte que la gangrène infectieuse disséminée de la peau est plutôt le fait d'un processus nécrotique que d'un processus véritablement gangréneux, attribuable aux microbes anaérobies, comme le pensent MM. Veillon et Hallé.

9º Le rôle de l'état général n'est pas à dédaigner : la diminution de la résistance des éléments cellulaires, ainsi que les modifications des réactions organiques en général, telles qu'on les observe dans les organismes cachectiques ou fortement débilités par une cause quelconque, doivent favoriser considérablement la production des lésions de la gangrène infectieuse disséminée de la peau.

10° La gangrène infectieuse disséminée de la peau est donc, non pas une véritable entité morbide, mais un complexus clinique produit par le développement sur un organisme, le plus souvent cachectique ou débilité, de microbes ou de symbioses microbiennes de nature variée. Le staphylocoque doré est susceptible d'acquérir des propriétés nécrotiques remarquables et de déterminer à lui seul la lésion. Le plus souvent il est associé à d'autres agents microbiens qui lui apportent un concours plus ou moins efficace et qui sont : le streptocoque pyogène, le coli-bacille, le bacille diphtérique, le bacille pyocyanique, etc., Certains microbes anaérobies peuvent produire la même lésion.

Abcès multiples coli-bacillaires de la peau d'un nourrisson.
Réunion biologique de Bordeaux. séance du 2 juillet 1907. *Journal de médecine de Bordeaux*, août 1907.

Les abcès multiples de la peau des nourrissons sont produits presque toujours par les staphylocoques blancs ou dorés. Le streptocoque a été trouvé exceptionnellement. *Quant au coli-bacille, il ne paraît pas avoir encore été isolé du pus de ces abcès multiples.* L'observation rapportée dans ce travail est donc des plus intéressantes.

Il s'agit d'un petit prématuré qui, à l'âge de trois semaines environ, présente plusieurs abcès intra-dermiques situés : deux sur la face externe de la cuisse droite, un sur la face externe de la cuisse gauche, un autre immédiatement au-dessus de la crête iliaque gauche.

Dans le pus de ces abcès on trouve du coli-bacille à l'état de pureté. La porte d'entrée de ces agents microbiens a été la peau, peu ou pas protégée par la couche cornée mal développée.

Note sur le clou de Biskra. (En collaboration avec M. Le Dantec.)
Archives cliniques de Bordeaux, 1894.

Au moment de la publication de cette note, la pathogénie du clou de Biskra était encore discutée. On l'attribuait cependant, d'une façon générale, à un microcoque, voisin du staphylocoque, décrit par Duclaux, retrouvé par Chantemesse, Heydenreich.

Chez le malade soumis à notre observation, nous avons isolé deux agents microbiens : un *staphylocoque* qui répond à la description des auteurs précédents et un *streptocoque* qui, en culture dans le bouillon, donne des *chaînelles très longues, dont quelques-unes sont ramifiées*.

Actuellement, il semble bien que le bouton de Biskra soit dû à un protozoaire spécial connu sous le nom de *piroplasme*.

Un cas de botryomycose humaine. (En collaboration avec M. CHA-VANNAZ.) *Journal de médecine de Bordeaux*, 17 août 1902.

Il s'agit, dans cette observation, d'un cas de botryomycose de l'éminence thénar gauche survenue chez une jeune femme de vingt-huit ans.

L'ensemencement de la tumeur nous a donné des cultures de streptocoque et de staphylocoque doré. C'est, pensons-nous, la première fois qu'on rencontre ainsi le staphylocoque et le streptocoque réunis dans une tumeur botryomycosique, mais, par sa virulence atténuée, le streptocoque semble jouer ici un rôle tout à fait effacé.

Pemphigus héréditaire traumatique simple. (**Épidermolyse bulleuse héréditaire.**) *Journal de médecine de Bordeaux*, septembre 1906.

Nous rapportons, dans ce travail, une observation typique de cette affection, qui est loin d'être très commune. Il s'agit d'un enfant de neuf ans, doué d'une bonne santé générale, qui, tous les ans, pendant la saison chaude, présente des phlyctènes de volume excessivement variable, localisées presque toujours au niveau des pieds (face dorsale et face plantaire) et de la ceinture, c'est-à-dire dans des régions qui sont irritées par les souliers d'une part, par la ceinture du pantalon d'autre part. Mais il est facile d'en faire naître dans d'autres régions. Un jour, par exemple, où l'enfant s'était amusé quelques instants à porter un de ses petits camarades dans une brouette, il vit des phlyctènes se produire au niveau de la face palmaire des mains.

Ces phlyctènes guérissent rapidement sous l'influence du repos, sans laisser aucune cicatrice.

Il ne s'en produit pas si le malade reste étendu. Elles n'apparaissent jamais pendant l'hiver.

Leur contenu est aseptique quand elles sont récentes et intactes.

La **proportion** des éosinophiles dans le contenu des bulles est de 6 à 8 p. 100.

Les antécédents héréditaires du pet t malade sont intéressants : sa mère, un oncle maternel, plusieurs cousins et un de ses frères ont présenté ou présentent la même affection.

Achondroplasie chez un enfant de trois ans. Société de médecine
et de chirurgie de Bordeaux, 1905.

Cette observation est celle d'un enfant de trois ans qui, dans ses
antécédents héréditaires et personnels, ne présente rien de particulier, si ce n'est que, dès sa naissance, il avait déjà la tête volumi-
neuse et les membres très courts.

Au moment de son examen on est frappé : 1º par le volume anormal de la portion cranienne de la tête, dont la circonférence mesure
53 centimètres ; 2º par le facies un peu spécial du petit malade, dont
la racine du nez est élargie et déprimée, dont l'extrémité du nez
est large et un peu relevée ; 3º par la conformation et les dimensions
normales du tronc, qui ne présente qu'une ensellure très accentuée ;
4º surtout, par la brièveté des membres supérieurs et inférieurs.
Les pieds sont charnus, mais ne présentent rien de bien particulier.
Les mains présentent la disposition décrite sous le nom de main
en trident. Il n'y a pas de déformation du squelette des membres
supérieurs et inférieurs. L'embonpoint est normal. La peau n'est
ni épaissie ni infiltrée. La musculature est fortement développée.
Tous les viscères sont sains.

La radiographie a montré l'absence d'ossification des épiphyses.

Étant donné l'ensemble de ces symptômes, le diagnostic d'achondroplasie s'impose, et point n'est besoin d'insister sur le diagnostic
différentiel avec le rachitisme et le myxœdème.

Arrachement d'un doigt. Société d'anatomie et de physiologie normales et pathologiques, 1885.

Dans ce cas d'arrachement d'un doigt, les tendons des muscles
fléchisseurs, superficiel et profond, celui du muscle extenseur et les
expansions aponévrotiques des interosseux et des lombricaux ont
été complètement séparés des faisceaux musculaires. Aucune des
observations publiées jusqu'à ce jour, pas même celle de Chassai-
gnac, parue dans les *Bulletins de la Société de Chirurgie* du 8 mars
1854, ne présente une telle complexité. Malgré l'étendue des lésions,
les douleurs éprouvées par le malade furent insignifiantes et l'écoulement sanguin fut à peu près nul. Ce dernier fait, signalé dans la
plupart des observations, tient au mode de rupture des vaisseaux.

IV

HYGIÈNE

———

La contagion interhumaine de la fièvre typhoïde. *Journal de médecine de Bordeaux*, 20 septembre 1908.

Jusque dans ces dernières années, l'origine hydrique de la fièvre typhoïde résumait presque toute l'étiologie de cette affection. Depuis quelque temps, la théorie de la contagion *par contact* prend, à côté de la précédente, une place et une importance de plus en plus grandes. Des recherches récentes ont, en effet, bien mis en lumière le rôle considérable que joue *l'homme lui-même* dans la dissémination du bacille d'Eberth. A ce point de vue, on peut établir plusieurs catégories de faits :

1° *Transport des bacilles typhiques par les personnes en état d'incubation typhique.* — Pendant la période d'incubation, qui dure en moyenne une dizaine de jours, les bacilles d'Eberth sont éliminés par les urines et surtout par les selles. Et si l'on songe qu'à ce moment les personnes sont encore complètement valides, on comprendra combien il est difficile de s'opposer à la dissémination des germes infectieux.

2° *Dissémination des bacilles typhiques par les malades eux-mêmes.* — Les typhiques alités ne sont pas les plus à redouter au point de vue de la contagion. La stérilisation des selles et des urines, les soins sévères de propreté donnés aux malades, empêcheront dans la plupart des cas la dissémination des bacilles. Beaucoup plus dangereuses à cet égard sont les formes légères ambulatoires et les formes frustes méconnues.

3° *Dissémination des bacilles typhiques par les convalescents.* —

Un grand nombre de convalescents de fièvre typhoïde continuent à excréter des bacilles par les urines et par les matières fécales. Cette excrétion bacillaire ne dure pas en général bien longtemps; elle a presque toujours cessé au bout de trois semaines.

4° *Dissémination des bacilles par les malades guéris. Les porteurs chroniques de bacilles.* — Mais chez tous les convalescents, l'excrétion bacillaire ne cesse pas aussi rapidement; quelques-uns continuent à avoir des bacilles dans leurs selles pendant des mois et même des années. La fréquence de ces porteurs chroniques de bacilles, ou bacillophores chroniques, n'est pas heureusement très grande. Elle varie de 1 à 3 p. 100 malades typhiques. L'excrétion des bacilles est intermittente; sa durée varie de quelques mois à plusieurs années. Le siège de l'infection paraît être presque exclusivement sinon exclusivement, la vésicule biliaire. Les deux sexes et tous les âges sont représentés chez les porteurs de bacilles.

5° *Transport des bacilles typhiques par des personnes n'ayant jamais eu la fièvre typhoïde.* — Plusieurs auteurs ont constaté la présence des bacilles d'Eberth dans les produits d'excrétion de personnes bien portantes et n'ayant jamais eu la fièvre typhoïde. Dans ces cas, les bacilles peuvent rester à l'état de simples saprophytes ou infecter l'organisme en donnant lieu à la dothiénenterie ou à d'autres affections morbides : cholécystite, lithiase biliaire, cystite, etc.

De la persistance du bacille de Klebs-Lœffler dans la gorge des enfants atteints d'angine diphtérique. Société de médecine et de chirurgie de Bordeaux, 24 juin 1904. *Gazette hebdomadaire des sciences médicales de Bordeaux,* août 1904.

Les résultats des recherches exposées dans ce travail peuvent être résumées dans les quelques propositions suivantes :

1° Dans les cas d'angine diphtérique, le bacille de Klebs-Lœffler peut persister dans la gorge jusqu'à trois et quatre semaines après la disparition des fausses membranes. Le plus souvent, il disparaît au bout de 10 à 12 jours.

2° En général, il se transforme et devient plus court et moins virulent au fur et à mesure qu'il demeure plus longtemps. Ceci n'est cependant pas absolu, car plusieurs fois nous avons pu, après deux ou trois semaines, isoler des bacilles longs et très virulents.

3° Le bacille peut repulluler sur place et donner lieu à de nouvelles atteintes à courte échéance, ou *rechutes*, ou être transporté chez une autre personne et déterminer des accidents graves que nous devons nous efforcer d'éviter.

4° Le seul moyen de juger du moment de la disparition des bacilles étant l'ensemencement sur sérum gélatinisé, il faut maintenir les enfants isolés jusqu'à ce que la culture donne un résultat négatif.

Transport des bacilles dysentériques par les mouches. Réunion biologique de Bordeaux, 17 novembre 1906.

L'idée de la possibilité du transport des agents pathogènes de la dysenterie par les mouches n'est pas nouvelle, et plusieurs auteurs ont pensé que ces insectes servaient très probablement à la propagation des épidémies. J'ai essayé de démontrer la réalité du transport des bacilles dysentériques par les mouches, et voici les expériences que j'ai faites dans ce but.

I. — Dans une première expérience, je me suis placé dans des conditions se rapprochant le plus complètement possible de celles qu'on observe dans la réalité.

J'ai recueilli des selles dysentériques très fraîches et riches en bacilles de Flexner. Je les ai lavées soigneusement avec de l'eau stérilisée afin de débarrasser les glaires sanguinolentes des matières fécales, et je les ai placées dans une boîte de Pétri stérilisée. Celle-ci a été mise sous cloche à côté de deux autres boîtes de Pétri, dans lesquelles j'avais coulé de la gélose stérilisée. Dix mouches ont été introduites dans la cloche. Au bout de trois heures, pendant lesquelles les mouches sont allées se promener successivement sur les glaires sanguinolentes et sur les plaques de gélose, j'ai enlevé celles-ci pour les mettre à l'étuve.

Au milieu de nombreuses colonies étrangères, j'ai isolé quelques rares colonies de bacilles dysentériques.

II. — Les mouches de l'expérience précédente sont laissées seules sous cloche, les plaques de gélose et les glaires sanguinolentes ayant été enlevées. On les y laisse trois heures. Au bout de ce temps, on fait glisser sous la cloche deux plaques de gélose stérilisée. Deux heures plus tard, on les retire pour les mettre à l'étuve. Il pousse de nombreuses colonies. Parmi elles je trouve quelques très rares colonies de bacilles dysentériques.

III. — Des expériences de même ordre sont faites à l'aide de cultures pures de bacilles dysentériques type Flexner.

a) Une culture sur plaque de gélose est placée dans le fond d'un bocal stérilisé. Huit mouches y sont emprisonnées pendant trois heures. Au bout de ce temps, les pattes et les trompes de quatre d'entre elles sont ensemencées sur plusieurs plaques de gélose. Au milieu de nombreuses colonies d'ordre divers, on trouve plusieurs colonies de bacilles de Flexner.

b) Les quatre autres mouches sont placées dans un autre local stérilisé. Elles y restent six heures. Au bout de ce temps leurs pattes et leurs trompes sont, comme précédemment, ensemencées sur gélose. On obtient encore quelques colonies de bacilles dysentériques.

En somme, il résulte de ces expériences :

1º Que les mouches peuvent, à l'aide de leurs pattes et de leur trompe, prendre des bacilles dysentériques non seulement à la surface des cultures pures, mais aussi dans les selles dysentériques ;

2º Qu'ainsi infectées, elles peuvent transporter à distance les agents pathogènes et les ensemencer sur des milieux de culture.

Or, ce qui se produit expérimentalement doit très vraisemblablement se produire dans la réalité des faits. Les mouches, peu délicates dans le choix de leur nourriture, vont se promener sur les selles des dysentériques lorsqu'elles ne sont pas recueillies avec soin ou désinfectées aussitôt.

Comme dans les expériences précédentes, elles peuvent ramasser un certain nombre d'agents pathogènes qu'elles vont bientôt déposer sur les aliments (pain, sucre, fruits, lait, etc.) qui seront absorbés un peu plus tard et infecteront de la sorte le tube digestif.

Ce mode de transport n'exclut pas évidemment les autres modes de contagion de la dysenterie, mais il est possible et peut-être plus fréquent et plus important qu'on ne l'avait pensé.

De la destruction par la cuisson des bacilles tuberculeux contenus dans le pain. Réunion biologique de Bordeaux, 4 mai 1909.

En 1907, M. Roussel terminait une étude sur cette question en disant que « le bacille tuberculeux conserve sa virulence après avoir subi la température de cuisson du pain. ».

J'ai repris cette étude en me rapprochant autant que possible des faits observés dans la vie courante. Je place des bacilles tuberculeux dans la portion centrale de la pâte d'un pain, peu de temps avant la mise au four. Après la cuisson, les agents tuberculeux sont repris et inoculés à des cobayes, qui servent de réactifs.

Comme agents tuberculeux, je me suis servi de crachats farcis de bacilles de Koch. Ces crachats sont délayés dans du bouillon stérilisé et fortement colorés avec de la teinture de tournesol. A l'aide d'une pipette on porte un tiers ou un demi-centimètre cube de cette dilution dans la portion centrale de quatre pains : un pain d'un sou, un pain de deux sous, un pain rond d'un kilogramme, un pain rond de 2 kilogrammes. Après cuisson, la portion de mie colorée en rose est triturée et délayée dans du bouillon stérilisé. La bouillie ainsi obtenue est injectée sous la peau de plusieurs cobayes. L'examen microscopique permet de retrouver des bacilles de Koch dans toutes les bouillies. Deux animaux sont inoculés avec chaque pain. Le pain de 2 kilogrammes seul ne sert qu'à l'inoculation d'un cobaye.

Pain d'un sou. Un des cobayes est sacrifié 4 mois et 3 jours après l'inoculation. Il ne présente ni lésions tuberculeuses locales, ni lésions tuberculeuses ganglionnaires, ni lésions tuberculeuses viscérales.

Le second cobaye meurt 3 mois et 22 jours après l'inoculation. Pas de chancre d'inoculation; pas de ganglions tuberculeux dans la région inguinale correspondant au siège de l'injection sous-cutanée; pas de tuberculose viscérale. Mais au point d'inoculation on trouve, mobile sous la peau, une petite masse ovalaire, du volume d'un haricot, qui représente le reliquat de la bouillie injectée et incomplètement résorbée. Une partie de cette masse est inoculée sous la peau d'*un cobaye neuf*. Cet animal, sacrifié au bout de 4 mois, ne présente aucune lésion tuberculeuse, soit locale, soit viscérale.

Pain de deux sous. Un des cobayes meurt au bout de 12 jours. Avec le reliquat sous-cutané de la bouillie injectée on inocule *un autre cobaye*. Il meurt au bout de 3 mois. Au lieu d'inoculation il n'y a ni induration de la peau et du tissu cellulaire sous-cutané, ni ulcération, ni trace de la substance inoculée. Les ganglions inguinaux correspondants ne présentent pas de lésions tuberculeuses macroscopiques ou microscopiques. *Mais les poumons sont farcis de granulations caséeuses. Les ganglions médiastiniques et mésentériques sont caséeux.* La rate présente quelques granulations tuberculeuses. Rien dans les autres viscères.

L'animal avait été placé par mégarde dans la cage des animaux témoins qui étaient devenus foncièrement tuberculeux. L'absence de lésions au niveau du point d'injection et dans les ganglions correspondants permet de considérer les lésions pulmonaires comme n'étant pas dues à l'inoculation.

Pain d'un kilogramme. Pain de deux kilogrammes. Les cobayes inoculés avec ces pains sont sacrifiés au bout de plus de 4 mois 1/2. Ils ne présentent aucune lésion tuberculeuse, soit locale, soit viscérale.

Les résultats de ces quelques expériences nous permettent de conclure que les bacilles introduits dans nos pains d'un sou, de deux sous, d'un kilogramme et de deux kilogrammes, ont été tués par la température de cuisson. Il semble donc que la cuisson du pain, quand elle est suffisante, détruise les agents tuberculeux contenus dans la pâte. Nous ne voudrions pas, cependant, affirmer qu'il en soit toujours ainsi, car la température des fours varie probablement suivant les boulangeries et peut-être aussi suivant les fournées. De plus, il est possible que le centre des gros pains de campagne n'atteigne pas la température élevée du centre des pains de luxe et des pains d'un et deux kilogrammes, et que, dans ces cas, les agents pathogènes ne soient pas toujours détruits.

Tuberculose des vertébrés à sang froid. Congrès des Sociétés savantes, 1903.

Après avoir rappelé les expériences établissant la non-transformation des bacilles tuberculeux humain et aviaire en bacilles tuberculeux pisciaires, je me suis demandé si les poissons, qui entrent pour une si large part dans l'alimentation, ne joueraient pas un certain rôle dans la dissémination du contage tuberculeux.

Déjà, en 1893, M. Combemale, qui n'avait obtenu que des résultats négatifs en inoculant à des cobayes les viscères de carpes inoculées, puis nourries pendant plusieurs mois avec des crachats tuberculeux, concluait que, loin d'être des agents de dissémination des bacilles tuberculeux, les poissons seraient des agents d'épuration des eaux souillées par des produits tuberculeux.

La longue persistance des bacilles tuberculeux dans les viscères des poissons et des grenouilles et la conservation très prolongée de leur virulence pour les animaux à sang chaud sembleraient théoriquement contredire les assertions précédentes et rendre possible et même facile la contagion. Pratiquement, il n'en est rien cependant. Les poissons et les grenouilles se débarrassent assez facilement des bacilles de Koch, car, même après introduction dans la cavité abdominale d'une quantité énorme de microbes, on ne trouve, au bout de plusieurs semaines, que relativement peu de bacilles, exception faite de ceux qui sont enfermés au centre des grosses granulations tuberculeuses. Or, les conditions permettant l'absorption de grandes quantités de bacilles sont rares. D'autre part, les poissons ne servent à l'alimentation que très complètement cuits. Aussi ne pensons-nous pas qu'il existe un seul fait démontrant l'existence de la transmission du contage tuberculeux par les poissons.

Par contre, ce serait peut-être aller un peu loin que d'admettre que ceux-ci soient des agents très actifs d'épuration des eaux infectées par le bacille tuberculeux. La grande résistance des bacilles de Koch à l'action de l'organisme des poissons permet de croire qu'un grand nombre d'entre eux sont éliminés sans être détruits et sans avoir perdu toute leur virulence.

Quelques réflexions sur les services de médecine de l'hôpital des Enfants de Bordeaux. *Journal de médecine de Bordeaux*, 20 mars 1903.

La protection de l'enfance attire, depuis quelques années, d'une façon toute particulière, l'attention des administrations, du Corps médical et du public. De toutes parts se sont organisées des sociétés protectrices de l'enfance, des crèches, des gouttes de lait, des consultations de nourrissons, etc., destinées à secourir beaucoup de pauvres petits êtres voués sans cela à une mort presque certaine. Les hôpitaux d'enfants ont un but identique. Malheureusement, malgré les améliorations considérables qui ont été apportées dans le mode de fonctionnement de ces derniers établissements, tout n'y est pas parfait et beaucoup de réformes sont encore à réaliser. Pour prendre un exemple, voyons comment fonctionnent les services de médecine de l'hôpital des Enfants de Bordeaux.

A la *consultation*, les enfants sont placés pêle-mêle dans un vaste couloir, où rougeoleux, coquelucheux, diphtériques, coudoient sans cesse des enfants atteints de coryza, de rhume, d'impétigo, de stomatite, etc., etc. Les germes infectieux ont tout le loisir de se disséminer; aucune barrière n'est opposée à la contagion.

La *crèche est unique* et reçoit les malades de chirurgie aussi bien que les malades de médecine. La même religieuse et la même infirmière s'occupent de tous les petits malades. Aussi, lorsqu'un bébé, atteint d'une affection contagieuse très diffusible, comme la rougeole ou certaines diarrhées, arrive dans la salle, la dissémination du contage se produit bientôt et de nouveaux malades apparaissent de tous les côtés.

Les *couveuses* sont placées dans cette même salle, déjà trop encombrée par les petits malades. Les enfants nés avant terme, par conséquent très débiles et très chétifs, qu'on devrait mettre dans les meilleures conditions d'aération, sont obligés de respirer un air vicié par les produits de la respiration des malades, par les miasmes et les mauvaises odeurs qui s'exhalent forcément de ce milieu. De plus, les mêmes couveuses servent successivement aux malades et aux enfants simplement débiles. Étant données la difficulté extrême de désinfecter ces appareils et la facilité très grande avec laquelle ces petits êtres s'infectent, on comprend sans peine que la contagion s'y développe fréquemment et que le pourcentage de mortalité des enfants mis en couveuse soit considérable.

Des réflexions de même ordre peuvent être faites pour *les salles des enfants plus grands.* Il n'y a pas à l'Hôpital, en dehors des services de contagieux proprement dits, une chambre d'observation permettant d'isoler les malades douteux en attendant qu'on puisse faire un diagnostic ferme.

Pour être juste, il faut cependant ajouter qu'un des services de contagieux ne laisse rien à désirer : c'est le service de la diphtérie.

Action des vapeurs mercurielles sur quelques variétés de microbes pathogènes. *Gazette hebdomadaire des sciences médicales de Bordeaux,* 18 juin 1893.

Les nombreuses expériences que nous avons faites sur ce sujet nous ont conduit aux résultats suivants :

1º Les vapeurs mercurielles émises, en vases bouchés à l'ouate, par le mercure métallique et par les flanelles de M. Merget, n'empêchent nullement le développement à la surface des milieux nutritifs, gélose, gélatine, pommes de terre, des espèces pathogènes suivantes :

streptocoque pyogène, staphylocoque doré, bacillus coli communis, bacille d'Eberth, bacilles de la diphtérie, du choléra, du charbon.

2° Les vapeurs mercurielles, agissant sur des corps rendus septiques par un séjour de quelques minutes dans un bouillon de culture ensemencé avec l'une des espèces précédentes ne paraissent pas avoir d'action sur la vitalité de ces variétés microbiennes, même lorsque cette action s'est prolongée plusieurs jours.

Action du mercure métallique ajouté à certains milieux nutritifs sur le développement de quelques espèces microbiennes pathogènes. *Gazette hebdomadaire des sciences médicales de Bordeaux*, 25 juin 1893.

Les conclusions qui découlent de nos expériences sont les suivantes :

1° Le mercure métallique, ajouté au bouillon de bœuf peptonisé contenu dans des tubes bouchés à l'ouate, a une action différente sur les diverses espèces microbiennes : il s'oppose à la végétation du bacille d'Eberth, de la bactéridie charbonneuse, du streptocoque pyogène. Il diminue très légèrement, mais n'empêche pas la végétation du staphylocoque doré, du vibrion cholérique, du bacille de Klebs-Lœffler.

2° Ajouté à la gélatine et chauffé avec elle, puis refroidi, il n'empêche pas le développement dans ce milieu nutritif du staphylocoque doré et du vibrion cholérique.

Inefficacité des vapeurs mercurielles dans la stérilisation des instruments. (En collaboration avec M. Le Dantec.) Société d'anatomie et de physiologie normales et pathologiques de Bordeaux, 1893.

Plusieurs travaux, en contradiction avec les précédents, venaient de paraître sur le pouvoir antiseptique des vapeurs mercurielles. Les premiers concluaient à l'efficacité de l'antisepsie par les vapeurs mercurielles dans les vases simplement fermés par un tampon de coton ; les derniers exigeaient la fermeture hermétique des vases contenant les objets à stériliser.

Guidé par l'intérêt de la science et, plus encore, par celui des malades et des chirurgiens, nous avons cru bon de reprendre cette question. Nous nous sommes efforcé de résoudre les deux questions suivantes :

1º Les bougies, exposées pendant plus de quarante-huit heures aux vapeurs mercurielles, sont-elles stérilisées?

Nous avons opéré sur les deux microbes les plus dangereux des infections urinaires : le coli-bacille et le staphylocoque doré.

. Dans une culture en bouillon de ces microbes, nous plongeons de petits morceaux d'allumettes préalablement stérilisés. Lorsque les morceaux de bois sont bien imbibés, nous les enlevons et nous les exposons aux vapeurs mercurielles en tube scellé à la lampe. Après une exposition de quarante-huit heures aux vapeurs hydrargyriques, nous semons chaque morceau de bois dans un tube de bouillon stérilisé. Tous les tubes deviennent troubles au bout de vingt-quatre heures. Donc les bougies septiques, exposées pendant plus de quarante-huit heures aux vapeurs mercurielles, ne sont pas stérilisées.

2º Les vapeurs mercurielles arrêtent-elles le développement des cultures?

Nous avons opéré en vases fermés à la lampe. Pour éviter l'effet direct de la chaleur et du mercure sur les microbes semés, nous avons employé des tubes recourbés à deux branches. Dans une des branches on met le terrain de culture, dans l'autre l'antiseptique à essayer. De quelque façon qu'on opère, en vase **ouvert** ou en vase fermé, sur terrain liquide ou sur terrain solide, les vapeurs mercurielles n'empêchent pas le développement des colonies.

La conclusion à tirer est que le chirurgien, s'il ne veut pas avoir de mécomptes, ne doit avoir aucune confiance dans l'action stérilisante des vapeurs mercurielles.

Intoxication aiguë par usage externe du tabac. *Journal de médecine de Bordeaux*, 1891.

Les cas d'intoxication aiguë par usage externe du tabac ne sont pas d'une très grande fréquence. Plusieurs cependant ont été signalés par les auteurs. Dans mon observation, l'intoxication survint après trois frictions faites, sur presque toute la surface cutanée, avec une décoction de tabac à fumer, dans le but de se débarrasser de *pediculi pubis*.

V

THÉRAPEUTIQUE GÉNÉRALE

Sérothérapie.

Essai de sérothérapie dans la variole. *Archives cliniques de Bordeaux*, 1893.

S'il est une affection dans laquelle la sérothérapie ait des chances de réussir, c'est bien certainement, semble-t-il, la variole. L'absence presque complète de rechutes et de récidives, la possibilité de déterminer l'immunité par la vaccination, l'action atténuante de la vaccine lorsque, par hasard, la variole évolue en même temps qu'elle, tout semblait indiquer que l'injection du sérum d'individus, préalablement rendus réfractaires par une atteinte antérieure de variole, dût déterminer l'arrêt ou tout au moins une atténuation des symptômes de cette maladie. Guidé par cette considération et sûr, d'autre part, de n'être pas nuisible à mes malades, j'ai fait quelques tentatives de sérothérapie. Jusqu'alors, rien n'avait été tenté, dans ce sens, en ce qui concerne la variole.

Le sérum employé a été pris à deux malades exempts de syphilis, doués d'une excellente santé antérieure et guéris depuis peu de variole. Le premier avait eu une variole discrète de moyenne intensité; le second, une variole discrète assez légère.

Le sérum, recueilli avec les plus grandes précautions, a toujours été préalablement éprouvé par l'exposition à l'étuve à 37°, par l'ensemencement d'une goutte de ce sérum dans du bouillon stérilisé, et par l'injection *in anima vili*.

Le premier sérum fut injecté, à la dose de 6 centimètres cubes, à une fillette de quatorze ans, arrivée au second jour de la période éruptive. Le second fut injecté, à la dose de 18 centimètres cubes, au début de la période de suppuration.

Chez la première malade, on s'est très nettement trouvé en présence d'une variole modifiée, d'une variole non suppurée. Mais s'agit-il d'une simple coïncidence ou faut-il attribuer à la sérothérapie la tournure prise par l'affection? Dans la seconde observation, les résultats ne furent pas douteux; le traitement par le sérum ne modifia en rien la marche de la maladie, et cependant la dose employée avait été trois fois supérieure à celle employée dans la première observation. L'injection, il est vrai, avait été faite tardivement et on pourrait trouver là la cause de cet insuccès.

Nous avons de la peine à admettre cette interprétation; nous croyons plutôt que notre intervention n'a pas eu le moindre effet, soit favorable, soit défavorable, sur l'évolution de la variole, et que de nouvelles recherches sont utiles pour trancher la question. Depuis, cette étude a été reprise sans qu'on soit arrivé à trouver un sérum curatif pour les varioleux.

Sérothérapie antidysentérique chez les enfants (En collaboration avec Mlle Campana.) Société de médecine et de chirurgie de Bordeaux. 15 mars 1906. *Revue des maladies de l'enfance*, juin-juillet 1906.

La découverte de l'agent pathogène de la dysenterie devait logiquement conduire à la sérothérapie antidysentérique. Quelques auteurs même, n'attendant pas la démonstration de la spécificité des microbes qu'ils avaient décrits, immunisèrent des animaux et employèrent leur sérum dans le traitement de la dysenterie.

En 1901, trois ans après la découverte du vrai bacille de la dysenterie, Shiga fit connaître les résultats de ses essais de sérothérapie. Depuis, le sérum antidysentérique a été employé par divers auteurs.

Dans le courant de l'été 1905, nous avons eu nous-même l'occasion d'employer, chez un certain nombre d'enfants malades, deux sérums antidysentériques qui nous ont été envoyés, l'un par M. Dopter, l'autre par M. Blumenthal. L'un et l'autre sont préparés avec le bacille dysentérique type Shiga.

Nous avons traité dix-neuf malades. Les circonstances dans lesquelles ont été faites les injections de sérum sont des plus variables. Plusieurs facteurs sont susceptibles de créer des différences très grandes suivant les cas : ce sont l'âge des malades, mais surtout les caractères cliniques et la nature de l'infection dysentérique.

L'*âge* des malades a varié beaucoup. Le plus jeune n'avait que trois semaines. Le plus âgé avait douze ans. Le plus grand nombre oscillait entre deux et trois ans.

Les *formes cliniques* ont été tout aussi variables : quelques malades ne paraissaient avoir qu'une diarrhée simple, mais la séro-réaction avait démontré la nature dysentérique de cette diarrhée. D'autres avaient des selles fécaloïdes, semi-liquides, vernissées à la surface, sans traces de sang, mais avec présence de très nombreuses mucosités, intimement mélangées aux matières fécales. D'autres évacuaient des selles glaireuses fréquentes, peu ou pas sanguinolentes, mais accompagnées de ténesme et de douleurs plus ou moins intenses. Le plus grand nombre avait des selles peu ou pas fécaloïdes, composées exclusivement ou presque exclusivement de mucosités et de sang.

Quant à la *nature de l'infection* dysentérique, elle n'a pas toujours été la même. Tantôt, en effet, nous avons pu isoler des selles le bacille dysentérique du type Chantemesse-Widal et Shiga ; tantôt nous y avons trouvé le bacille du type Flexner ou le bacille Strong. Dans quelques cas la nature de l'agent pathogène est restée inconnue.

La *quantité* de sérum injecté a varié suivant l'âge des malades et la gravité des cas. N'ayant pas de données sur les doses à employer, nous nous sommes guidé sur la pratique de la sérothérapie anti-diphtérique et sur les quelques notions qui nous avaient été fournies sur la puissance antitoxique et antibacillaire des sérums employés.

Les *résultats* obtenus ont été très satisfaisants. Sur dix-neuf malades traités, un seul est mort, et encore cet enfant était atteint de coqueluche avec gros foyer de bronchopneumonie. Sans doute, nous n'avons pas eu à traiter que des dysenteries extrêmement graves ; mais les changements, survenus dans l'évolution de la maladie après les injections de sérum, nous semblent bien démontrer que celles-ci ont eu une influence incontestable sur nos malades.

Que voyons-nous, en effet, se produire après les injections de sérum?

Dans les vingt-quatre ou quarante-huit premières heures, des

modifications se produisent *dans es caractères des selles, dans l'intensité des douleurs* et bientôt *dans l'état général.*

Du côté des selles, on observe, d'une part, la diminution de leur
nombre; d'autre part, l'apparition des matières fécales dans les
selles, alors qu'antérieurement elles étaient exclusivement ou presque
exclusivement composées de glaires et de sang.

Les douleurs abdominales, les épreintes, le ténesme, se calment en
même temps que se transforment les selles.

L'état général s'améliore ordinairement au bout de 2 à 3 jours.

Quant à la *durée* de l'affection, elle paraît être très diminuée par
l'emploi du sérum, ainsi que nous l'apprend la comparaison des
malades traités, les uns par le sérum, les autres par les médicaments.
Tandis que chez ceux-ci la maladie dure de deux à trois semaines
environ, chez les autres elle cède au bout de 4 à 8 jours au maximum.

Toutes les dysenteries, qu'elles soient dues au bacille de Shiga ou
au bacille de Flexner, sont-elles influencées de la même façon par
le même sérum?

Le seul cas de mort que nous ayons eu après le traitement sérique
est un cas de dysenterie à bacilles du type Flexner, mais la mort
était imputable à la broncho-pneumonie coexistante. Chez une autre
enfant, déjà très fatiguée et présentant une dysenterie à bacilles de
Flexner, après deux injections de sérum les selles diminuent, mais
la dysenterie persiste encore au départ de la fillette au bout de
10 jours. Dans un autre cas, il y a eu une rechute.

En somme, il semble que le sérum que nous avons employé ait
été moins actif à l'égard des dysentériques à bacilles types Flexner
qu'à l'égard des dysentériques à bacilles type Shiga.

La sérothérapie antidysentérique est inoffensive. Les seules complications que nous ayons eues consistent en des éruptions sériques
toujours très légères et d'ailleurs peu fréquentes.

Les deux variétés de sérum que nous avons employées nous paraissent avoir donné des résultats à peu près identiques.

Sérum antidysentérique polyvalent. (En collaboration avec M. le
professeur Coyne.) Société de biologie, 21 juillet 1906.

Plusieurs variétés de bacilles ont été isolées des selles dysentériques. Les auteurs admettent qu'elles sont toutes pathogènes pour
l'homme et susceptibles de déterminer les symptômes cliniques de

la dysenterie. Mais leurs propriétés culturales et biologiques sont assez différentes pour que des auteurs très compétents aient cru pouvoir admettre la pluralité de la dysenterie bacillaire. Il y avait donc lieu de se demander si le même sérum, préparé avec les cultures Shiga-Kruse, était également actif vis-à-vis des bacilles Shiga-Kruse et des bacilles Flexner. Des opinions contraires ont été émises à ce sujet. L'inconstance d'action du sérum Shiga dans les diarrhées infantiles s'explique peut-être par ce fait qu'elles sont très souvent provoquées par les bacilles du type Flexner. L'emploi de deux sérums antidysentériques, un sérum Shiga-Kruse et un sérum Flexner, n'est pas pratique. En effet, l'étude d'un grand nombre de diarrhées infantiles nous a démontré qu'il n'y a pas de critérium clinique permettant d'attribuer, avec certitude, un cas donné de dysenterie à tel ou tel type bacillaire. Pour le choix du sérum, il faudrait donc attendre ou bien les résultats des ensemencements des selles ou bien les résultats fournis par la séro-réaction. Il nous a semblé qu'il serait préférable d'employer, pour tous les cas, un *sérum polyvalent*, préparé avec des cultures Shiga-Kruse et des cultures Flexner.

Pour la préparation de ce sérum, nous avons procédé en deux temps : dans un premier temps, le cheval a été injecté alternativement avec la toxine et les cultures vivantes des bacilles Shiga-Kruse. Dans un second temps il a reçu alternativement des injections d'un mélange des cultures Shiga et des cultures Flexner et des injections de toxine Shiga-Kruse.

Au bout de huit mois d'injections alternatives de cultures et de toxine Shiga-Kruse, une petite quantité de sang a été retirée au cheval. Ce sérum, encore monovalent, expérimenté sur des lapins, nous a donné les résultats suivants :

I. *Action sur le bacille dysentérique type Shiga-Kruse.* — Un lapin témoin, pesant 1.620 grammes, reçoit, en injection sous-cutanée, le cinquième d'une culture sur gélose de deux jours diluée dans 2 centimètres cubes de bouillon. Il meurt au bout de 3 jours.

Un deuxième lapin (1.780 grammes) reçoit en injection sous-cutanée un demi-centimètre cube de sérum et, dix minutes après, en un autre point, la même quantité de culture que le précédent. Le troisième jour, le lapin a de la paralysie du train postérieur, mais il continue à manger. quatre jours plus tard la paraplégie a disparu ; l'animal marche et saute, bien qu'encore difficilement. Il a beaucoup maigri. Il survit.

Un troisième lapin (1.790 grammes) reçoit 1 centimètre cube de sérum et, dix minutes après, la même dose de culture. Le troisième jour il présente une légère difficulté pour marcher, mais le lendemain tout a disparu. L'animal survit.

D'autres lapins reçoivent la même quantité de culture et des doses plus fortes de sérum. Leur état n'est nullement modifié. Tous survivent.

II. *Action sur la toxine Shiga-Kruse.* — Un lapin témoin reçoit 1 centimètre cube 1/2 de toxine en injection sous-cutanée. Il meurt en 3 jours.

Un second lapin est injecté avec 1 centimètre cube de sérum, et, dix minutes plus tard, en un autre point, avec 1 centimètre cube 1/2 de toxine. Il ne meurt pas.

Un mélange à parties égales de 5 centimètres cubes de sérum et de 5 centimètres cubes de toxine est injecté sous la peau d'un autre lapin. Il survit.

III. *Emploi thérapeutique.* — Ne désirant pas employer en thérapeutique le sérum ainsi préparé, nous n'en avons recueilli qu'une faible quantité et ne l'avons injecté qu'à deux enfants, qui d'ailleurs ont guéri rapidement.

A l'heure actuelle, le cheval a reçu alternativement, depuis quatre mois, des injections de bacilles Shiga-Kruse et de bacilles Flexner et des injections de toxine Shiga-Kruse. Il sera saigné ces jours-ci. Ultérieurement nous ferons connaître les propriétés de ce sérum polyvalent.

Action du sérum antidysentérique polyvalent sur les cobayes inoculés dans la cavité péritonéale avec des cultures du bacille dysentérique de Flexner. (En collaboration avec M. le professeur Coÿne.) Réunion biologique de Bordeaux, 5 mai 1908.

L'inoculation aux animaux d'une quantité déterminée de culture des bacilles du type Shiga donne des résultats à peu près toujours identiques à eux-mêmes. Il n'en est pas de même des cultures en bouillon des bacilles de Flexner. La même quantité de bouillon de culture, injectée, de la même façon, à des cobayes de poids à peu près égal, ne détermine pas toujours les mêmes effets. Les uns peuvent résister et n'être que peu ou pas malades, alors que les autres meurent dans un laps de temps variable, souvent très court. Aussi avons-nous été obligés de répéter plusieurs fois nos expériences, afin de bien nous convaincre de l'exactitude de nos résultats.

EXPÉRIENCE I. — A) *Trois cobayes témoins*, pesant respectivement 480, 430 et 490 grammes, reçoivent en injection intra-péritonéale :

Le premier, 1 centimètre cube ;

Le deuxième, 2 centimètres cubes ;

Le troisième, 3 centimètres cubes d'une culture en bouillon de deux jours de bacilles de Flexner.

Le troisième seul succombe : il meurt 2 jours 1/2 après l'injection.

Les deux premiers survivent et ne paraissent pas avoir été malades.

B) *Trois cobayes de poids à peu près identique aux précédents* (375, 500, 425 grammes) sont inoculés dans la cavité péritonéale avec les mêmes doses du même bouillon de culture. De plus, aussitôt après l'injection des cultures, on leur injecte sous la peau :

Au premier, 1 centimètre cube ;

Au deuxième, 2 centimètres cubes ;

Et au troisième, 3 centimètres cubes de sérum polyvalent.

Aucun ne succombe et aucun ne paraît avoir été malade.

EXP. II. — A) *Trois cobayes témoins* pesant 415, 460, 510 grammes reçoivent en injection intra-péritonéale 5 centimètres cubes, 6 centimètres cubes et 6 centimètres cubes de culture en bouillon de deux jours de bacilles de Flexner.

Tous meurent en moins de dix-huit heures.

B) *Trois autres cobayes d'un poids sensiblement égal* (420, 430, 545 grammes) sont injectés dans la cavité péritonéale avec les mêmes doses du même bouillon de culture. Aussitôt après on injecte :

Au premier, 2 centimètres cubes ;

Au deuxième, 2 centimètres cubes ;

Au troisième, 3 centimètres cubes de sérum polyvalent.

Deux meurent à peu près dans le même temps que les témoins. *L'autre*, qui avait reçu 6 centimètres cubes de bouillon et 2 centimètres cubes de sérum, *survit.*

Exp. III. — A) *Trois cobayes témoins* (355, 410, 400 grammes) reçoivent en injection intra-péritonéale :

Le premier, 3 centimètres cubes;

Le deuxième, 3 centimètres cubes;

Et le troisième, 4 centimètres cubes de culture en bouillon de deux jours de bacilles de Flexner.

Les trois animaux succombent au bout de 2 jours à 2 jours 1/2.

B) *Trois autres cobayes* (300, 405, 405 grammes) reçoivent en injection intra-péritonéale les mêmes quantités des mêmes cultures que les témoins. Aussitôt après on leur injecte sous la peau 2, 3 et 3 centimètres cubes de sérum polyvalent.

Aucun animal ne meurt.

En résumé : dans la première série d'expériences, un seul animal meurt. Il s'agit d'un cobaye témoin. — Dans la seconde série d'expériences, un seul résiste; c'est un cobaye traité par le sérum polyvalent. — Enfin, dans la troisième série d'expériences, tous les cobayes témoins meurent; tous ceux traités par le sérum polyvalent survivent.

Les faits sont concluants et démontrent bien l'action favorable du sérum polyvalent sur l'infection expérimentale par les bacilles de Flexner.

Action comparée du sérum de MM. Vaillard et Dopter et du sérum antidysentérique polyvalent sur les cobayes inoculés dans la cavité péritonéale avec des cultures du bacille dysentérique de Flexner. (En collaboration avec M. le professeur Coÿne.) Réunion biologique de Bordeaux, 5 mai 1908.

Les travaux très importants de MM. Vaillard et Dopter ont démontré que, thérapeutiquement, leur sérum antidysentérique, préparé avec les bacilles dysentériques du type Shiga, avait une action curative non seulement sur la dysenterie à bacilles de Shiga, mais aussi sur la dysenterie à bacilles de Flexner. Nous avons essayé de démontrer expérimentalement cette action sur les bacilles de Flexner, et sur les conseils de M. Vaillard lui-même, qui nous avait envoyé quelques flacons de sérum, nous avons comparé l'action, sur ce type bacillaire, du sérum Vaillard-Dopter et de notre sérum polyvalent, préparé à l'aide des bacilles type Shiga et type Flexner.

Voici, très résumées, les expériences que nous avons faites et les résultats qu'elles nous ont donnés :

Expérience I. — A) *Animaux témoins.*

Cobaye 1 : 300 grammes. Injection intra-péritonéale de 2 centimètres cubes de culture en bouillon de deux jours de bacilles de Flexner. — *Mort* quinze à dix-huit heures après l'injection.

Cobaye 2 : 340 grammes. Comme précédemment. L'animal a de la diarrhée les deux jours qui suivent l'injection. — *Mort* 12 jours après l'inoculation.

Cobaye 3 : 340 grammes. Injection intra-péritonéale de 3 centimètres cubes de la même culture que précédemment. — *Mort* vingt-deux heures après l'inoculation.

Cobaye 4 : 350 grammes. Comme pour le cobaye 3. L'animal a de la diarrhée, il reste pelotonné sans manger, *mais il survit.*

B) *Cobayes traités avec le sérum de MM. Vaillard-Dopter.*

Cobaye 1 : 310 grammes. Injection sous-cutanée de 2 centimètres cubes de sérum et, aussitôt après, injection intra-péritonéale de 2 centimètres cubes de culture en bouillon. — L'animal reste vingt-quatre heures sans manger, mais il *survit.*

Cobaye 2 : 360 grammes. Injection sous-cutanée de 1 centimètre cube de sérum et, aussitôt après, injection intra-péritonéale de 2 centimètres cubes de culture. — L'animal ne mange pas le premier jour ; il paraît bien portant dans les jours qui suivent, mais *il meurt* au bout de 12 jours.

Cobaye 3 : 320 grammes. Injection sous-cutanée de 2 centimètres cubes de sérum, puis injection intra-péritonéale de 3 centimètres cubes de culture. — L'animal est très malade ; il reste presque immobile, à plat ventre, les pattes postérieures étendues, traînantes Il s'améliore, *puis meurt* au bout de 11 jours.

Cobaye 4 : 350 grammes. Injection de 1 centimètre cube de sérum et même dose de bouillon de culture que le cobaye 3. Comme lui il devient très malade, et il meurt le *huitième jour* après l'injection.

C) *Cobayes traités avec le sérum polyvalent.* — Ils sont traités exactement comme ceux de la série précédente.

Cobaye 1 : 345 grammes. L'animal n'est pas malade ; il n'a jamais cessé de manger. — Mais il *meurt* le *douzième* jour après l'inoculation.

Cobaye 2 : 340 grammes. L'animal n'est pas malade ; il ne cesse pas de manger. — *Il survit.*

Cobaye 3 : 325 grammes. Il n'a jamais été malade. — *Il survit.*

Cobaye 4 : 360 grammes. Il n'a pas été malade. — *Il survit.*

Exp. II. — A) *Animaux témoins.*

Cobaye 1 : 270 grammes. Injection intra-péritonéale de 2 centimètres cubes de culture en bouillon de deux jours. — *Mort* en quinze à dix-huit heures.

Cobaye 2 : 240 grammes. Injection intra-péritonéale de 3 centimètres cubes de culture. — *Mort* en quinze à dix-huit heures.

Cobaye 3 : 300 grammes. Injection intra-péritonéale de 3 centimètres cubes de culture. — *Mort* en quinze à dix-huit heures.

Cobaye 4 : 315 grammes. Injection intra-péritonéale de 4 centimètres cubes de culture. — *Mort* au bout de vingt heures.

B) *Animaux traités avec le sérum de MM. Vaillard-Dopter.*

Cobaye 1 : 260 grammes. Injection sous-cutanée de 1 centimètre cube de sérum. Au bout d'un quart d'heure, injection intra-périto-néale de 2 centimètres cubes de culture en bouillon de deux jours. — *L'animal survit.*

Cobaye 2 : 245 grammes. Injection sous-cutanée de 1 centimètre cube de sérum. Au bout d'un quart d'heure, injection intra-périto-néale de 3 centimètres cubes de culture. — *Mort* en quinze à dix-huit heures.

Cobaye 3 : 300 grammes. Injection de 2 centimètres cubes de sérum. Au bout d'un quart d'heure, injection intra-péritonéale de 3 centimètres cubes de culture. — *Mort* comme le précédent en quinze à dix-huit heures.

Cobaye 4 : 315 grammes. Injection de 2 centimètres cubes de sérum. Au bout d'un quart d'heure, injection intra-péritonéale de 4 centimètres cubes de culture. — *Mort* comme les précédents en quinze à dix-huit heures.

C) *Animaux traités avec le sérum polyvalent.* — Ils sont traités exactement comme ceux de la série précédente.

Cobaye 1 : 260 grammes. Il n'est pas malade. — *Il survit.*

Cobaye 2 : 245 grammes. Il n'est pas malade. — *Il survit.*

Cobaye 3 : 300 grammes. — *Mort* une à deux heures après les précédents, soit vingt heures environ après l'injection.

Cobaye 4 : 310 grammes. — *Mort* deux heures et demie après le cobaye 3, soit vingt-trois heures environ après l'injection.

En résumé, *dans la première série d'expériences*, nous voyons *succomber :* parmi les animaux témoins, *deux cobayes*, peu de temps après l'injection, *et un troisième* au bout de 12 jours. Parmi ceux traités par le sérum Vaillard-Dopter, *aucun rapidement*, bien que tous aient été malades, *trois* du huitième au douzième jour. Parmi ceux traités par le sérum polyvalent, aucun ne paraît être malade les jours qui suivent l'injection. *Un seul* meurt tardivement. *Dans la deuxième série d'expériences, tous les témoins meurent* rapidement ; *trois des cobayes traités par le sérum Vaillard-Dopter* meurent à peu près en même temps ; *deux seulement de ceux traités par le sérum polyvalent* succombent. Ils meurent quelques heures après ceux qui avaient été traités par le sérum Vaillard-Dopter.

Nous pouvons donc conclure, nous semble-t-il, que le sérum de MM. Vaillard et Dopter est réellement actif à l'égard du bacille de Flexner, mais que son action est inférieure à celle de notre sérum polyvalent.

Pouvoir opsonique du sérum antidysentérique de MM. Vaillard-Dopter et du sérum antidysentérique polyvalent de MM. Coÿne-Auché à l'égard des bacilles dysentériques du type Flexner. Réunion biologique de Bordeaux, 5 mai 1908.

Dans cette note, nous étudions le pouvoir opsonique du sérum antidysentérique Vaillard-Dopter et du sérum antidysentérique Coÿne-Auché à l'égard des bacilles du type Flexner.

Nous avons agi *in vivo* en employant la technique préconisée par Wright. Après injection intra-péritonéale, chez le cobaye, de 5 centimètres cubes de bouillon stérile, nous avons injecté, au bout de trois heures et toujours dans la cavité péritonéale, 1 centimètre cube de culture en bouillon de vingt-quatre heures de bacilles de Flexner. Chez un premier animal, on n'a pas fait d'autres injections ; chez deux autres, on a injecté du sérum Vaillard-Dopter en même temps que la culture ; chez deux autres enfin, au lieu du précédent, on a injecté du sérum polyvalent. Au bout d'une demi-heure, on a extrait le liquide intra-péritonéal, on l'a étalé sur lames et fixé soit à l'aide des vapeurs d'acide osmique, soit à l'aide d'un mélange à parties égales d'alcool absolu et d'éther. Après coloration à la thionine ou au bleu polychrome, on a fait la numération des bacilles contenus dans 100 leucocytes, et on a cherché la moyenne des bacilles contenus dans un leucocyte de façon à établir ainsi le pouvoir opsonique.

Voici les résultats que nous avons obtenus :

A) *Cobaye témoin.*

Cobaye 1 : poids, 575 grammes. Reçoit, en injection intra-péritonéale, 1 centimètre cube de culture en bouillon de vingt-quatre heures de bacilles de Flexner.

Pouvoir opsonique : 0,307.

B) *Sérum antidysentérique Vaillard-Dopter.*

Cobaye 2 : poids, 475 grammes. Reçoit 1 centimètre cube de culture et 1 centimètre cube de sérum Vaillard-Dopter.

Pouvoir opsonique : 1,107.

Cobaye 3 : poids, 495 grammes. Reçoit 1 centimètre cube de culture et 2 centimètres cubes de sérum Vaillard-Dopter.

Pouvoir opsonique : 1,18.

C) *Sérum antidysentérique polyvalent.*

Cobaye 4 : poids, 420 grammes. Reçoit 1 centimètre cube de culture et 2 centimètres cubes de sérum polyvalent.

Pouvoir opsonique : 2,11.

Cobaye 5 : poids, 490 grammes. Reçoit 1 centimètre cube de culture et 2 centimètres cubes de sérum polyvalent.

Pouvoir opsonique : 2,14.

En résumé, le sérum antidysentérique Vaillard-Dopter et le sérum antidysentérique polyvalent contiennent l'un et l'autre des opsonines à l'égard des bacilles du type Flexner, mais le pouvoir opsonique du second sérum a été trouvé plus élevé que celui du premier.

Sérum antidysentérique polyvalent. (En collaboration avec M. le professeur Coyne.) Académie de médecine 1ᵉʳ octobre 1907.

Recherches sur le sérum polyvalent de la dysenterie bacillaire. En collaboration avec M. le professeur Coyne.) *Revue de médecine,* 10 décembre 1907.

Les symptômes de la dysenterie peuvent être provoqués par plusieurs bacilles qui, semble-t-il, peuvent être ramenés à deux groupes principaux : le groupe des bacilles de Shiga, Kruse, Flexner (New-Haven), etc. ; le groupe des bacilles de Flexner (Manille), Strong, Hiss, etc. Les rapports que ces deux groupes d'agents microbiens présentent entre eux ont été étudiés par beaucoup d'auteurs, et cependant l'entente est loin d'être encore faite.

Les deux groupes ont de commun les caractères morphologiques des bacilles, leur mode de colorabilité, leur immobilité, les caractères de leurs cultures sur la plupart des milieux nutritifs. Les bacilles du type Flexner se développent cependant d'une façon un peu plus abondante que les bacilles du type Shiga.

Mais des différences importantes sont fournies par :

L'emploi des milieux sucrés : la gélose tournesolée et mannitée, lactosée, maltosée ou saccharosée, n'est pas modifiée par les bacilles du groupe Shiga. Les bacilles du groupe Flexner ne modifient pas non plus la gélose tournesolée et lactosée, mais ils font fermenter la gélose tournesolée et mannitée, maltosée ou saccharosée.

La recherche de l'indol : les bacilles de Shiga ne font pas d'indol ; ceux du groupe Flexner donnent la réaction.

L'étude de l'agglutinabilité : un immun-sérum Shiga agglutine les bacilles homologues et reste sans action sur les bacilles du groupe Flexner. Inversement, un immun-sérum Flexner agglutine les bacilles de ce groupe, mais n'agglutine pas ceux du groupe Shiga.

L'épreuve de Castellani, qui démontre que les agglutinines des deux sérums sont différentes.

L'étude de l'action pathogène : les bacilles du groupe Shiga sont pathogènes pour tous les animaux d'expérience et, inoculés au lapin, ils déterminent des symptômes et des lésions intestinales rappelant ceux de la dysenterie humaine. Les bacilles du groupe Flexner ne sont pathogènes, et même seulement à hautes doses, que pour le cobaye.

L'étude des toxines : les bacilles de Shiga sécrètent une toxine très active qui passe dans le bouillon, si bien qu'un bouillon de culture filtré donne des résultats identiques à ceux de la culture vivante non filtrée. Toutes les tentatives faites dans le même sens avec les bacilles du groupe Flexner n'ont donné que des résultats négatifs.

Mais à côté de ces faits, qui tendent à séparer les deux groupes de bacilles dysentériques, il faut signaler deux réactions importantes, qui tendent à les rapprocher et à créer entre eux une parenté étroite. Ce sont : la *réaction de Kraus,* qui démontre qu'un immun-sérum Shiga contient des précipitines spécifiques pour les bacilles du groupe Shiga et des précipitines, spécifiques aussi, mais moins abondantes, pour les bacilles du groupe Flexner et les bacilles pseudodysentériques; la *réaction de fixation de Bordet*, qui démontre que la sensibilisatrice spécifique, contenue dans un sérum de dysentérique ou dans celui d'un animal immunisé contre l'un quelconque des bacilles dysentériques, existe au même titre et au même taux pour les bacilles du type Shiga que pour les bacilles du type Flexner (Dopter).

La valeur des caractères différentiels et communs qui précèdent est différemment interprétée par les auteurs. Pour les auteurs étrangers, les caractères différentiels sont assez importants pour exiger la division des agents dysentériques en deux grands groupes : le *groupe des bacilles dysentériques vrais*, comprenant les bacilles de Shiga, Kruse, Flexner (New-Haven), etc.; le *groupe des bacilles paradysentériques*, qui comprendrait lui-même deux types (Liefmann et Nieter) : le type (*a*), représenté par le bacille de Hiss et Russell, le bacille *y*; le type (*b*), dont le principal représentant est le bacille de Flexner (Manille).

D'après M. Dopter, au contraire, les différences seraient moins essentielles, et les bacilles du type Shiga et ceux du type Flexner ne seraient que les représentants de deux races d'un seul et même germe spécifique. Quant au groupe Flexner, il ne saurait être dissocié.

La clinique et l'épidémiologie ne fournissent pas des arguments plus décisifs pour la solution de cette question.

En résumé, les deux groupes de bacilles dysentériques sont différents l'un de l'autre, mais il n'est pas encore possible de préciser l'étendue soit des différences, soit de la parenté. Dans ces conditions, et étant donné l'échec complet de la sérothérapie antidysentérique, employée en Amérique par les médecins de la mission Rockefeller contre la dysenterie infantile, nous avons pensé qu'un immun-sérum, préparé exclusivement avec les bacilles du type Shiga, n'aurait peut-être pas, vis-à-vis des bacilles du groupe Flexner, les mêmes propriétés préventives et curatives que vis-à-vis des bacilles du type Shiga et, dès le commencement de l'année 1905, nous avons commencé la préparation *d'un sérum antidysentérique polyvalent*, c'est-à-dire préparé simultanément avec des bacilles du type Shiga et des bacilles du type Flexner.

Ce sérum antidysentérique polyvalent nous a donné les résultats expérimentaux et thérapeutiques suivants.

I. — Résultats expérimentaux.

Action préventive à l'égard des bacilles Shiga. — Des lapins témoins, du poids de 1.500 à 2.000 grammes, sont régulièrement tués, en 3 à 5 jours, par l'injection sous-cutanée du 1/5 d'une culture en strie, sur gélose, de bacilles Shiga, diluée dans du sérum physiologique.

Des lapins du même poids reçoivent, en injection sous-cutanée, les uns 1/4, les autres 1/2, d'autres 1 centimètre cube de sérum polyvalent. Au bout de deux heures pour les uns, au bout de vingt-quatre heures pour les autres, on leur inocule la dose mortelle de culture virulente. Aucun ne succombe.

Action curative sur les bacilles de Shiga. — Des lapins sont inoculés avec la dose de culture sûrement mortelle. Au bout de douze heures et même de vingt-quatre heures, on leur injecte sous la peau 1, 2 ou 3 centimètres cubes de sérum. Tous les animaux survivent.

Action sur la toxine. — Plusieurs lapins reçoivent, en injection sous-cutanée, 1 centimètre cube de toxine, c'est-à-dire une dose les tuant toujours en 3 à 6 jours. Au bout de deux heures pour les uns, au bout de vingt-quatre heures pour les autres, on leur injecte 1 ou 2 centimètres cubes de sérum polyvalent. Aucun animal ne succombe.

II. — Résultats thérapeutiques.

Ces résultats ont été obtenus chez les enfants, la dysenterie infantile étant celle que, par la situation de l'un de nous comme médecin à l'hôpital des Enfants, nous soyons appelés à observer. Nous ne tenons compte que des cas dans lesquels l'examen bactériologique des selles a démontré la nature dysentérique de l'affection.

Le nombre des dysenteries traitées par le sérum polyvalent est de treize. Il se décompose de la façon suivante : *deux cas de dysenterie à bacilles de Shiga; onze cas de dysenterie à bacilles de Flexner.*

Les deux cas de dysenterie à bacilles de Shiga, d'ailleurs peu graves, ont guéri très vite à la suite d'une seule injection de 10 centimètres cubes de sérum polyvalent.

Les observations de dysenterie à bacilles de Flexner peuvent être divisées en deux groupes, suivant que le traitement par le sérum a été *précoce,* c'est-à-dire employé dans les premiers jours de la maladie, *ou tardif*, c'est-à-dire appliqué plusieurs jours, quelquefois deux et trois semaines après le début des accidents.

Les observations du premier groupe ne sont pas toutes comparables au point de vue de la gravité de l'affection : dans un cas, la maladie a été très grave ; d'autres fois, elle a été grave ; quelquefois, elle a été bénigne.

Le cas très grave est une observation de dysenterie toxique développée chez un enfant de deux ans et demi, très mal nourri antérieurement et profondément rachitique. Il guérit après trois injections sous-cutanées de sérum polyvalent faites à un jour d'intervalle. Nous sommes persuadés qu'il serait mort sans la sérothérapie. Les formes graves et bénignes ont toutes été guéries rapidement à la suite d'une ou deux injections sous-cutanées de sérum.

Employée tardivement, la sérothérapie polyvalente est tout aussi active et son action est plus évidente encore, étant donné l'insuccès des traitements médicamenteux employés antérieurement.

Dans tous les cas, des modifications très grandes dans l'état des malades ne tardent pas à suivre l'injection de sérum. Dès le premier ou le second jour, les selles diminuent en nombre ; le sang et les glaires diminuent et disparaissent en même temps qu'apparaissent les matières fécales ; les douleurs s'effacent ; la fièvre, quand elle existe, tombe rapidement ; l'état général se relève très vite.

Sous l'influence de ce traitement, non seulement *tous nos malades ont guéri*, mais l'amélioration des symptômes après l'injection du sérum a été si rapide et si évidente, qu'il ne nous paraît pas possible qu'on puisse mettre en doute l'efficacité du sérum. Nous croyons donc pouvoir conclure que le traitement par le sérum antidysentérique polyvalent est le traitement spécifique et véritablement actif des dysenteries infantiles qui, dans la majorité des cas, sont causées par les bacilles du groupe Flexner.

Il n'est pas douteux que l'action du sérum polyvalent sur les dysenteries des adultes soit aussi efficace ; mais, jusqu'ici, nous n'avons pas de données à cet égard.

Mode d'emploi et doses. — Nous avons toujours employé notre sérum polyvalent en injection sous-cutanée. Nous conseillons les doses suivantes : chez les enfants âgés de moins de trois ou quatre ans, et dans les cas d'apparence bénigne ou modérément grave, on fera une injection de 10 centimètres cubes. Elle suffira souvent dans les formes bénignes. On devra la renouveler une ou deux fois dans les formes plus graves. Dans les cas d'apparence grave ou très grave, on commencera par une injection de 20 centimètres cubes qu'on renouvellera, s'il y a lieu. Chez les enfants plus grands, on injectera d'emblée 20 centimètres cubes ou même davantage, si l'affection se montre particulièrement grave. On renouvellera l'injection si l'amélioration ne se montre pas suffisante.

Chez les adultes, les doses devront être d'au moins 20 centimètres cubes pour la première injection.

Emploi préventif. — L'action préventive de notre sérum est démontrée par l'expérimentation. Aussi dans les cas où, soit à l'hôpital, soit dans les familles, on ne pourrait pas isoler les dysentériques, on ne devrait pas hésiter à faire des injections préventives de sérum. L'immunité ainsi obtenue est de courte durée et ne dépasse pas 8 à 10 jours. La dose de 10 centimètres cubes nous paraît largement suffisante.

Note sur les sérums antidysentériques polyvalents. (En collaboration avec M. le professeur Coÿne.) Réunion biologique de Bordeaux, 1ᵉʳ décembre 1908.

Les sérums antidysentériques polyvalents. (En collaboration avec M. le professur Coÿne.) La *Province médicale*, 9 janvier 1909.

Les recherches faites, de divers côtés, depuis la publication de notre Mémoire : « Recherches sur le sérum polyvalent de la dysenterie bacillaire » (*Rev. de Méd.*, 1907) semblent avoir encore accentué les différences existant entre les différents types de bacilles dysentériques. Shiga et Ohno, qui ont pu réunir et étudier minutieusement 74 variétés de bacilles dysentériques, les classent en cinq groupes ou types. Les quatre premiers types de cette classification correspondent exactement aux quatre types de la classification de Hiss. Le cinquième type se distingue à peine du quatrième.

Nous avons déjà indiqué quelques-uns de leurs caractères différentiels; mais ils présentent aussi des différences, et non moins fondamentales, au point de vue de l'agglutination, de la bactériolyse, de l'immunisation, etc.

Pour l'épreuve de l'agglutination, il faut avoir soin de ne se servir ni de sérum de cheval, ni de sérum d'âne. Ces deux sérums contiennent en effet, normalement, des agglutinines pour les bacilles du type Shiga et surtout pour les bacilles du type Flexner. De plus, sous l'influence de l'immunisation à l'aide des cultures Shiga-Kruse, les agglutinines pour le Flexner se développent concurremment avec les agglutinines pour le Shiga-Kruse, parfois même d'une façon plus considérable, si bien qu'un immun-sérum Shiga peut avoir un pouvoir d'agglutination aussi considérable pour le Flexner que pour le Shiga. Il n'en est pas de même pour le lapin, qui, après immunisation, peut fournir un sérum véritablement spécifique, presque complètement dépourvu de co-agglutinine. Avec ce sérum, on obtient des différences nettes entre les différents types de bacilles dysentériques.

Des différences de même ordre sont données par les expériences de bactériolyse, faites avec les immun-sérums des divers types bacillaires. Tandis, par exemple, qu'un immun-sérum Shiga de lapin détermine la bactériolyse complète des bacilles Shiga à la dose de $0^{cc}0035$, il reste sans action sur les bacilles des types III, IV et V de la classification Shiga et inversement.

L'épreuve de l'opsonisation donne des résultats identiques : un immun-sérum Shiga, provenant du lapin, n'exerce sur les bacilles du type Flexner aucune influence bactériotrope. De même un immun-sérum Flexner, de même provenance animale, n'exerce aucun pouvoir opsonique sur les bacilles du type Shiga.

La réaction de fixation de Bordet a été appliquée par M. Dopter à la différenciation des diverses variétés de bacilles dysentériques. Mais dans les expériences de Ruffer et dans celles de Schütze sur les vibrions cholériques, la réaction de la déviation du complément s'est montrée moins spécifique, et Hœndel, qui l'a employée dans l'étude de la dysenterie, lui accorde, dans la différenciation des bacilles dysentériques, moins de valeur qu'aux autres réactions d'immunité, en particulier, qu'à l'agglutination.

Enfin, au point de vue spécial qui nous occupe, il est intéressant et important de savoir si un animal immunisé activement, c'est-à-dire par inoculation des cultures vivantes, contre un type de bacille dysentérique, est également immunisé contre les autres types. A cet égard, quelques expériences, rapportées par Shiga, présentent un très grand intérêt, car elles démontrent que les chevaux immunisés à l'aide des types I et II ne sont pas immunisés contre les types IV et V.

Quelques expériences du même ordre nous ont donné des résultats à peu près identiques. Trois lapins adultes sont injectés à plusieurs reprises avec des bacilles du type Flexner. Au bout de quelque temps de ce traitement, les trois reçoivent, en injection sous-cutanée, un quart de culture sur agar de bacilles dysentériques type Shiga. Deux lapins témoins sont inoculés en même temps avec les mêmes doses de culture. Tous les animaux succombent le quatrième et le cinquième jour. L'imunisation à l'aide du bacille de Flexner ne paraît donc pas avoir augmenté la résistance des lapins vis-à-vis des bacilles du type Shiga.

Ces résultats permettaient de prévoir que l'action préventive des immun-sérums ne serait pas la même vis-à-vis des bacilles homologues et vis-à-vis des bacilles hétérologues ; que, en d'autres termes, un immun-sérum Shiga, par exemple, n'aurait pas la même action préservatrice vis-à-vis des bacilles du type Shiga et vis-à-vis des bacilles des autres types et inversement. Cela ressort des expériences de Shiga. A la suite de nombreuses recherches, cet auteur a, en effet, démontré que l'immun-sérum du type I ou immun-sérum Shiga, a une certaine action préventive sur les bacilles des types IV et V et une action nulle sur les bacilles du type II ; que l'immum-sérum du type II agit faiblement sur les bacilles du type I et nullement sur les bacilles des types IV et V, et que, au contraire, les bacilles des types IV et V marchent entre eux d'une façon presque parallèle et fournissent un immun-sérum également actif pour chacun d'eux.

Nos expériences nous ont conduit à des résultats analogues, en ce sens qu'elles nous ont permis de constater qu'un immun-sérum de cheval préparé seulement avec les bacilles du type Shiga (sérum antidysentérique de Vaillard et Dopter) possédait une certaine action préventive à l'égard des bacilles de Flexner qui constituent le type IV de Shiga. Les cobayes inoculés avec les bacilles de Flexner et traités préventivement avec ce sérum mouraient, en effet, moins souvent et moins vite que ceux qui ne recevaient pas de sérum.

Par contre, nous avons remarqué que le sérum d'un lapin qui, antérieurement, avait été inoculé cinq fois, dans la veine marginale de l'oreille, avec des cultures en bouillon des bacilles de Flexner n'avait pas d'action préventive sur les bacilles du type Shiga. Deux lapins, injectés préventivement, l'un avec 2 centimètres cubes, l'autre avec 3 centimètres cubes d'immun-sérum Flexner du lapin précédent, et inoculés aussitôt après, dans le tissu cellulaire sous-cutané, avec le quart d'une culture sur agar de bacilles du type Shiga, meurent à peine quelques heures après deux lapins témoins non traités par l'immun-sérum.

En résumé, de tous les faits qui viennent d'être signalés, il ressort nettement qu'il n'existe guère que des différences entre les divers types de bacilles dysentériques; que, en particulier, l'immunisation, déterminée chez un animal par l'inoculation d'un type bacillaire, n'immunise pas cet animal contre les autres types de bacilles dysentériques, et qu'un immun-sérum, obtenu à l'aide d'un type de bacilles, peut n'avoir aucune action préventive vis-à-vis des bacilles d'un autre type. Il faut reconnaître cependant que l'immun-sérum Shiga, exerce une action préventive légère à l'égard des bacilles de Flexner ou bacilles du type IV de Shiga. C'est ce qui explique pourquoi un sérum antidysentérique monovalent, préparé avec les bacilles du type Shiga peut avoir quelque action curative sur les formes de dysenterie humaine déterminées par les bacilles du type Flexner. Mais c'est ce qui explique aussi pourquoi les sérums monovalents n'ont aucune action sur beaucoup de dysentériques, ainsi que l'ont constaté plusieurs auteurs. Il ne faut pas oublier, en effet, que tous les types de bacilles dysentériques sont pathogènes et qu'ils ont été trouvés aussi bien dans les cas de dysenterie épidémique que dans les cas sporadiques. Bien plus, cliniquement, ils se traduisent tous par une symptomatologie identique, de sorte que rien ne permet, étant donné un cas de dysenterie, de le rattacher, d'après ses signes cliniques seuls, à tel type bacillaire plutôt qu'à tel autre. La marche et le pronostic de l'affection ne présentent non plus aucune différence en rapport avec le type de l'agent pathogène. Ces faits, que rappelle Shiga, nous les avons signalés depuis longtemps dans nos travaux sur la dysenterie infantile. En supposant donc qu'on eût un immun-sérum actif pour chaque type de bacilles dysentériques, on ne pourrait l'appliquer judicieusement qu'après avoir déterminé bactériologiquement la nature exacte de l'agent causal de la maladie; c'est-à-dire qu'on n'aurait à peu près jamais l'occasion de l'employer. Il n'en est pas de même d'un sérum poly-valent, autrement dit, d'un sérum préventif et curatif vis-à-vis de plusieurs types de bacilles dysentériques. L'emploi de celui-ci sera d'autant mieux justifié, dans tous les cas, que son action sera plus générale ou plus universelle. C'est cette idée qui nous avait guidés dans la préparation de notre sérum polyvalent. C'est la même idée qui a conduit Shiga à préparer, longtemps après nous, un sérum polyvalent qu'il a substitué au sérum monovalent qu'il avait été un des premiers à préparer. La dysenterie, d'ailleurs, n'est pas la seule affection qui soit justiciable d'un sérum polyvalent. Il en est ainsi de toutes les maladies dans lesquelles, autour d'un type microbien principal, gravite toute une série de types secondaires également pathogènes. C'est cette considération qui a amené Wasserman et Ostertag à préparer, contre la peste du porc, un sérum multivalent qui a donné d'excellents résultats.

Nous avons commencé la préparation de notre sérum polyvalent dès le début de l'année 1905. Nous avons fait connaître nos premiers résultats expérimentaux pendant le cours des années 1906 et 1907.

Pour la préparation de notre sérum polyvalent nous nous servons des bacilles du type Chantemesse-Shiga-Kruse, c'est-à-dire des bacilles du type 1 de la classification de Shiga, et des bacilles du type Flexner (Manille). Nous possédons plusieurs échantillons de chaque type que nous inoculons simultanément. Ce sont : pour le type Shiga, des échantillons du bacille originel de Shiga, du bacille de Kruse, du bacille de Vaillard et Dopter, du bacille isolé à Bordeaux par l'un de nous; pour le type Flexner, un échantillon du bacille de Flexner (Manille) et deux échantillons pris parmi les bacilles isolés à Bordeaux.

Dans le traitement d'un cheval, nous procédons de la façon suivante : au début, nous injectons, sous la peau, les toxines microbiennes, c'est-à-dire le produit de filtration, sur bougie de porcelaine, d'une culture de trois semaines des bacilles du type Shiga-Kruse en bouillon Martin. Après trois injections sous-cutanées de 2 centimètres cubes, 5 centimètres cubes, 10 centimètres cubes, faites à 5 jours d'intervalle, nous injectons, dans la veine jugulaire, 1 centimètre cube de culture en bouillon de deux jours de bacilles du type Shiga-Kruse tués par un séjour d'une heure à 60°. Au bout d'une semaine, nous injectons 2 centimètres cubes d'une culture identique, également morte. La semaine suivante, nous injectons 1/2 centimètre cube de culture vivante de deux jours; puis 1 centimètre cube d'une culture identique. A partir de ce moment, nous injectons simultanément, dans la veine jugulaire, des quantités égales de cultures des bacilles de Shiga et des bacilles de Flexner (Manille). Dans l'intervalle des injections intra-veineuses de cultures vivantes, nous injectons, dans le tissu cellulaire sous-cutané, du bouillon Martin de trois semaines ensemencé avec des bacilles du type Shiga-Kruse. Au bout de quelques semaines de ce traitement par des doses progressivement croissantes de bacilles vivants et de toxines, nous nous arrêtons aux doses suivantes : tous les dix jours, nous émulsionnons, d'une façon aussi parfaite que possible, dans 3 à 4 centimètres cubes de sérum physiologique, deux ou trois cultures sur agar de nos échantillons de bacilles du type Shiga-Kruse âgées de deux jours et le même nombre de cultures sur agar des échantillons du type Flexner (Manille), et nous les injectons dans la veine jugulaire du cheval. Dans l'intervalle des injections intra-veineuses des bacilles vivants, nous lui injectons sous la peau 60 à 75 centimètres cubes de bouillon filtré de trois semaines, ensemencé avec les bacilles du type Shiga-Kruse.

Lorsque le cheval doit être saigné, nous le laissons 15 jours sans traitement à partir du moment de la dernière injection de cultures vivantes.

Ainsi préparé, le sérum est antimicrobien et antitoxique, et son action antitoxique s'exerce à la fois sur les toxines libres et sur les endotoxines. Ce fait n'est pas sans importance, car les toxines libres et les endotoxines sembleraient constituer des poisons différents, et un sérum antitoxique, préparé seulement avec les toxines libres, peut n'avoir aucune action sur les endotoxines, ainsi qu'il résulte des expériences de Kolle, Heller et de Mestral.

Shiga procède d'une façon différente pour l'obtention de son sérum multivalent. Ayant à sa disposition des types nombreux de bacilles dysentériques, il a voulu étendre le champ d'action du sérum à tous les types bacillaires, et, dans ce but, il a employé, pour les injecter aux chevaux, les bacilles des types I, II et IV ou V de sa classification. Si on immunise trois chevaux individuellement avec un de ces types et qu'on mélange le sérum de ces trois chevaux, on obtient un sérum universel, mais la valeur préventive et curative du sérum pour chaque type est réduite à un tiers. Aussi Shiga n'immunise-t-il que deux chevaux : l'un avec les types I et II; l'autre avec les types I et IV ou V. Au lieu de faire, comme nous, des injections intra-veineuses, il fait des injections sous-cutanées. Il a essayé les injections des deux types bacillaires mélangés, mais il obtenait presque toujours une suppuration intense au lieu d'inoculation, et l'immunité s'en trouvait fortement diminuée. L'injection simultanée des deux types en deux endroits différents donnerait une immunité moins élevée que les injections alternatives, parce que la quantité de bacilles injectés de la sorte serait moitié moindre que celle injectée d'après le second mode. A cela, on peut objecter que dans les injections alternatives chaque type est inoculé deux fois moins souvent et que, finalement, la quantité de bacilles employés est à peu près la même dans les deux modes d'injection. Une autre raison en faveur des injections alternatives, c'est que les chevaux sont beaucoup plus sensibles au type I qu'aux autres types et qu'on peut, de la sorte, immuniser les animaux beaucoup plus fortement vis-à-vis des types secondaires que vis-à-vis du type principal ou type I. Quoi qu'il en soit, l'auteur recommande d'immuniser en même temps, et par la méthode des injections alternatives, deux chevaux : l'un avec les types I et II; l'autre avec les types I et IV ou V. Lorsque l'immunisation est obtenue, leurs sérums sont recueillis et mélangés à parties égales. De la sorte, on obtiendrait un excellent sérum, très actif contre tous les types de bacilles dysentériques.

Ce sérum, employé au Japon sur plusieurs milliers de dysentériques, a donné des résultats bien supérieurs à ceux fournis par l'ancien sérum monovalent. Aussi Shiga estime-t-il que la préparation de ce sérum a fait faire un nouveau et grand progrès à la sérothérapie de la dysenterie.

Comme on le voit, la préparation des deux sérums repose sur les mêmes principes. Leur mode d'obtention est, par contre, différent. Tandis que nous employons à la fois les toxines et les cultures vivantes, Shiga n'emploie que les bacilles vivants; tandis que, pour l'injection des cultures, nous nous servons toujours de la voie veineuse, Shiga ne se sert jamais que de la voie sous-cutanée; tandis que nous injectons un mélange des divers types bacillaires, Shiga injecte alternativement chaque type de bacilles.

Quoi qu'il en soit, nous le répétons à dessein, l'idée directrice est la même. C'est celle que nous avons mise en pratique dès le commencement de l'année 1905 et que nous avons fait connaître en 1906, lorsque nous avons publié les premiers résultats expérimentaux obtenus avec notre sérum polyvalent. Sans vouloir prétendre que ces premières publications aient pu inspirer Shiga, nous croyons devoir signaler que nous avons été les premiers à nous engager dans une voie qui, d'après Shiga lui-même, a fait faire de notables progrès à la sérothérapie dysentérique.

Emploi du sérum antidysentérique polyvalent dans le traitement de la dysenterie infantile. (En collaboration avec M. Coÿne.) *Journ. de Méd. de Bordeaux,* août 1909.

Ce travail repose sur 7 nouveaux cas de dysenterie infantile traités par le sérum antidysentérique polyvalent de MM. Coÿne et Auché. Les résultats obtenus confirment absolument ceux que nous avons observés antérieurement et que nous avons publiés dans la *Revue de Médecine* du 10 décembre 1907.

Dans l'observation I, un enfant âgé de onze mois, atteint de dysenterie à bacilles de Shiga, est traité pendant 6 jours par les moyens médicamenteux ordinaires. Après une légère amélioration, les symptômes s'aggravent de nouveau. On fait une injection sous-cutanée de 20 centimètres cubes de sérum polyvalent. Au bout de quarante-huit heures les selles sont fécaloïdes et rares. Le troisième jour après l'injection l'enfant n'a qu'une selle normale. La guérison se maintient.

Dans l'observation II, l'enfant, âgé de dix-sept mois, a de la diarrhée glaireuse depuis un mois. Tous les traitements ont échoué. Une injection de sérum polyvalent de 20 centimètres cubes amène la disparition de la diarrhée en quarante-huit heures. Il s'agissait d'une dysenterie à bacilles de Flexner.

Le malade de l'observation III est particulièrement intéressant à cause de la gravité extrême de sa dysenterie, qui dure depuis déjà 7 jours. L'enfant, âgé de seize mois, a 40° matin et soir ; il est subcomateux ; son état général est très mauvais ; ses selles deviennent incomptables. On fait une injection de 10 centimètres cubes de sérum polyvalent. Dès le lendemain la température a baissé, l'état général s'est amélioré, le nombre des selles a considérablement diminué. Au bout de 4 jours la guérison est complète. Il s'agissait d'un cas de dysenterie à bacilles du type Shiga.

Les malades des observations IV et V, âgés respectivement de sept mois et de deux ans et demi, atteints de formes moins graves de dysenterie, guérissent aussi très rapidement après l'injection de sérum polyvalent.

Dans l'observation VI, l'enfant âgé de vingt-deux mois, présente depuis 6 jours les symptômes d'une dysenterie grave : abattement, somnolence, fièvre, vingt-cinq à trente selles glaireuses et sanguinolentes par jour. Notre confrère et ami le Dr Delaunay fait successivement une injection de 20 centimètres cubes et deux injections de 10 centimètres cubes de sérum polyvalent. Les symptômes commencent à s'améliorer dès le lendemain de la première injection. La guérison est complète au bout de 6 à 7 jours.

L'observation VII démontre d'une façon peut-être plus éclatante encore les services que peut rendre le sérum antidysentérique polyvalent. Il s'agit ici, en effet, d'un enfant de quatre ans qui, atteint d'une dysenterie très grave, refuse absolument de prendre toute espèce de médicaments. Les selles, très fréquentes, se reproduisent tous les quarts d'heure ; elles sont constituées par du sang à peu près pur. Il y a du ténesme et des épreintes très douloureuses, du prolapsus rectal, de la fièvre. Notre excellent confrère le Dr Groc fait une injection sous-cutanée de sérum polyvalent. Le lendemain l'état du malade s'est transformé : il a dormi pendant la nuit et n'a eu que quatre selles moins sanguinolentes, mais déjà un peu fécaloïdes ; les douleurs ont presque disparu. Nouvelle injection de sérum polyvalent. Dans la journée qui suit, l'enfant n'a plus que quatre selles fécaloïdes. Deux jours plus tard, il peut être considéré comme guéri.

En résumé, amélioration très prompte de l'état général ; abaissement non moins rapide de la température ; disparition des ténesmes et des épreintes ; diminution très rapide du nombre des selles, qui, au bout d'un jour quelquefois, de deux ou trois jours le plus souvent, prennent des caractères de plus en plus fécaloïdes ; tels sont les effets les plus frappants et les plus ordinaires du traitement de la dysenterie infantile par le sérum antidysentérique polyvalent. Les formes très graves de dysenterie se modifient rapidement sous l'influence de la sérothérapie antidysentérique. La guérison est toujours obtenue dans un laps de temps bien inférieur à celui que réclament les traitements médicamenteux ordinaires et elle survient même, assez souvent, dans des cas où l'ancienne thérapeutique paraîtrait devoir être impuissante.

Radiothérapie.

Traitement des teignes tondantes par la radiothérapie. Société de médecine et de chirurgie de Bordeaux, 17 juin 1904. *Gazette hebdomadaire des sciences médicales de Bordeaux*, 24 juillet 1904.

Quand je pris le service de l'hôpital des Enfants, nous instituâmes, M. Dubreuilh, M. Debédat et moi, le traitement radiothérapique des teignes.

Voici comment nous procédons et les résultats que nous obtenons :

Lorsqu'un malade se présente à nous, nous délimitons, avant tout traitement, à l'aide d'un trait colorée les îlots de teigne et nous les dessinons sur un schéma du cuir chevelu. Si les îlots sont peu nombreux et espacés, chacun est soumis à son tour à l'action des rayons X. S'ils sont très nombreux, petits et disséminés un peu partout, on épile toute la surface du cuir chevelu. Plusieurs séances d'électrisation sont alors indispensables.

Au bout de 6 à 8 jours apparaît un érythème léger. Vers le 15e jour, les cheveux commencent à tomber spontanément. On favorise leur chute à l'aide de savonnages quotidiens à l'eau boriquée. La repousse des cheveux ne devient visible qu'un mois et demi ou deux mois après l'application du traitement, quelquefois même plus tard. Au moment de la chute des cheveux, il est utile, afin d'éviter les réinoculations, de faire, sur les régions saines, des badigeonnages quotidiens avec de la teinture d'iode étendue de trois à quatre fois son volume d'alcool.

Le traitement radiothérapique est infiniment moins long que les traitements anciens. Au lieu d'une moyenne de 20 mois à 2 ans, le traitement ne dure pas plus de 3 à 4 mois. C'est donc pour l'Administration des hôpitaux une économie de 400 à 500 journées d'hôpital pour chaque teigneux hospitalisé.

Toxinothérapie.

Note sur l'emploi de la tuberculine TR. *Gazette hebdomadaire des sciences médicales de Bordeaux*, 1898.

Sur la demande du malade lui-même, la tuberculine TR a été employée dans un cas de tuberculose pulmonaire et d'abcès froid. J'ai résumé de la façon suivante l'action de la nouvelle tuberculine :

Action nulle sur l'état pulmonaire, nulle sur l'état de l'abcès, nulle sur l'état général tant que les doses injectées ont été faibles, mais nuisible, au point de vue de la santé générale, lorsqu'on est arrivé aux doses massives.

Note sur la propriété immunisante de la tuberculine T.R. (En collaboration avec M. le professeur Coÿne.) *Gazette hebdomadaire des sciences médicales de Bordeaux*, décembre 1899-janvier 1900.

Depuis la découverte de la tuberculine TR par Koch, bien des travaux cliniques et expérimentaux ont été publiés sur l'action curative et préventive de ce produit. Les résultats sont contradictoires, bien que, d'une façon générale, ils ne soient pas favorables à la méthode. Voulant nous faire une idée personnelle sur cette question, nous nous sommes tracé le programme suivant :

1º Étude de l'action immunisante de la tuberculine TR et des modifications que l'emploi préventif de cette substance apporte dans l'évolution anatomique et histologique des tubercules;

2º Étude de l'action curative de la tuberculine TR employée : *a*) au moment de l'inoculation tuberculeuse; *b*) quelque temps après l'inoculation.

Voici, très résumés, les résultats auxquels nous sommes arrivés :

1º Les petites doses de tuberculine TR sont bien supportées par les lapins sains et n'amènent pas de variations sensibles dans la température.

2º L'accoutumance s'établit facilement et rapidement et, par l'emploi de doses progressivement croissantes, on arrive à faire supporter, sans modifications notables de température, de fortes quantités de tuberculine TR.

3º Les lésions tuberculeuses, consécutives aussi bien aux inoculations intra-péritonéales qu'aux inoculations sous-cutanées, sont sensiblement les mêmes chez tous les animaux, qu'ils aient été traités ou non traités par la tuberculine.

4º Les caractères histologiques des granulations tuberculeuses et le nombre des bacilles qu'elles contiennent ne présentent pas de différences notables chez les animaux traités ou non traités préventivement.

5º Par conséquent, l'action préventive ou immunisante de la tuberculine TR a été nulle dans nos expériences.

TABLE DES MATIÈRES

TITRES SCIENTIFIQUES

TRAVAUX SCIENTIFIQUES

Bordeaux. — Impr. G. Gounouilhou, rue Guiraude, 9-11.